基于证据的新课程教学改进丛书

丛书主编 刘 坚 姬文广

聚焦科技探究项目学习的
初中科学教学改进

张 殷 吴柳燕 罗星凯 等 编著

北京师范大学出版集团
BEIJING NORMAL UNIVERSITY PUBLISHING GROUP
北京师范大学出版社

图书在版编目（CIP）数据

聚焦科技探究项目学习的初中科学教学改进 / 张殷等
编著. -- 北京：北京师范大学出版社，2025.4. -- （基于
证据的新课程教学改进丛书）. -- ISBN 978-7-303-30525-4

Ⅰ. G633.72

中国国家版本馆 CIP 数据核字第 2025XY2918 号

出版发行：北京师范大学出版社 https://www.bnupg.com
　　　　　北京市西城区新街口外大街 12-3 号
　　　　　邮政编码：100088
印　　刷：北京溢漾印刷有限公司
经　　销：全国新华书店
开　　本：710 mm×1000 mm　1/16
印　　张：17.25
字　　数：259 千字
版　　次：2025 年 4 月第 1 版
印　　次：2025 年 4 月第 1 次印刷
定　　价：62.00 元

策划编辑：邓丽平　乔　桥　　　责任编辑：乔　桥
美术编辑：胡美慧　王　蕊　　　装帧设计：李尘工作室
责任校对：段立超　　　　　　　责任印制：孙文凯

基于证据的新课程教学改进丛书
编　委　会

循证改进教学　发展核心素养

（代序）

　　教育乃国家发展、民族复兴的基石。在世界格局复杂多变的 21 世纪，如何通过发展高质量教育，提升青少年的综合素质及解决实际问题的能力，从而提升整个国家的国际竞争力，是教育工作者需要不断思考的问题。教学改进是提高教育质量的有效途径之一，教师是教学改进和教育改革的关键力量。"基于证据的新课程教学改进"丛书，在顺应发展学生核心素养的新课程改革趋势的同时，借鉴国内外改进科学研究的经验，以提升教师教研水平、提高教师教学实践能力为抓手，通过数据驱动促进区域教育高质量发展，激发学生学习兴趣，发展学生高阶能力。

　　我们开展的教学改进，缘起于郑州市义务教育质量健康体检项目，依托于郑州市义务教育质量提升项目。自 2012 年以来，北京师范大学区域教育质量健康体检项目团队用持续 8 年的时间，在郑州市共实施了 7 次全域范围的大规模教育质量监测与数据分析反馈活动。数据全面、直观地反映出不同学校或地区、不同年份义务教育质量发展图谱，构建了迄今为止全国范围内历时最长、规模最大的区域教育综合质量数据库。郑州市义务教育质量提升项目作为"郑州市义务教育质量健康体检"项目的延续和深化，充分整合和利用项目体检数据，将教育评价过程中发现的重大问题、普遍规律与郑州市中小学教育实践相结合，服务于郑州市义务教育质量提升。郑州市义务教育质量提升项目于 2020 年启动，共涉及 9 个学科，分别依托郑州市的 5 个城区、20 多所中小学样本学校、300 多名骨干教师，开展了持续 2 年的探索与实践。项目组织以高校教授为首席专家的小学语文、小学数学、小学科学、初中语文、初中数学、初中英语、初中科学、初中历史、初中道德与法治 9 大学科团队，协同郑州市教育局及教研室、学科所依托的区教育局和教研室、教研员和广大骨干教师，开启区域教学改进之路。

本套丛书的编写，既关注国家义务教育新一轮课程标准关于发展学生核心素养的改革需求，也注重将教学改进过程中的理论与实际相结合，更注重基于证据的精准教育引领。丛书的编写遵循以下四个理念。

(1)关注发展学生核心素养，有助于落实国家义务教育课程标准(2022 年版)精神。第一，各学科均基于连续多年的区域义务教育质量监测数据，挖掘数据中隐含的规律，选择与学生核心素养发展密切相关的教学改进主题，关注学生的高阶能力与综合素质发展。第二，各学科通过呈现内容丰富、形式多样的教学改进课程设计，启发读者深刻理解新课程理念如何在实际教学中体现与运用，如何基于学生的成长和发展设计与改进教学，从而有效推动新课程标准在日常课堂落地落实。

(2)教育理论与教学实践有机融合，呈现真实发生的教学改进故事。第一，各学科通过呈现教学案例如何随着教学改进的深入不断迭代的过程，通过分析教学案例带来的有关教育理念与课堂教学的深刻启发等，达成了教育理论与教学实践相融合的目标。第二，通过关注教学改进过程中教研共同体的建设及教师的个案研究，呈现学员教师如何通过课堂展示、观点分享、交流研讨将所学的教育理论运用到实际的课堂教学中，充分体现了教学改进促进学员教师自我成长、促进学生主动学习，有效推动了教学改进真实发生。

(3)注重定量与质性数据相结合，基于证据开展教学改进。从数据驱动下的教学改进主题选择、数据驱动下的样本学校选择、数据驱动下的改进课程效果追踪、数据驱动下的课程效果呈现四个方面，全方位、多视角地展示如何运用定量与质性多种数据开展基于证据的教学改进。第一，在数据驱动下的教学改进主题选择方面，各学科均结合郑州市连续多年的义务教育质量监测数据，分析学生能力表现及学习中较为普遍的问题，挖掘数据背后的教育教学规律，继而选择与确定教学改进主题。第二，在数据驱动下的样本学校选择方面，各学科结合参测学校在教学改进主题对应维度上的能力表现水平，重点关注普通学校、普通教师和普通学生的成长，促进教育公平发展。第三，在数据驱动下的改进课程效果追踪方面，通过教学改进过程中的访谈与问卷等多种调研数据，实时了解学员教师的实际需求与课程效果，及时调整教学改进活动规划。第四，在数据驱动下的课程效果呈现方面，通过课堂观察、访谈、问卷调查、学业测试等多种方式，收集与分析定量数据或质性数据，充分揭示数据背后的变化规律，全面呈现教师教学与学生学习的变化。

(4)教学改进成果可复制、可推广，具有面向全国的辐射力与影响力。第一，教学改进成果中的教学案例具有典型性与代表性，反映了许多学科教师在一线教学时遇到的共性问题，对新一轮课程标准实施过程中全国范围内相关中小学各学科教师面临的教学设计能力提升、教研能力发展等问题具有重要的借鉴与启发作用。第二，教学改进的整体思路、工作机制与改进模型等内容，也是教学改进的一大成果。对于学科教育研究者了解当下最新教育研究课题及研究进展的学术发展需求有积极的启发价值；对于教师教育研究者、教育行政与管理人员开展教师研修工作具有积极的参考与启发价值。

由北京师范大学出版社出版的"基于证据的新课程教学改进"丛书，系统反映了上述四个理念。在上述理念指导下，丛书遵循教学改进基本规律，围绕教学改进设计、教学改进实践、教学改进效果三个方面阐述基于证据的新课程教学改进。在书稿中体现为上篇(教学改进设计)、中篇(教学改进实践)、下篇(教学改进效果)。各册书稿围绕本学科的改进主题呈现出一定的学科特色，上篇、中篇、下篇的标题虽不完全相同，但其本质均分别对应教学改进设计、教学改进实践、教学改进效果，具有总体逻辑架构的统一性。丛书包括8个学科分册，分别由各学科的首席专家及执行负责人，即语文学科的郑国民教授、吴欣歆教授，小学数学学科的张丹教授，小学科学学科的刘晟副教授，初中数学学科的綦春霞教授，初中英语学科的罗少茜教授，初中科学学科的张殷教授，初中历史学科的张汉林教授担任各分册主著，各分册的主要作者都是研究团队的核心成员。郑州市义务教育质量提升项目的研究与探索得到了郑州市教育局、郑州市教研室等区域协同合作单位，以及多所参加教学改进项目的学校的大力支持，在此一并表示感谢！感谢北京师范大学出版社对本套丛书出版的大力支持！

　　丛书所选取的素材主要来源于郑州市义务教育质量提升项目，丛书主体内容兼具学术性与实践性，面向广大一线教师及教研员、学科教育研究者、教师教育工作者，受众群体广泛。无论学生核心素养的发展还是基于证据的教学改进，研究与实践都才刚刚开始。路虽远，行则将至；事虽难，做则必成。在实现高质量教育的征途上，让我们携手同行！

刘坚

2024 年 9 月于北京师范大学

前　言

　　中国科技教育正处于新一轮振兴行动的关键阶段，科技素养教育作为国家教育战略的核心内容，迫切需要在"实施"环节上取得突破。《聚焦科技探究项目学习的初中科学教学改进》一书是"郑州市义务教育质量提升工程"的子项目"中学科学教育质量提升项目"的重要成果。该项目的目标是通过科学诊断和数据驱动的方式，全面提升区域科学教育质量。中学科学教育质量提升项目组在对近十年郑州市区域教育质量监测数据分析诊断的基础上，结合对郑州市郑东新区的实地调研、课堂观察，以及与当地教育行政部门和教师的深入交流讨论，提出了"以科技素养教育为杠杆，创新实践行动为支点，撬动学校教育质量提升方式转型升级，形成以初中科学教学改进为突破口的教育质量提升模型"。并针对"学生动手实验机会不足、科学探究能力较弱、科学学习兴趣较低"三大关键问题，提出了以"落实学校基本实验教学""开发与实践科技探究校本课程""以科技运动会为载体进行科技素养表现性评价和科技活动课程化的创新实践"为抓手的系统改进方案。"中学科学教育质量提升项目"由广西师范大学科学教育研究所承担，"兴华科学教育研究院"作为项目的合作团队，提供了实践指导，参与了科技探究项目学习课程的研发以及科技运动会的培训。经过近两年的科学教学改进实践，研究成果成功在郑东新区落地并取得显著成效。项目组构建了以数据驱动教学改进、科技探究项目学习课程化和表现性评价为核心的科学教育质量提升模式，为郑州市初中科学教育质量提升提供了可复制、可推广的经验，并在实践中形成了具有深远意义的科技探究项目学习创新路径。

　　本书以"科技探究项目学习"为核心视角，首先界定了这一概念——它是一种以真实问题为驱动，融合科学、技术、工程与数学(STEM)等知识的跨学科实践学习模式。通过自主探究、团队合作和项目化实施，学生能够在真实情境中解决问题，提升科学思维、创新能力和动手实践能力。该学习模式强调开放性和创造性，涵盖问题设计、科学探究、模型构建、方案设计、项目实施和成果展示等环节，注重将理论知识转化为探究实践。同时，本书提出了科技探究项目学习的选题原则、设计核心要素、实施策略和评价要素，并结合丰富的科技探究项目学习教学案例，详细展示了其在实践中的具体应用。

此外，本书对科技素养教育的内涵及测评研究进行了深入分析，提出了聚焦科技探究项目学习和基于数据驱动的教学改进方案，并展示了多项科技探究项目学习行动研究的成果。从理论到实践，本书以生动且翔实的案例引导读者感受科学教育的魅力，为科技教师开展科技素养教育提供了系统化、可操作的路径。本书既适合作为中小学校教师和科技辅导员的培训用书，也可作为教师提升科技素养、提高专业能力、开展科技探究项目学习教学活动的参考用书。

本书分为三个部分，共七章。

第一部分包含第一至二章，包括研究背景、项目背景信息、监测数据分析和聚焦科技探究项目学习的教学改进方案。在第一章讨论了科技素养教育的内涵及其研究进展，包括科技素养教育的定义和意义，以及科技素养教育的测评与实施现状。第二章介绍了区域教育质量健康体检与改进提升项目的科学测试工具，郑东新区测试数据分析中发现的问题，结合调研提出的教学改进主题、目标、改进方案；以及青少年科技探究项目的开发与实施理念。

第二部分包含第三至五章，主要介绍一系列以"科技探究项目学习"为基础的教学改进实践。第三章是科技探究项目学习课程的典型案例，包括：围绕学科核心概念开发的课例"浮沉子"、针对社会性科学议题开发的课例"快递包装"等。第四章是科技探究项目学习课程的教学案例设计，这些案例是通过"郑州市科技创新教学案例征集活动"评选出来的优秀案例，教学内容不仅包括教师自身亲历的科学探究过程，还涵盖了教师收集的创新科技探究案例。第五章介绍了罗星凯教授领衔的团队为青少年科技素养的表现性评价打造的科技运动会项目，并通过详细的项目课程设计来展示如何将这些科技运动会项目课程化。本章的教学案例展示了科技探究项目学习设计和实施中的创新、可能遇到的困难和教师的反思，通过真实的案例为科技教师开展科技素养教育提供实践参考。

第三部分包含第六至七章，介绍聚焦科技探究项目学习的教学改进效果。在两年的初中科学教学改进实践中欣喜地看到，郑东新区的实验学校科技教育氛围变得更加浓厚，教师的观念有了较大改变，学生科学学习兴趣和科技活动参与度大幅提升。实验学校通过科技运动会的开展、优秀案例分享与交流等方式，成果影响不断扩大，吸引了更多学校和科学教师参与到科技素养教育的创新实践中来。

期待有更多的地区、学校、教师投入面向全体学生的科技素养教育实施当中来，为中国科技教育振兴贡献力量。

由于作者水平有限，许多创新实践正在进行中，有待时间的考验，书中若有疏漏之处，敬请广大读者批评指正。

张　殿

2024 年 9 月于怀卡托湖畔

目　录
CONTENTS

上　篇

聚焦科技探究项目学习的
教学改进设计

上篇分为两章。

第一章对科技素养教育做了概念界定并对科技素养教育的意义进行了分析，通过对国际和国内几个大规模科技素养测评项目[国际学生评价项目(PISA)、国际数学与科学趋势研究(TIMSS)、美国国家教育进步计划(NAEP)、澳大利亚的国家评价项目(NAP)，以及中国基础教育质量评价(NAEQ)、区域教育质量健康体检与改进提升项目(RAEQ)等]的介绍，展示了目前国内外科技素养测评的现状。

第二章展示了聚焦科技探究项目学习的教学改进设计，通过有机结合中学科学学业测评项目、中学科学教育质量改进提升项目和青少年科技探究项目，形成了一个系统化的教学改进框架。本章一是介绍了数据驱动下的教学改进的证据来源，具体包括指标体系、测试框架、测试工具和测试流程等，为教学改进提供翔实的数据支持。二是介绍了研究团队基于河南省郑州市郑东新区历年测试数据诊断出教学中存在的问题，针对性提出"学校基本实验教学的落实""科技探究培训课程""以青少年科技运动会为载体的表现性评价"三个方面的系列改进方案及实施情况。三是提出了科技探究项目的选题、设计核心要素、实施策略和评价要素。

第一章　科技素养教育内涵及研究进展

一、关注科技素养教育

全球范围内正兴起新一轮科技革命和产业变革，我国国际影响力在不断提升的同时，需要加快打造高端科技人才队伍，提升公民科学素质总体水平。这些挑战引发了对传统教育模式的反思，传统教育模式往往以知识传递为中心，较少关注学生的全面发展和创新能力的培养，以学业成绩作为最重要的评价标准。这种教育模式下的学生，虽然能够掌握课本上的基础知识，能解题，但可能缺乏将这些知识应用于现实生活情境的能力。此外，传统教育模式可能导致学生对单一学科的依赖，限制了他们进行跨学科学习和创新的可能性，这在一定程度上制约了他们成为能够促进社会发展的科技创新者的潜力。

(一)何谓科技素养教育

基础教育阶段的科学与技术教育(简称"科技教育")，决定了下一代公民的科学技术文化素养，是建设创新型国家、增强国家竞争力必不可少的重要基础。

罗星凯[①]教授指出："一个人的科技素养，既包括必要的科技知识，也包括科学的思维方式，还包括对科学与技术的理解、科学的态度与价值观，以及运用科技知识和方法解决问题的意识和能力。中小学科技教育，应以全面提高全体学生的科技素养为终极目标。不仅要让学生掌握科技知识与技能，而且要提高他们科学探究、技术创造的意识和能力，培养科学态度与科学精神，树立正确的科学本质观和世界观。这样以提高所有人的科学与技术素养为终极目标的教育，就是

---

① 罗星凯：广西师范大学教授，教育部基础教育教学指导委员会科学教学专业委员会副主任委员、中国教育学会科学教育分会常务副理事长、桂林兴华科学教育研究院理事长，曾获全国先进工作者、全国模范教师等荣誉。

科技素养教育。只有科技素养教育才称得上真正意义上的科技教育。否则，充其量不过是科技知识教育和技能培训。"

建设科技创新型国家，提高公民的科学与技术素养（简称"科技素养"）是国家教育战略。面向全体学生的科技素养教育，就是国家战略的基础工程。早在1993年，联合国教科文组织就启动了"面向新千年的全民科学与技术素养计划"，该计划的出现就是因为人们若无基本的科技素养，就无法在科学与技术影响无处不在的时代立足。因此，科技素养与"读写算"一样，是每个公民不可或缺的文化基础。

真正意义的科技素养教育，是一种基础的文化教育，也是公民的基本受教育权利和义务，其终极目标是提高全体学习者的科技素养；同时，真正意义上的科技素养教育，还必须是全面育人的教育，不仅要注重科技知识与技能的获得，而且要讲究获取知识与技能的过程和方法，更需要科技学习兴趣的激发，以及科学思想、科学态度和科学精神的培育，否则学生面对日益多元和不确定的世界，难有知情决策意识和能力，科学文化素养必有缺失。因此，无论是为了振兴中华民族，还是为了人的全面自由发展，科技素养教育是新时代科技教育的根本任务。

（二）科技素养教育的意义

1. 科技素养教育是提高公民科学素养的必由之路

教育部等十八部门发布的《关于加强新时代中小学科学教育工作的意见》（以下简称《意见》）强调提高学生科学素质，培育具备科学家潜质、愿意献身科学研究事业的青少年群体，为加快建设教育强国、科技强国、人才强国，全面建设社会主义现代化国家夯实基础。习近平总书记多次强调关于科学素养教育的重要性，他指出："没有全民科学素质普遍提高，就难以建立起宏大的高素质创新大军，难以实现科技成果快速转化。"2020年，我国公民具有科学素质的人数比例已经达到10.56%；2023年的比例达到14.14%，比2020年提高了3.58个百分点。《全民科学素质行动规划纲要（2021—2035年）》（以下简称《纲要》）中指出2025年比例要超过15%，2035年比例要达到25%。这个目标意味着在提升公众的科学素养方面依然任重而道远，尚有非常长的路需要走。而科技素养教育对于提升公民科学素养具有极其重要的促进作用，有利于培养科学态度与科学精神，构建完备的科学价值观与知识观。因此，实施科技素养教育是提高公民科学素养的必然选择，也是建设科技创新型国家的必由之路。①

2. 科技素养教育是提高学生综合素质和学科能力的助推器

2021 年印发的《义务教育质量评价指南》中，阐明要遵循学生成长规律和教育规律，着力推进以发展科学素质教育为导向的义务教育质量评价体系的构建。一些地区已经开始实施相关的政策，逐渐将综合素质的考核列入初高中学生评价体系的项目中。此外，现在家长的教育观念已经产生较大的转变，愈发注重学生的思维、能力与品格的培养，对科学教育、素质教育的需求也逐渐增加。从2020 年中国城市家庭子女教育的调研结果分析可知：随着子女学业阶段的不断改变，家长在素质教育课程上均有不同程度的投入，从以往对子女技能或智力的过度重视，逐渐向个性化的素养提升方向转移。②

2021 年，教育部对义务教育阶段校外培训学科类和非学科类进行了明确划分，综合实践活动（含信息技术教育、劳动与技术教育）划入非学科类进行管理。这意味着国家对科技素养教育释放了明显的支持和鼓励的信号。2023 年 2 月，习近平总书记强调，要在教育"双减"中做好科学教育加法。同年 5 月，《意见》中强调规范科技类校外培训，要求各地要合理规划科技类非学科校外培训机构总体规模、设置标准、审批程序，引导机构合法经营、规范发展，有效满足学生个性化需求。

目前，我国亟须加强科技素养教育，培养大量具备科技创新能力的人才。"青少年科技素养提升计划"项目的跟踪调研发现：科技素养教育对学生综合素质和学科能力的培养都有显著帮助。同时，受访的学生希望长大后成为科技工作者

---

① 袁兆亿. 基于提升公民科学素养的科技教育机制探讨[J]. 继续教育研究，2014，(8)：76-79.

② 艾瑞咨询. 素质教育三十年 行业新创变：中国素质教育行业发展趋势洞察报告[R/OL]. (2021-06)[2023-09-05]. https://report.iresearch.cn/report_pdf.aspx? id=3795.

(科学家、工程师等)的比例也有明显上升。① 从发展途径上看,科技素养教育不仅需要校外教育与校内教育相互结合,还需要学校、教师、家庭、政府及社会各界人士的共同努力与通力合作。

3. 科技素养教育是培养科技创新型人才的重要途径

在新时代教育背景下,加强科技创新型人才培养成为当务之急。我国科技人才规模不断扩大,但拔尖创新人才的需求仍十分迫切。因此,《纲要》提出了实施科技创新后备人才培育计划的要求:对有科学家潜质的青少年进行个性化培养,完善拔尖创新人才培养体系,探索从基础教育到高等教育的科技创新后备人才贯通式培养模式。

培养科技创新人才是国家长远发展的重要教育政策方针,也是推动国家核心竞争力提升的战略需求。科技素养教育作为素质教育特色发展的核心动力,不仅是落实素质教育的重要抓手,更是培养科技创新人才的关键路径。通过深化科技素养教育,能够有效实现立德树人根本任务,为为党育人、为国育才的根本目标提供有力保障,从而夯实建设教育强国与科技强国的基础。

如何培养具备良好科技素养的新时代科技创新人才是关乎民族未来和国家发展的重要问题。因此,不断探索培养青少年科技素养的新途径显得尤为急迫和重要。《纲要》指出,需要实施科技创新后备人才培育计划和教师科学素质提升工程,建议不仅可以通过建立科学、多元的发现和培育机制,对有科学家潜质的青少年进行个性化培养;而且可以将科学教育和创新人才培养作为重要内容,加强新科技知识和技能培训。《意见》进一步指出,要聚焦立德树人根本任务,完善科学课程体系,修订科学教材,改进教学方法,加强师资队伍建设,用好实践场所,推出优质资源,做强品牌活动,推进学科建设,开展科学研究,调动社会力量,推动中小学科学教育学校主阵地与社会大课堂有机衔接,以提高学生科学素养,培育具备科学家潜质、愿意献身科学研究事业的青少年群体。

---

① 中国科技网.“青少年科技素养提升计划”落地全国千所学校[EB/OL].(2020-01-06)[2023-09-05]. http://stdaily.com/zhuanti/qsncxjy/2020-01/06/content_850594.shtml.

科技素养教育不仅是提高公民科学素养的必由之路，还是提高学生综合素质和学科能力的助推器，更是培养科技创新型人才的重要途径。因此，有必要深入研究科技素养教育，进一步探讨如何有效评估科技素养教育的实施效果。通过对国内外大规模科技素养测评项目的比较，可以全面了解当前科技素养教育测评研究的现状，为未来的科学教育改革提供实践指导。

二、科技素养教育的测评研究

科技素养测评通过评估学生的科学知识、能力和态度，判断其科技素养水平，核心在于评价科学概念的理解、科学探究能力、问题解决能力及科学态度，可以为教育政策制定提供数据支持，促进教育公平，提升教育质量；同时，评估学生科技素养水平，可以诊断学生在科学学习中的问题，推动科技创新人才培养。大规模的科技素养测评项目包括国际学生评价项目（Programme for International Student Assessment，PISA）、国际数学与科学趋势研究（Trends in International Mathematics and Science Study，TIMSS）、美国国家教育进步计划（National Assessment of Educational Progress，NAEP）、澳大利亚国家评价项目（National Assessment Program，NAP）、我国的国家义务基础教育质量监测（National Assessment of Educational Quality，NAEQ）和区域教育质量健康体检与改进提升项目（Regional Assessment of Education Quality，RAEQ）等。

(一)国外科技素养测评项目

在当代，公民科学素养对于一个国家的发展有重大意义，世界各国正通过实施各种政策和措施提高公民科学素养。以美国为例。1985 年，美国科学促进会联合美国科学院、联邦教育部等机构，启动了面向 21 世纪人才培养、致力于中小学课程改革的跨世纪计划——2061 计划，该计划在美国等西方国家的未来发展战略中具有极高的影响和地位。该计划的标志性成果《面向全体美国人的科学》（*Science for All Americans*）于 1989 年出版，该书对科学素养进行了定义：认识到与人类事业共存的科学、数学和技术的优点和局限性，理解科学的关键概念和原理，熟悉自然界，认识到自然界的多样性和整体性，运用科学知识和思维方式来处理个人和社会问题，并提出了一些有效教学原则。

美国科学促进会于 1993 年出版了《科学素养的基准》(*Benchmarks For Science Literacy*)，描述了二年级、五年级、八年级和十二年级的学生，分别应该了解和掌握的科学、数学和技术领域的基本内容、基本概念、基本技能，同时体现了学科间的有机联系，以及掌握这些内容、概念和联系的基本态度、方法和手段。

1996 年美国国家研究理事会颁布了《国家科学教育标准》(National Science Education Standards)，规定了所有学生都应该知道并能够实践的科学内容，并且提供了对学生学习这些科学内容后应达到的水平进行评估的指导方针。这一标准详述了进行高质量科学教育所必需的教学策略、专业人员发展和支持，包括科学内容、科学教学、科学教育的评估、科学教师的专业发展、科学教育大纲、科学教育系统。《科学素养的基准》和《国家科学教育标准》对美国和很多其他国家的科学教育改革与实践都产生了积极的影响。

2013 年，美国《新一代科学教育标准》(The Next Generation Science Standards，NGSS)颁布后，如何围绕这一标准展开测评成为科学教育研究领域的热点。2018 年，美国发布了《新一代科学教育测评》(Next Generation Science Assessment，NGSA)，给出了最终解决方案。NGSA 以 NGSS 中的表现期望为起点，借助对学习表现研究的成果，给出了紧扣 NGSS 的测评工具开发路径。可见，NGSS 与 NGSA 形成了标准与测评的有机体，共同促进学生科学素养的发展。①

同时，各国也参加或组织实施了针对学生科学素养的大规模评价研究与实践。其中比较大型的科学素养测评项目包括国际学生评价项目(PISA)、国际数学与科学趋势研究(TIMSS)、美国国家教育进步计划(NAEP)、澳大利亚国家评价项目(NAP)等。

---

① 韩思思，罗莹. 科学教育研究新进展：美国新一代科学教育测评[J]. 课程・教材・教法，2019，39(6)：131-137＋30.

1. 国际级评估项目

影响力较大的两大国际级别评估项目分别为国际学生评价项目(PISA)和国际数学与科学趋势研究(TIMSS)。

(1)国际学生评价项目(PISA)

PISA 由世界经济合作与发展组织(Organisation for Economic Co-operation and Development,OECD)发起,三年一次,测试对象为即将完成义务教育的 15 岁学生,自 2000 年第一次测试以来,先后有 90 多个国家和地区参加了评估。PISA 主要分三个领域:阅读素养、数学素养及科学素养——三者组成一个评估循环核心,而在每一个评估周期里,2/3 时间会用于对其中一个领域进行深入评估。其中,2006 年和 2015 年以科学素养为主要测评领域。在科学素养的测评方面,PISA 的测评目的是评价学生在完成义务教育阶段的学习之后是否能够掌握未来生活所需的科学知识与技能,并提供相应的政策指导意见。PISA 科学测评框架不断发展和变化。PISA 2015 对科学素养的测评可以概括为四个相互关联的方面,即情境(contexts)、知识(knowledge)、能力(competencies)和态度(attitudes),学生要在情境中展示能力,学生的知识和态度影响其能力表现,PISA 2018 将态度移出科学测评框架。PISA 2015/2018 将"科学解释现象(explain phenomena scientifically)、评价和设计科学探究(evaluate and design scientific enquiry)、科学解释数据和证据(interpret data and evidence scientifically)"定义为科学素养的三个主要能力,将知识细分为"内容知识(content knowledge)、程序性知识(procedural knowledge)和认识论知识(epistemic knowledge)"。

在 OECD 发布的研究文件《PISA 2025 科学战略愿景和方向》中,PISA 2025 将科学素养划分为三个领域:科学知识、科学能力、科学认同。与十年前的 PISA 2015 科学素养测评相比,科学与技术的融合趋势愈发明显。在最为基础的科学知识领域,PISA 直接将信息学列为基本内容之一。PISA 认为,信息学是数字化环境中应用科学知识必须掌握的。它能帮助学生认识到数据的重要性、数字化技术对社会的影响,以及人工智能等新技术对科学发展的贡献。PISA 认识到,技术在科学解释数据和证据并进行决策的过程中发挥着重要的作用。在科学认同领域，包括了"伦理道德和价值观"，即学生能够理解与科学知识、方法、实践相关的伦理道德和价值观，知道科学技术的局限性。

以科学素养为主要测评领域的 PISA 2025，出现了众多的技术元素。这说明在人类已经进入数字化时代的今天，要想掌握科学知识、培养科学能力与素养，不能没有技术的支持。随着我国《义务教育课程方案（2022 年版）》的颁布，义务教育阶段"信息技术"课程已正式更名为"信息科技"课程，科学与技术的交融也呈现在信息科技课程中。[①]

（2）国际数学与科学趋势研究（TIMSS）

TIMSS 是由国际教育成就评价协会（International Association for the Evaluation of Educational Achievement，IEA）发起和组织的，每 4 年一轮，测试对象为四年级和八年级学生，自 1995 年首次测试以来，先后有 70 个国家和地区参加过 TIMSS 测评。TIMSS 的主要目标，不仅仅是了解世界各国学生在数学与科学方面的学业成就状况，还要为参与国家分析学生成就的形成原因，提供广泛的背景信息（包括课程、学校、教师、学生等）。其研究结果对世界范围内的数学和科学教育产生了重要影响，为各个参与国家提供了大量信息，提升了这些国家对数学和科学教育方面的关注。

TIMSS 的科学测评框架主要包括内容维度和认知维度。内容维度用于评估学生对科学基本概念、知识与技能的学习情况。四年级科学测试内容包括生命科学、物质科学和地球科学，八年级科学测试内容包括生物、化学、物理和地球科学。TIMSS 将学生的认知维度分为"知道""应用""推理"三个领域，由学生的测试结果和解答问题过程判断学生学习水平所处的位置。

TIMSS 2019 测评启用了基于计算机辅助测评技术的数字评估形式，有超过一半的国家和地区使用了计算机完成测试，这标志着 TIMSS 测试开始向 eTIMSS 转变。本次测试还通过问卷、访谈等形式收集相关背景数据，以了解家

---

① 魏宁．PISA 2025：科学与技术的交融［J］．中国信息技术教育，2022(14)：1．

庭、学校、课堂教学等因素与学生成绩的联系。①

2. 国家级评估项目

(1)美国国家教育进步计划(NAEP)

NAEP 是由美国教育部的国家教育统计中心依法实施的项目。1990 年，NAEP 确立了每两年一次的测评周期；1996 年，改为国家层面的评估每年举行一次，每次评估 2～3 个学科，州层面的评估则每两年进行一次。NAEP 可分为两个部分：第一是依照测评框架对学生具体学科的素养水平进行测试；第二则是通过问卷调查对学生、教师、学校管理者等的背景信息进行收集，这些信息都将严格保密。NAEP 的首要目标是通过定期对本国四、八、十二年级学生在数学、阅读、写作、科学等科目的学业表现进行评价，调查学生知识和技能的掌握情况，从而对学生在各科目中知道什么、能做什么做出评价判断，进而追踪衡量全国教育目标的达成情况，并向美国公众报告学生的教育状况。在 2014 年之后的评估中，NAEP 开始强调学生在真实情境中解决复杂问题的能力，在科学、技术和工程素养评估的交互式任务中体现尤为显著。

作为一项国家层面的基础教育质量评估项目，NAEP 有着不同于国际评估的特殊功能，表现在以下两个方面：第一，具有评价和监督学生的学习成绩、协助美国国会对教育质量问责的基本功能；第二，具有作为制定州课程内容标准、设计州评价项目的参考依据的功能，以及协助美国进行国际比较，找出教育不足的衍生功能。

NAEP 启动于 1969 年，是美国国内唯一长期且具有全国代表性的教育评价体系。NAEP 在美国教育领域占据着独特的地位，其评价结果已成为衡量美国教育发展状况的一个重要指标。此外，NAEP 也是目前美国乃至世界范围内历史最悠久的教育质量国家评价体系，其产生及发展历程无论是对于当前国际大规模教

---

① 陈永欢，张冉，孟令奇 . TIMSS 最新科学测评：结果、趋势与启示[J]. 上海教育评估研究，2022，11(4)：68-73.

育评价项目还是基于本国课程体系的国家评价项目均具有极为重要的历史参照意义。[①]

（2）澳大利亚国家评价项目（NAP）

NAP 由国家读写和计算评价项目（National Assessment Program Literacy and Numeracy，NAPLAN）与抽样评价计划组成。2003 年，抽样评价首次在澳大利亚科学素养领域进行评价。2008 年，澳大利亚政府启动了 NAPLAN，由学校教育和早期教育常务理事会负责运行。通过对中小学生在读写、数字、科学、信息和通信技术、公民素养等领域进行持续的跟踪测量，对全国各州和地区的教育水平及发展做出定期、系统的评价，使政府、教育部门和学校能够了解澳大利亚中小学生是否达到了预定的重要教育目标。NAP 也是近年来世界范围内兴起的国家级评价项目的突出代表。

（3）加拿大安大略省学生评价项目

加拿大安大略省教育质量和问责办公室依据安大略省课程目标每年对全省三、六、九年级学生的阅读、写作和数学学业水平进行评估，其目的在于评估学生是否达到安大略省课程标准以及达到程度如何，并将结果反馈给家长、教师、学校和政府部门，用以促进学生在阅读、写作和数学学习领域的能力提升。该项目自 1996 年开始实施以来，每年进行一次，当年相应年级的所有学生均参加测试。

（二）国内科技素养测评项目

1. 中国义务教育质量监测项目（NAEQ）

NAEQ 是一项由我国教育部于 2007 年委托北京师范大学基础教育质量监测中心启动的全国性抽样评价项目。在历经前期 7 年的探索后，2015 年 4 月，国务院教育督导委员会办公室发布《国家义务教育质量监测方案》，委托基础教育质量监测中心进行首次全国层面的义务教育质量监测，提出"客观反映义务教育阶段

---

① 严文法，刘雯，李彦花．全球基础教育质量评估变化趋势及其对我国基础教育质量监测的启示：以 PISA、TIMSS、NAEP 为例[J]．外国教育研究，2020，47（9）：75-86．

学生学业质量、身心健康及变化情况，深入分析影响义务教育质量的主要原因，为转变教育管理方式和改进学校教育教学提供参考，引导社会树立正确的教育质量观，纠正以升学率作为评价学校和学生唯一标准的做法，推动义务教育质量和学生健康水平不断提升"的监测目的。NAEQ 的监测学科为语文、数学、科学、体育、艺术、德育，监测对象为义务教育阶段四年级和八年级学生。

2. 区域教育质量健康体检与改进提升项目（RAEQ）

RAEQ 是由北京师范大学中国基础教育质量监测协同创新中心（简称"协同创新中心"）开发，以弥补基础教育质量评价体系的结构性缺陷为创新突破口而建立的，并于 2014 年 3 月首次发布。

区域教育质量健康体检与改进提升项目的前身，可追溯至 2003 年由教育部课程教材发展中心建立并实施的中小学生学业质量分析、反馈与指导项目。此项目在 2003—2013 年，采用抽样实施的方式，分别对上海、江苏、辽宁等省市的四年级、八年级学生，在语文、数学、英语和科学等学科中的学业质量情况进行纸笔测试，并对影响学业质量的因素情况进行问卷调查。中小学学业质量分析、反馈与指导项目开启了我国在国家层面系统探索教育质量监测和评价的先河，其重要意义主要体现在：构建了一套以课程标准为基础、反映课程要求的核心能力和素养的学业质量评价指标体系；研发了一套经过理论与实践检验的科学规范的监测程序和方法；探索了一条基于实证数据，服务教育政策改革、教育质量提升的宝贵途径。

（三）基于科学课程标准的评价框架

科学课程的总目标是提高每个学生的科学素养。义务教育科学学科核心素养是学生在学习科学课程的过程中，逐步形成的适应个人终身发展和社会发展需要的价值观念、必备品格和关键能力，是学生通过科学课程学习后内化的具有科学特性的品质，是科学课程育人价值的集中体现。科学课程标准依据核心素养的发展水平，结合具体课程内容和学业要求，详细描述了不同学生在学业成就方面的具体表现特征，从而形成了科学学业质量标准。此外，科学课程标准还提供了详细的评价与考试命题建议，以确保评价方法的科学性和公正性。这些建议包括多样化的评价手段，如形成性评价、终结性评价和过程性评价，以全面反映学生的学业成就和素养发展水平。

以《义务教育科学课程标准（2022 年版）》（简称"课程标准"）为例，其具体的科学学科核心素养包括四个方面：科学观念、科学思维、探究实践、态度责任。在内容标准上，对以上四个核心素养作了具体规定。科学观念作为一种素养，既包括科学、技术与工程领域的一些具体观念，如对物质、能量、结构、功能、变化的认识；也包括对科学本质的认识，如人与自然的关系，科学、技术、社会、环境之间的关系；还包括科学观念在解释自然现象、解决实际问题中的应用。科学思维是从科学的视角认识客观事物的本质属性、内在规律，并运用思维方法解决科学问题的能力，主要包括模型建构能力、推理论证能力、创新思维能力。探究实践是在了解和探索自然、获得科学知识、解决科学问题，以及在技术与工程实践的过程中，形成的科学探究能力、技术与工程实践能力和自主学习能力。态度责任是在认识科学本质及规律，理解科学、技术、社会、环境之间关系的基础上，逐渐形成的对科学和技术应有的正确态度与社会责任，包括科学态度和社会责任两个方面。

义务教育科学课程设置的 13 个学科核心概念，是所有学生在义务教育阶段应该掌握的科学课程的核心内容。物质与能量、结构与功能、系统与模型、稳定与变化 4 个跨学科概念的学习依托 13 个学科核心概念来实现。技术与工程部分的学习要基于学生已有知识经验和认知水平，综合利用学科核心概念和跨学科概念，通过跨学科实践，解决真实情境中的技术与工程问题，将科学观念、科学思维、探究实践、态度责任等核心素养的培养有机融入学科核心概念的学习过程中。

13 个学科核心概念与 4 个跨学科概念相互联系，共同构成科学课程的横向内容结构（如图 1-2-1 所示）。

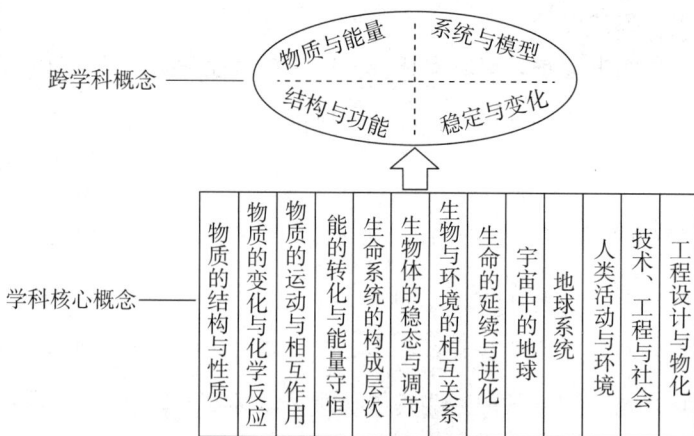

图 1-2-1　科学课程的内容结构

　　科学课程的四个核心素养相互依存，共同构成一个完整的体系，体现了科学课程的育人价值。科学观念是科学课程本质属性的集中体现，是其他素养的基础；科学思维不仅是学习科学所应具备的关键能力，还是适应现代社会发展的核心思维方式，而且可以迁移到其他领域，是科学课程核心素养的核心；探究实践是学生形成其他素养的主要途径，同时也是一种关键能力；态度责任是学生基于对科学观念的深度理解，在探究实践的支撑下，通过科学思维内化而形成的必备品格，是社会主义核心价值观在科学课程中的集中体现。

　　课程标准将全面培养学生的科学素养作为评价的出发点，建议从以下四个方面对科学课程进行评价，以强化评价的内在激励作用，充分发挥其诊断、教育和发展的功能。第一，评价体系是否具有主体多元、内容全面、方式多样的特点，以促进学生在科学教育过程中的全面发展以及教师专业能力的提升，从而有效改进教学实践，保障科学课程的高质量实施。第二，在评价方法上，是否采用连续观察与面谈、实践活动、纸笔测试、个人成长记录等多种形式。特别是针对纸笔测试，需要改变以知识记忆为主、脱离实际的传统测试内容与方法，试题设计需创设贴近实际、激发学生兴趣的情境，强化试题的综合性、探究性和开放性。第三，评价方式是否注重定性与定量相结合，过程性与终结性相结合，从学生的科学素养基础、学习与探究过程、学习结果、学习长期效应四个维度进行全面评价，确保对学生学习状态进行多层次、多角度的评估。第四，评价过程是否包括三个关键步骤：明确学生学习的预期目标、收集并分析学生的表现、确定促进学生学习的关键因素，以实现对学生发展和教学改进的有效指导。

三、已有研究的启示

已有研究为科技探究项目学习提供了丰富的理论基础和实践指导。通过对国内外科技素养教育测评项目的分析，了解到科技素养教育的重要性以及如何通过科学有效的评估手段提升科学教育质量。PISA、TIMSS、NAEP 等国际测评项目展示了科学教育的全球趋势和评价标准，为本书制定科技探究项目学习的评价体系提供了宝贵的参考依据。国内的 NAEQ 和 RAEQ 通过系统的评估，揭示了我国中学生在科学素养方面的现状和改进的方向。这些研究表明，学生在科学探究能力和动手操作方面存在不足，需要强调科学实验教学和科技探究课程的重要性。通过借鉴这些研究成果，在本书的科技探究项目学习中，将更加注重科学探究能力的培养、数据驱动的教学改进和表现性评价的应用，确保科学教育质量的持续改进提升。

科技素养教育作为国家教育战略的核心组成部分，对于培养未来的创新型科技人才、提高国家竞争力具有重要意义。本章详细探讨了科技素养教育的内涵、意义及其测评研究进展，强调了科技素养教育提升学生科学素养和问题解决能力的独特作用。

科技素养教育的意义体现在提升公民科学素养、促进学生全面发展和培养科技创新人才三个方面。第一，提升公民科学素养。科技素养教育是提高公民科学素养的必由之路。通过全面提升学生的科学素养，可以培养具备科学家潜质、愿意献身科学研究事业的青少年群体，为国家的科技创新奠定坚实基础。第二，促进学生全面发展。科技素养教育不仅关注知识的传授，更注重培养学生的科学探究能力、技术创造能力和科学态度。它是提高学生问题解决能力的有效方式，有助于激发学生的科学学习兴趣和探究精神。第三，培养科技创新人才。面对全球科技竞争的加剧，科技素养教育是培养创新型科技人才的重要途径。通过系统的科技素养教育和科学探究实践，增强学生的创新意识和创新能力，进而完善科技创新人才培养体系。

科技素养测评的三大特征包括全面科学的测评体系、数据驱动的教学改进、表现性评价的应用。第一，全面科学的测评体系。科技素养测评需要涵盖科学知识、科学探究能力和科学态度等多个维度，确保评价的全面性和科学性。测评工具应具备高信度和高效度，能够准确反映学生科学素养的真实水平。第二，数据驱动的教学改进。通过测评数据，可以诊断学生的科学学习问题，制订针对性的教学改进方案。利用数据分析结果，优化教学设计和实施策略，提升科技素养教育质量。第三，表现性评价的应用。表现性评价通过真实任务的完成过程，对学生的问题解决能力进行综合评估，能够更全面地反映学生在实际情境中的科技素养表现。教学过程中应增加表现性评价，促进学生的深度学习和能力提升。

科技素养测评的注意事项有三点，分别是评价方法的多样化、过程性评价与终结性评价相结合、评价结果的反馈与应用。第一，评价方法的多样化。科技素养测评应采用多样化的评价方法，包括纸笔测验、实践活动、项目作业和表现性评价等，全面反映学生的科学素养水平。第二，过程性评价与终结性评价相结合。科技素养测评应注重学习过程的评价，关注学生学习中的持续进步和发展。过程性评价与终结性评价相结合，有助于全面了解学生科学素养发展情况，及时调整教学策略。第三，评价结果的反馈与应用。评价结果应及时反馈给教师和学生，用于指导教学改进和学生自我提升。通过评价结果的分析，可以了解学生的优点和不足，针对性地进行教学调整，提升教学效果。

综上所述，科技素养教育和测评在提升学生科学素养、促进科学教育质量提升方面具有重要作用。本书在此基础上，结合实际案例和实践经验，提出了系统化的科技探究项目学习的教学改进方案，为科学教师提供了可操作的参考路径。

第二章　聚焦科技探究项目学习的初中科学教学改进设计

聚焦科技探究项目学习的初中科学教学改进是中学科学学业测评项目、中学科学教育质量改进提升项目和青少年科技探究项目的有机结合，进而形成了一个系统化的教学改进框架。中学科学学业测评项目为科学教学改进提供翔实的数据支持，中学科学教育质量改进提升项目提供数据驱动的教学改进策略，而青少年科技探究项目则为教师提供了课程实施的案例与抓手。通过这三个项目的共同作用，教师能够更有效地设计和实施科技探究项目学习活动，全面提升学生的科学素养和科学实践能力，从而实现科学教育质量的整体提升。

一、中学科学学业测评项目为教学改进提供数据支持

中学科学学业测评项目通过系统的科学学业测评，全面评估学生在科学知识掌握、科学探究和实践操作等方面的表现以及科学教师的教学行为和科学素养，为科学教学改进提供数据支持。该项目通过监测数据揭示学生在某些科学概念上的常见误区和理解障碍，为教师针对性地设计科技探究项目学习活动提供了重要依据。例如，教师可以根据测评数据，在项目学习活动中重点解决学生在特定概念上的学习困难，设计出更具针对性的探究任务和科学实验活动，从而帮助学生建立正确的科学观念。

中学科学学业测评项目是 RAEQ 的重要组成部分，也是提升中小学科学教育质量的重要保障。提高全体学生的科学素养是学校科学教育的根本目标。科学素养不仅包括对科学知识和技能的掌握、对科学本质的理解，还包括对科学的学习兴趣，对科学问题的探究意识和能力。在基础教育阶段，科学课程是实施科学教育的主要载体。我国初中阶段的科学课程，现有综合和分科两种形式。但无论是综合还是分科形式的科学课程，都以提高学生的科学素养为根本目标。

制订中学科学学业测评的框架和指标体系，目的是全面评价学生的科学学习

结果和影响因素，为改进我国的科学教育教学实践、提升学生的科学素养提供指导和教学实践参考。测评工作基于科学的抽样方法和对课程标准的深入研究，自主开发的测试框架、指标体系和测评工具，能够系统评估我国中学生在科学知识掌握、能力发展，以及身心健康等方面的现况。

中学科学学业测评旨在对学生的科学素养做出全面的诊断性评价。测试框架由科学核心概念、认知维度和科学探究三个维度构成，测试工具包含试卷和调查问卷。试卷主要考查学生对科学知识和技能的掌握程度，以及运用知识和技能解释科学现象、解决科学问题的能力水平。调查问卷主要调查教师的教学方式、学生的学习方式以及对科学学习的个体感受、态度和价值判断等。为此，研究团队特别注重开发密切联系实际、聚焦真实问题解决的情境化试题，并成功解决了开放性分级计分问答题的大规模评卷难题，为评价学生的科学素养提供了更丰富、准确和有效的证据，为建立学生学业综合评价体系奠定了科学学科的测量基础。

(一)中学科学学业测评顶层设计

研究团队在综合比较了国际上大型科技素养测评项目，参考了 NGSS 等外国课程标准和布卢姆的教育目标分类学，并结合我国的课程标准，以及我国科学教育的实际情况之后，建立了中学科学学业测评体系，并开发了测评工具。

1. 指导思想

中学科学学业测评的指导思想和主要依据包括：我国基础教育相关的方针、政策、法规和相关指导文件，义务教育各学科课程标准(2022 年版)，以及国内外在教育测评实践领域的成功经验与先进技术。

2. 基本原则

(1)严谨的科学性：测评框架、指标体系和工具研发等工作汇聚了科学教育测评、教育学及心理学等多学科研发力量，通过多学科协同合作，构建了科学严谨的测评体系。

(2)高度的权威性：测评框架论证和工具研发的基本价值取向接受了国内外相关领域权威专家的指导。邀请多位国际著名的教育与心理测评专家提供专业咨询，借鉴国际教育测评项目的成功经验。

(3)广泛的代表性：研究团队包括高校和研究机构的专家学者、科学教育教学一线的教研员和优秀教师，以及科学教育相关专业的本科生和研究生。

(4)严格的程序性：工具研发过程严格遵循标准化程序，保证正式测试时使用的工具具有较高的信度和效度。

3．工作思路

第一，以协同创新中心为平台，广泛吸收国内外科学教育和教育测评专家，组建协同团队参与中学科学学业测评研究工作。

第二，借鉴国际经验，根据 RAEQ 项目目标和任务，结合各学科课程标准和课程实施现状，研制测评框架和指标体系。

第三，根据测评框架和指标体系，以科学规范的程序完成测评工具的编制，强调测评工具的质量保障。

第四，在协同创新中心统一安排和指导下，开展测评结果统计分析和研究，形成测评结果报告。

4．工作程序

研究团队严格按照标准化程序，完成了中学科学学业测评指标体系和测试框架的研制，以及测评工具的开发工作。

(1)指标体系与测评框架研制的标准化流程(图 2-1-1)

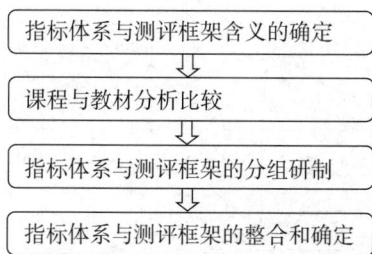

指标体系与测评框架含义的确定
↓
课程与教材分析比较
↓
指标体系与测评框架的分组研制
↓
指标体系与测评框架的整合和确定

图 2-1-1　指标体系与测评框架研制的标准化流程

(2)测评工具开发的标准化流程(图 2-1-2)

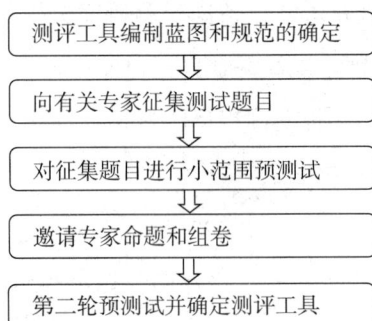

测评工具编制蓝图和规范的确定
⬇
向有关专家征集测试题目
⬇
对征集题目进行小范围预测试
⬇
邀请专家命题和组卷
⬇
第二轮预测试并确定测评工具

图 2-1-2 测评工具开发的标准化流程

(二)中学科学学业测评框架

1. 测评框架

测评框架包括科学核心概念维度、认知维度和科学探究维度。科学核心概念、认知和科学探究三个维度有机结合,形成如表 2-1-1 所示的框架。

表 2-1-1 中学科学学业测评框架

科学核心概念维度	认知维度			科学探究维度			
	了解	理解	应用	问题	证据	解释	方案
物质科学							
生命科学							
地球和宇宙							
技术与工程							

该框架可以用图 2-1-3 直观表示，测试题目的考查维度均可用图中三维坐标下的点体现。

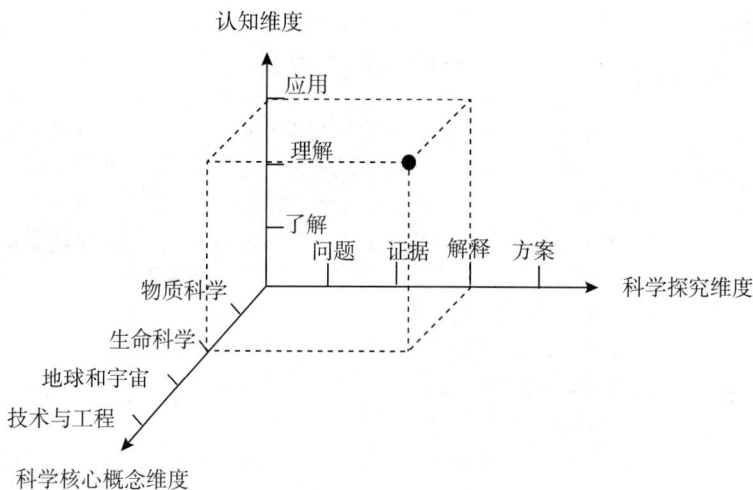

图 2-1-3　中学科学学业测评框架

三个维度的设定主要基于以下考虑。

(1)科学核心概念维度

科学核心概念是科学素养的基础，是科学课程的核心内容。学生应具备基本的科学知识，并能运用这些知识解决一些与实际有关的问题。科学核心概念的确定，依据了我国义务教育阶段各学科课程标准中对科学知识与技能的要求，并尽量考虑我国中小学科学教育的实际情况。

科学核心概念维度涉及物质科学、生命科学、地球和宇宙、技术与工程四个内容领域，每个领域内又划分为若干个主题，主题之下还有次级主题，以八年级内容领域相关主题为例，如表 2-1-2 所示。

表 2-1-2 八年级内容领域相关主题

物质科学	生命科学	地球和宇宙	技术与工程
物质的结构与性质 • 物质的性质 • 水 • 空气 • 金属 • 构成物质的微粒 • 物质的分类 物质的变化 • 物质的三态变化 • 物质的溶解与溶液 物质的运动与相互作用 • 机械运动和力 • 电和磁 • 声音与光的传播 能量的转化与能量守恒 • 能量的形式、转移与转化 • 能源与可持续发展	生命系统的构成层次 • 观察多种多样的生物 • 构成生物体的细胞、组织、器官和系统 • 种群、生物群落、生态系统和生物圈 生物体的稳态与调节 • 绿色开花植物的物质和能量转化 • 人体的物质和能量转化 • 生命活动的调节 生命的延续与进化 • 细菌和真菌的繁殖 • 绿色开花植物的生殖和发育 • 人与动物的生殖和发育 • 遗传和进化 生物与环境的相互关系 • 人体保健 • 健康与环境 • 人类与生态环境	宇宙中的地球 • 地球 • 月球 • 宇宙环境 地球系统 • 天气与气候 • 水循环 • 岩石和土壤 • 地球内部圈层和地壳运动 人类活动与环境 • 自然资源 • 自然灾害 • 人类活动对环境的影响	技术、工程与社会 • 技术与工程 • 生产和生活 • 科学、技术、工程相互影响 工程设计与物化 • 设计 • 设计方案物化

具体测试题目中，每个领域的占比如表 2-1-3 所示。

表 2-1-3 八年级各内容领域占比

内容领域	占比
物质科学	25％～35％
生命科学	35％～45％
地球和宇宙	15％～20％
技术与工程	10％～15％

（2）认知维度

认知维度主要考查学生对科学知识的掌握程度，我们将其做了层次的划分。

这种划分在沿袭我国长期以来的认知评价标准的基础上，主要参考了布卢姆的教育目标分类学。将认知维度划分为三个层次，每个层次又有一些具体的指标，并对这些指标的含义进行了界定。

认知维度分为了解、理解、应用三个层次，每个层次的具体含义如下。

了解：是指学生对科学事实、概念和原理达到说出、列举和描述等水平，是最低层次的认知能力水平。具体包括以下要素。

- 说出：能够对科学事实、过程、概念给出正确的陈述。
- 举例：能够给出合适的例子来支持或阐明科学事实或概念。
- 列举：能够针对某一类事物给出不同的例子。
- 描述：能够对生物的结构和功能、物质的结构和性质给出描述。
- 识别：能够识别具有某种特征或性质的特定的生物、过程或材料。
- 定义：能够给出或识别科学术语的定义，识别和使用科学词汇、符号、缩略语和单位等。

理解：是指学生对科学事实、概念和原理达到阐释、区别、关联等水平。相比"了解"，"理解"所要求的认知能力水平更高一些。具体包括以下要素。

- 阐释：能够阐明基本的科学概念、原理、定律或理论。
- 说明：能够用模型来描述生命系统和物质系统的结构、关系、过程。
- 区别、比较：能够识别、区分、对比相似的或不同的物质及其变化过程。
- 懂得：能够领会基本的科学概念、原理、定律或理论的主要内容与核心，明白其来龙去脉。
- 关联：能够将科学概念与观察到的具体现象联系起来。

应用：是指学生能够将科学概念和原理应用到新的问题情境中。具体包括以下要素。

- 使用：能够运用理论、公式等解决与实际有关的问题。
- 解释：能够运用理论或模型解释新的现象或新的数据。
- 分类：能够对新的物质、生物及其过程进行分类。
- 归纳：能够找出不同领域概念之间的联系，从个别的、特殊的事例中提取出一般的原理或结论。

• 分析：能够把整体分解为不同的组成部分，确定各部分之间、各部分与整体之间的联系。

• 结论：能够从现有的数据、信息、证据等得出符合逻辑的结论。

• 假设：能够根据观察到的新现象提出可被检验的假说。

• 预测：能够根据现有的证据或者科学事实预测新的现象和事实。

• 评价：能够对实验方案、技术设计做出评价。

具体测试题目中，每个层次的占比如表 2-1-4 所示。

表 2-1-4　内容认知维度各层次占比

认知维度	占比
了解	20%～30%
理解	30%～40%
应用	30%～40%

(3)科学探究维度

科学探究是学生形成科学素养的主要途径，也是一种关键能力。在真实世界中，科学和工程往往是内容与实践相结合。课程标准将探究实践作为科学核心素养的四个维度之一，这突出了科学探究的核心地位。因此，科学探究应该成为科学素养测评的重要指标。本测评框架的一个重要特点，就是将科学探究作为一个独立的维度，并细分为四个亚维度进行考查。不过，对科学探究四个亚维度的考查并不是独立进行的，而是互相渗透、有机结合的。这在测试题目中会有具体体现。

同时，学生的科学素养还包括科学观念的养成。学生需要对科学方法、科学思维和科学精神有所领悟，掌握科学方法，树立科学思维，崇尚科学精神。学生的科学素养也涉及对科学、技术和社会间关系的理解。学生需要认识到科学、技术与社会的相互关系，增强参与和科学有关的公共事务的意愿和能力。对于这些科学素养的考查，更多的是渗透在题目和调查问卷中，没有单独作为测试的维度。

科学探究维度包括问题、证据、解释、方案四个亚维度，具体描述如下。

问题：科学探究是围绕着问题展开的，问题的指向不仅预示一定的科学探究目标，而且预示着一定的科学探究范围。"问题"亚维度具体包括以下要素。

- 能够确定哪些问题是可以通过科学探究解决的。
- 能够判断一项科学探究活动是围绕什么问题展开的。
- 能够定义简单的实际工程问题，分析限制条件和需要考虑的因素。
- 针对特定的研究，能够提出可以进一步进行科学探究的问题。

证据：当面对一个新的现象或事实时，人们会根据自己已有的知识和经验，提出许多想法和推测。为了对这些想法和推测做出判断，需要收集证据，并对证据的可靠性进行评估。"证据"亚维度具体包括以下要素。

- 能够设计合适的探究方案。
- 能够使用适当的工具和技术来收集数据。
- 能够把收集到的数据以可视化的方式呈现出来。
- 能够对数据的意义进行适当解释，并形成证据。
- 能够对收集到的证据的可靠性进行评估。
- 能使用系统的过程来测试和完善工程问题的解决方案。

解释：将观察到的新现象、新事实与已有知识联系起来。"解释"亚维度具体包括以下要素。

- 能够分析现象和结果产生的原因。
- 能够基于事实与证据建构模型解释现象。
- 能够判断证据是否支持所得出的结论，或结论是否超出证据支持的范围。
- 能够判断猜想、预测、解释中的推理是否可靠。
- 能够判断猜想、预测、解释中是否正确地使用了科学概念和原理。
- 能够对不同的猜想、预测、解释做出评价。

方案：技术与工程的目标是解决问题，设计问题的解决方案是一个系统的过程，它包括定义问题，然后生成、测试和改进解决方案。"方案"亚维度具体包括以下要素。

- 能用科学思想和原则来设计简单的物品、工具、过程或系统。

- 能构建满足特定设计标准和约束条件的解决方案。

- 通过开发、使用和修改模型，对选定的设计方案进行模拟和预测。

- 能基于需求，权衡不同性能的重要性进行取舍，通过测试、修改，优化设计方案。

具体测试题目中，每个亚维度的占比如表 2-1-5 所示。（并非所有题目都对科学探究维度进行考查，故各项占比之和不足 100%。）

表 2-1-5　八年级科学测试内容科学探究维度占比

科学探究维度	占比
问题	5%～10%
证据	5%～10%
解释	10%～20%
方案	10%～20%

2. 测试对象、测试方式和测试题型

(1)测试对象

根据 RAEQ 项目的要求，中学科学学业测评的对象是八年级学生（刚刚完成八年级全部课程学习的学生）。

(2)测试方式

中学科学学业测评的测试方式包括学业考试和问卷调查。学业考试采用纸笔测试的方式，问卷调查采用网络问卷的方式。所有参加测试的学生，需要回答试卷和学生问卷中的所有题目。这些学生所在学校的所有初中科学教师需要填答教师问卷。

学业考试采用纸笔测试的方式，这是符合目前大规模测试需求和我国基础教育实际的选择。纸笔测试具有一定的局限性，研究团队希望尽量合理地设计测试工具，使学生的科学素养尽可能得到真实客观的反映。与传统科学学业测试相比，我们期待本项目的测试更具诊断性，因而可以更好地服务于学生的学习、教师的教学以及教育管理部门的决策。为了提高测试工具的质量，研究团队做了很多有益的尝试，包括通过邀请各方专家参与命题，参考和借鉴国际学业测试项目的命题技术，以及借助预测试对题目的信度和效度进行评估和完善等。

（3）测试题型

纸笔测试按照测评框架设计，题型分为单项选择题和开放性问答题两种，在题量安排上，选择题的(分值)比例占 60％，问答题占 40％；调查问卷则使用精心设计的问题，来收集可能与学生的科学学业成绩相关的背景信息。

3. 中学科学学业质量水平描述

表 2-1-6 给出了八年级学生科学学业质量水平描述。其中，A 水平最高，D 水平最低。一般来说，在某一维度处于高水平的学生，也能完成较低水平的任务。

表 2-1-6　八年级学生科学学业质量水平描述①

水平	水平描述
A	在解释科学现象、把握科学过程、设计实验方案时，能够抓住要点并表现出较强的推理能力。 对情境性的问题，能够找到合适的分析视角，建立相应的科学模型，并进行推理、估测或猜想，形成合理的解释或应用方案。 对于一个包含多因素的问题，能够科学地分析其中的状态和过程，判断起主要作用的因素及条件，推测因果关系；能够把一个较复杂的问题分解为若干较简单的问题，并找出它们之间的联系。 能综合运用学科核心概念和跨学科概念，利用常见工具和材料，从多学科、跨学科的角度，实施构思、设计、操作、实验、验证、优化等过程，设计制作简单的装置；能基于需求，通过开发、使用和修改模型，进行描述、测试和预测，优化模型的设计和制作。
B	在分析和解决问题的过程中，能够提出可以检验的猜想；对于简单的实验，能根据实验结果提出合理的结论。 根据一定的事实和条件，可以设计出部分恰当的实验方案；在分析和解决问题的过程中，表现出一定的控制变量意识。
C	在简单的情境中，可以对相关知识的联系和区别进行判断；能够识别科学现象、科学过程中有关科学概念或原理的简单信息。 能够利用某一科学原理或公式来直接解决一个简单问题。 能提取图、表中比较直观的信息。能理解简单的控制变量实验，并对简单情境中的控制变量方法做出比较。

① A 水平为优秀，B 水平为良好，C 水平为达到课程标准的基本要求，D 水平为未达到课程标准的基本要求。

续表

水平	水平描述
D	对简单科学问题的回答，多停留在日常经验的水平，或使用知识不当；不能把日常经验与科学概念或原理区分清楚；只能用几个字或简单的一句话来回答问题，但表达的意思不明确，或存在明显错误。 在简单的情境中，不能将相关知识进行联系或区别。在分析和解决问题的过程中，明显地表现出缺乏控制变量的意识和能力。 不能运用科学概念和原理来解释科学现象或解决工程问题。

八年级的学业测评主要从"了解""理解""应用"三个认知维度的层次考查学生的科学学业质量水平，表 2-1-7 对学生在科学学科不同认知层次上的表现水平进行了描述。

表 2-1-7　八年级学生科学认知层次水平描述

认知层次	水平	水平描述
了解	A	能够对常见的科学现象、科学过程等做出描述。 在一定的情境中，能从长时记忆中查找与呈现材料相吻合的知识并进行辨认。
	B	能够说出常见的科学事实、术语或概念。 能够识别科学现象、科学过程中有关科学概念或原理的复杂信息。
	C	在简单的情境中，能够正确判断相关知识的联系和区别。 能够识别科学现象、科学过程中有关科学概念或原理的简单信息。
	D	不能通过了解来判断事实性知识的直接陈述，或正确率不高。
理解	A	能够发现科学现象、科学过程中隐含的概念或原理，并用科学的语言做出描述或解释。 能够根据一定的事实和条件，利用已学的科学知识或原理总结出正确的科学结论。
	B	正确理解科学概念、原理的含义，对于一些似是而非的说法能判断其正误。 能依据以图、表形式提供的数据，利用已学的科学知识进行比较、分析并得出结论。
	C	能够利用某一科学原理或公式来直接解决一个简单问题。 能理解简单的控制变量实验，并对简单情境中的控制变量方法做出比较。 能提取图、表中比较直观的信息。

续表

认知层次	水平	水平描述
理解	D	对简单科学问题的回答，多停留在日常经验的水平，或使用知识不当。 不能把日常经验与科学概念或原理区分清楚。 只能用几个字或简单的一句话来回答问题，但表达的意思不明确，或存在明显错误。 在简单的情境中，不能将相关知识进行联系或区别。
应用	A	在解释科学现象、把握科学过程、设计实验方案时，能够抓住要点并表现出较强的推理能力。 对情境性的问题，能够找到合适的分析视角，建立相应的科学模型，并进行推理、估计或猜想，形成合理的解释或应用方案。 对于一个包含多因素的问题，能够科学地分析其中的状态和过程，判断起主要作用的因素及条件，推测因果关系。 能够把一个较复杂的问题分解为若干较简单的问题，找出它们之间的联系。
应用	B	能够根据一定的事实和条件，利用已学的科学知识对问题进行推理并得出结论。 对于某种真实情境的描述，能够将其转化为具体的科学条件和要求。 在具体情境中，能根据一定的目的和要求设计简单可行的实验方案。
应用	C	在分析和解决问题的过程中，能够提出可以检验的猜想。 对于简单的实验，能根据实验结果提出合理的结论。 根据一定的事实和条件，可以设计出部分合理的实验方案。 在分析和解决问题的过程中，表现出一定的控制变量意识，但是控制变量不准确。
应用	D	在分析和解决问题的过程中，明显地表现出缺乏控制变量的意识和能力。 不能从科学的角度来解释科学现象或回答科学问题。

二、中学科学教育质量改进提升项目

中学科学教育质量改进提升项目(以下简称"中科改进项目")作为中学科学学业测评项目的深化和延伸，利用了研究团队近十年在河南省郑州市采集的测试数据，将科学教育评价过程中发现的关键问题、重要经验和普遍规律与郑州市中学科学教育实践相结合，提出了数据驱动的教学改进策略。中科改进项目以科技素养教育为杠杆，创新实践行动为支点，通过系统的科技素养教育和科学创新实践活动，全面提升学生的科学素养和创新能力，从而撬动学校科学教育质量的提升。中科改进项目还定期举办科学教师培训，基于项目学习帮助教师优化教学设计，提升教师的教学水平。

(一)改进主题与目标的确定

1. 项目实施依据

提高全体学生的科学素养是学校科学教育的根本目标。科学素养不仅包括对科学知识和技能的掌握、对科学本质的理解，还包括对科学的学习兴趣，对科学问题的探究意识和能力。2012年至2020年间，郑州市八年级学生在科学学科上的总体学业表现良好，历年均有85％以上的学生科学学业水平达到课程标准基本要求。在对数据的深入挖掘中发现，学生在科学探究上的表现显著低于生命科学、地球和宇宙、物质科学等三个内容领域，这个表现的差异不仅是因为进行科学探究需要更多使用高阶思维；科学教学中教师对科学探究"怎么做"重视不够，学生实验和探究的机会不足也是重要的原因。针对郑州市历年测试中反映出的学生进行实验探究机会不足、探究能力较弱、实验教学和实验室利用有待提高等问题，中科改进项目针对性提出"学校基本实验教学的落实""科技探究培训课程""以青少年科技运动会为载体的表现性评价"三个方面的改进方案，以期为郑州市的科学教育提供专业的支持。

（1）学校基本实验教学的落实

2019年，教育部印发《关于加强和改进中小学实验教学的意见》，提出要把实验教学情况纳入教育质量评价监测体系，把学生实验操作能力表现纳入综合素质评价，2023年前要将实验操作纳入初中学业水平考试，考试成绩作为高中招生录取依据。提高学生的实验操作动手能力，首先应该着眼于学校基本的实验教学，加强实验教育。

2012年至2020年郑州市科学教师教学行为的调查结果表明，"学生动手做实验"是采用频率最低的教学行为之一。在2012年的问卷调查中发现，在物理课堂上，有30％左右的学生只是听教师讲实验而未接触过实验工具；生物课堂上，这个比例则超过 60%。

在 2017 年的教师问卷中，有 10% 以上的教师"很少"或"从不"在课堂上做实验。在对最基本的实验仪器测试中，发现仍有相当一部分的学生无法识别出基本的实验工具，这个结果再次证明有部分学生不但没有动手操作过实验，甚至连演示实验都没有见过。在与教师讨论学校改进需求的调研中，部分教师表达了对实验室老化、器材不全，实验员不专业的担心。

(2)科技探究培训课程

历年来郑州市学生在科学探究维度中处于 D 水平的人数比例比在其他三个内容领域(生命科学、地球和宇宙、物质科学)的人数比例高 10%～15%，在科学探究维度中处于 A 水平的学生人数比例则比其他三个内容领域的人数比例低 5%～10%。2014 年的问卷调查中发现，学生对科学课堂的感受，在"做题""记忆"方面高于"探究""论证""交流"等学习行为。学生对科学课堂的感受表明科学教学需要注重提高学生的科技素养而非应试能力。

在历年的教师问卷中发现，教师的科学本质观水平与教师在课堂上落实科学本质观的养成教育之间，存在理念与教学行为脱节的问题。因此，探究科技培训课程需要达到两个目的：第一，立足教师培训，提升教师对科学本质观及其发展的认识；第二，在教师培训课程中渗透科学本质观的养成教育，尤其是如何进行科学探究，促进学生科学素养的发展。

(3)以青少年科技运动会为载体的表现性评价

传统纸笔测试较难反映学生在真实情境中解决问题的能力及完成任务的过程表现。表现性评价通过学生在真实情境中创造、制作和动手完成项目的过程，对学生进行评价。课堂内外的表现性评价不仅能服务于教师的教学，重要的是通过情境中任务的解决和利用评分规则引导学生进行自我主导的学习，促进深度学习的发生和表现的改善。在过去，由于表现性评价需求的人力物力较大，往往难以实施，中科改进项目将结合青少年科技运动会进行表现性评价。

中科改进项目将青少年科技运动会打造为科技素养的表现性评价实验平台。科技运动会通过有科技含量和探究空间的趣味性项目竞赛，使参赛选手在比赛过程中不仅可以充分展示其科技素养，而且可以通过一定的规则被客观、准确地量化记录和评价。青少年科技运动会缘起于对科技素养评价难题的长期攻坚努力，旨在普及科技探究实践活动，提高全民科学技术素养。科技运动会的比赛项目设置要求"标准客观，路径开放，手脑并用，现场 PK"。现在共设有水火箭比高、气弓箭打靶、铁丝陀螺比久、抛石机攻城、纸桥承重、落体缓降、鸡蛋撞地球比轻、自制小车竞速等比赛项目。每一个项目都是经典的 STEM 教育课程，不仅能考查学生的科学素养、技术素养、工程素养，还能考查学生的高阶能力。

2. 项目目标

中小学科技教育不仅要让学生掌握科技知识与技能，更重要的是提高学生的科学能力和素养。实施中科改进项目的目的在于提高学生科学探究、技术创造的意识和能力，培养科学态度与科学精神，树立正确的科学本质观和世界观，使他们逐步学会利用科学的思想和方法观察世界、分析问题，并不断提高他们主动学习和获取科学技术的能力。与此同时，通过科学教学的改进，还可以丰富学校的科技素养教育资源、提高教师的专业素养，并且将表现性评价嵌入整体的课程与教学中，促进学生深度探究和学习，真正将学生创新精神和实践能力的培养落到实处。

中科改进项目的具体目标和改进内容包括：

①通过对教师进行科技探究的主题式培训，提高教师进行科技探究的动力，进而提升教师的科技探究实践能力和研究能力。

②从学生的学业成就角度看，重点将放在学生高阶能力的提高。科技教育的目的不在于培养学生的应试能力，而是培养具有科学素养，有能力参与决策和解决复杂真实问题的人类下一代。其中，评价、创造、科学探究这样的高阶能力至关重要。在改进后，学生应在科学探究维度的表现有较大改善。

③改进可以提高学生学习兴趣，变被动学习为主动学习。历年的测试结果显示，学生的非智力因素与学业成就有紧密的关系，培养学生的科学学习兴趣，促使他们有信心学好科学，有助于科学素养的提升。改进预计能够提升具有科学学习兴趣的学生比例。

(二)改进方案与实施

1. 项目顶层设计

中科改进项目以科技素养教育为杠杆，经过检验证明切实可行的创新实践行动为支点，撬动学校教育质量提升(图 2-2-1)。项目的核心理念是：通过科技素养教育的普及和深化，全面提升学生的科学素养和创新能力，进而推动科学教育体系质量的提升。

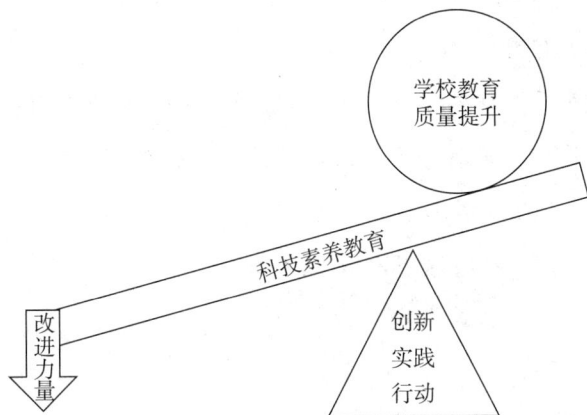

图 2-2-1　改进模型图

首先，中科改进项目以科技素养教育为杠杆，强调科技素养在现代教育中的重要性。科技素养不仅包括学生对科学知识的掌握，还涉及学生对科学方法、技术应用和创新思维的理解和运用。通过系统的科技素养教育，可以培养学生的批判性思维、问题解决能力和创新意识，这些都是未来社会和职业生涯中至关重要的能力。因此，中科改进项目将科技素养教育作为撬动科学教育质量提升的关键点，希望通过这一杠杆作用，全面提升学生的综合素质和竞争力。

其次，中科改进项目强调创新实践行动的支点作用，即以经过检验证明切实可行的创新实践活动，具体实施和落实科技素养教育。创新实践活动是科技素养教育的核心环节，通过实际操作和项目实践，学生能够将所学的科学知识和方法应用于实际问题的解决中，真正理解和掌握科技的本质。例如，项目可能包括科学实验、工程设计、编程实践、创新竞赛等多种形式的实践活动。这些活动不仅提高了学生的动手能力和创新思维，还增强了他们对科学技术的兴趣和理解。

中科改进项目在实施过程中，注重实践活动的科学性和可操作性。每一项创新实践活动都经过精心的设计，确保其科学性和教学效果。例如，科学实验活动中，教师会详细设计实验步骤和操作规范，确保学生在实验过程中能够准确获取数据和得出科学结论。工程设计活动中，教师会指导学生进行需求分析、方案设计、模型制作和测试优化，确保学生能够系统地学习和掌握工程设计的全过程。这些经过检验证明的实践活动，不仅提高了学生的科技素养，还为科技素养教育的有效实施提供了有力支撑。

此外，中科改进项目注重评估和反馈机制，通过科学的评估手段，及时了解和反馈学生在科技素养教育中的表现和进步情况。例如，项目可以通过问卷调查、访谈、测评考试等多种形式，全面评估学生的科学知识掌握情况、实践能力和创新思维发展情况。通过这些评估手段，教师可以及时调整和改进教学方法，提高教学效果。

2. 项目改进路线

(1)学校组织模式

• 通过项目启动会，使郑州市郑东新区参与项目学校的管理人员、科学学科教师了解项目的意义和整体方案，激发学校领导层面重视改进工作的动力和教师层面的参与热情。

• 选取对改进方案有较强积极性的同类型学校，项目组深入学校进行调研、听课，了解基本情况与需求，各方面综合考虑，适当兼顾测试数据，选取不同水平层次的学校，确定样本学校。

• 通过对样本学校的集中指导，开展科技探究课程培训，改进样本学校教师的教学方式，形成一套切实可行的创新实践行动方案，进而将其推广到同类型学校。

• 同类型学校的教师通过线上线下相结合的模式一同接受培训与指导，再根据同类型学校的具体情况与需求，微调改进方案，形成具有本校特色的课程资源，进而将聚焦科技素养教育的教学改进推行到整个郑东新区，辐射全区。

（2）方案主体框架

根据中科改进项目的顶层设计与改进模型，进一步明确改进方案的主体框架（图 2-2-2）。

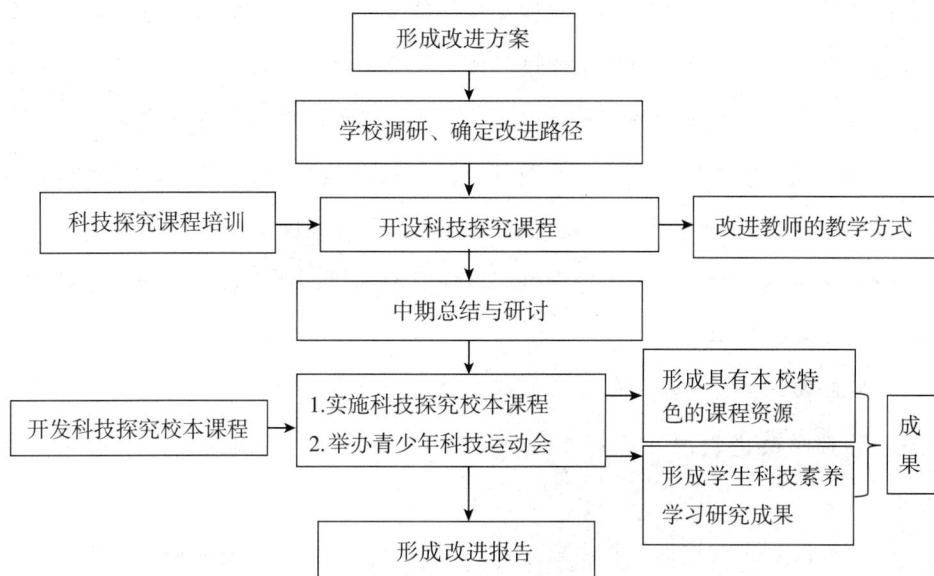

图 2-2-2 改进方案主体框架

第一阶段：第一轮改进工作预热。在开展第一轮改进工作之前，改进学校需要通过研读活动深入理解课程标准、培训资料、改进方案，为第一轮改进工作奠定扎实基础。

第二阶段：第一轮改进工作实施。通过项目启动会，参与人员了解改进项目的意义和整体方案，激发学校领导层面重视改进提升工作的动力和教师层面的参与热情，然后进行调研，确定样本学校。

第一轮改进工作主要包括三个部分，分别为：①科技探究课程培训，②样本校实地教研，③改进教师的教学方式。

①科技探究课程培训：培训包含"国际科学技术教育理论与实践发展""科学技术探究创新教学示范与体验""科技探究课程理念与学习活动亲历""基于创制活动的科技探究学习示范与体验""科技探究课程资源开发、教学设计与管理""科学

教学疑难实验问题解决与教具创制中的科学技术探究""新技术在科技教育中的应用"等七个模块。

②样本校实地教研：在对样本校的学生、教师和校长等多方进行问卷调查和访谈的基础上，了解样本校的实际教育教学情况，更精准地服务于基于数据的教学改进。与此同时，项目组专家通过听评课等形式，了解样本校科学教师常态课情况，掌握第一手教学现场资料，促进教学改进工作有针对性地开展。

③改进教师的教学方式：引导教师改变传统的教学模式，积极采用"科学探究"的方式教学，提升教师的科技探究实践能力和研究能力，并且将表现性评价嵌入整体的课程与教学中，促进学生深度探究和学习，真正将学生创新精神和实践能力的培养落到实处。

第三阶段：中期总结与研讨。开展对第一轮改进成果的中期总结与研讨，并根据实际教学改进情况在现有工作方案基础上进一步明确或微调第二轮改进方向。

第四阶段：寒假培训。在中期总结与研讨的基础上，通过寒假专题培训，为改进学校带来额外的师资力量，进一步强化改进学校教师对科技素养教育的理解，提升他们的科技探究实践能力和研究能力，认识到"科学探究"式教学过程中出现的问题和寻找解决相应问题策略的能力。

第五阶段：第二轮改进工作实施。通过调研同类型学校在改进工作中的需求和问题，微调改进方案，改进学校之间可进行师资交流，协助改进。

第二轮改进工作主要包括：①开发科技素养教育课程，②实施科技素养教育课程(专家指导课程改进)，③形成教学成果三个部分。

①开发科技素养教育课程：同类型学校的部分教师在参加完培训之后，加深对科技素养教育的认识与理解，掌握开发科技素养教育课程的技巧和方法。随后与其他教师共同探讨与开发科技素养教育课程。

②实施科技素养教育课程：在同类型学校实施科技素养教育课程中难免会遇到各种各样的问题，这时可以向项目组专家请求指导和帮助，专家团队可通过视频会议与现场调研相结合的方式给予指导和帮助，帮助教师完成教学改进。

③形成教学成果：通过开发与实施科技素养教育课程，不断丰富学校的科技素养教育资源，形成具有本校特色的科技素养教育课程资源。在这个过程中，还伴随着学生科技素养学习研究成果不断产生，进而激发学生的科学学习兴趣，提升学生科学探究、技术创造的意识和能力。

第六阶段：提炼与梳理改进模型，形成改进报告。

（3）研究成果的推广方式

①通过调研、座谈交流、专家讲座等形式，逐步与全区各层面人员形成对研究主题的共识；

②适度淡化样本校的固定性角色，强化其生成性和多样性定位，促进全体学校积极参与；

③向全区学校开放项目组线上课程和资源；

④将基于数据和着眼全体提升的行动研究，融入项目实施的全过程。

中科改进项目不仅为科技素养教育提供了理论和实践指导，还为推动科学教育体系的质量提升提供了有力支撑。通过中科改进项目的实施，学生将具备更强的科学素养和创新能力，学校科学教育质量将得到提升，科学教育改革将取得更加显著的成效。

三、以青少年科技探究实践作为教学改进的切入点

青少年科技探究项目为科学教师提供了纲领性指导，涵盖了从项目选题到教学实施再到效果评价的全过程。该项目指导教师如何确定具有挑战性的科技探究项目选题，设计适合学生发展的探究任务，实施项目式教学，并对教学效果进行科学评价。通过该项目教师可以改进自己的教学方法，提升学生在项目学习中的参与度和学习效果。

在前期中学科学学业测评项目与中科改进项目的深入研发与实践的基础上，青少年科技探究项目进一步对科技探究的各个方面进行了详细的探讨和分析，从而提出了一套更为系统和全面的项目实施框架。该框架主要围绕科技探究项目的选题、设计核心要素、实施策略以及评价要素四个关键方面展开。

(一)选题

科技探究项目学习的成功与否，在很大程度上取决于选题。一个好的选题需要反映真实情境中的实际问题，使学生能将理论知识应用到实际情境中，还需具备一定的开放性和复杂度，这样才能充分挑战学生，激发他们的思考和探究欲望。真实情境中的问题能够使学生理解学习的实际意义，通过解决这些问题，学生不仅能够获得知识和技能，还能培养解决复杂问题的能力。此外，选题的开放性鼓励学生从多个角度探究问题，促使他们发展批判性思维和创新能力，而问题的复杂度则要求学生进行深入研究。选题同时应具有跨学科性，这能够促进学生整合不同领域的知识，发展多元化思维模式，为将来面对更为复杂的问题做好准备。这些特点共同构成了开展科技探究项目的关键。

1. 选题的特征

(1)真实情境中的实际问题

科技探究项目的研究问题应是真实情境中的实际问题。真实情境中的实际问题指的是那些在现实生活、工作或社会中实际存在的问题，例如，家庭垃圾分类、节水节电、健康饮食等。这些问题与学生的生活密切相关，因此能够更好地吸引学生的注意力，提高他们的参与度和学习动机。为了解决这些问题，需要学生应用他们所学的知识和技能去寻找解决方案，这有助于学生理解科学知识在实际生活中的应用价值和培养他们解决问题的能力和社会责任感。

(2)开放性和复杂度

科技探究项目应具有一定的开放性，意味着问题的解决方案不是预设的，学生需要通过探索、实验和创新来寻找答案。这种开放性鼓励学生发挥创造力，运用批判性思维来分析问题和评估解决方案。同时，问题的复杂度要求学生必须进行深入研究，可能需要跨学科的知识和技能，促使学生学习如何整合不同领域的资源和信息。这种开放性和复杂度的结合，能够有效地提升学生的研究能力和团队合作能力。

（3）跨学科性

跨学科性是指科技探究项目要求学生将多个学科的知识和技能综合运用于问题解决的过程中。不仅包括科学和技术领域的知识，还可能涉及数学、艺术、社会科学等其他学科的知识。通过这种跨学科的学习方式，学生可以从多个角度来理解和分析问题，寻找更加全面和创新的解决方案。

2. 选题的来源

科技探究项目的选题来源十分广泛，主要分为以下几类。实际生活中的问题：从学生的日常生活中寻找项目主题，让学生解决他们在日常生活中遇到的问题。例如，如何减少家庭能源消耗，设计一个环保的社区公园等。社会性科学议题：从当前的社会热点或新闻事件中提取主题，让学生调查和分析。例如，公共卫生问题、气候变化的影响等。全球性问题：关注全球范围内的问题，如可持续发展、环境保护、贫困和教育等，让学生从全球视角进行研究和探讨。跨学科问题：将多个学科的知识融合在一个项目中，培养学生的综合能力。例如，设计并建造一个小型机器人，需要用到物理、数学和编程等知识。

以全球性问题和跨学科问题为例，科技探究项目可以分别从联合国提出的可持续发展 17 个目标和各学科课程标准中强调的"跨学科实践"主题（表 2-3-1）中进行选择。首先，联合国可持续发展目标是全球面临的一系列挑战，这些目标为科技探究项目提供了一个广泛而深刻的问题库，学生可以从中选择具有全球意义的问题进行探究，不仅有助于提升他们的全球视野和社会责任感，还能激发他们解决实际问题的兴趣和热情。其次，课程标准中的"跨学科实践"鼓励学生将不同学科的知识和技能应用到实际问题解决中。这种跨学科的探究方式可以帮助学生建立起知识之间的联系，促进综合能力的发展。通过跨学科项目，学生不仅可以深化对特定领域知识的理解，还可以学习如何将不同学科的方法和视角融合在一起，以创新的方式解决问题。

表 2-3-1　各学科课程标准新课标中的"跨学科实践"学习主题①

学科	跨学科概念/跨学科实践主题
科学	跨学科概念包括物质与能量、结构与功能、系统与模型、稳定与变化
生物学	"生物学与社会·跨学科实践"的主要内容包括模型制作、植物栽培和动物饲养、发酵食品制作三类跨学科实践活动
地理	"跨学科主题学习"的设计包括制订学习目标、选取学习主题和内容、选择学习形式、选定学习场所、开展学习评价等环节
化学	"化学与社会·跨学科实践"的主要内容包括"化学与可持续发展""化学与资源、能源、材料、环境、健康""化学、技术、工程融合解决跨学科问题的思路与方法""应对未来不确定性挑战""跨学科实践活动"
物理	"跨学科实践"包含"物理学与日常生活""物理学与工程实践""物理学与社会发展"三个二级主题

(1)可持续发展目标

可持续发展目标(Sustainable Development Goals，SDGs)是为解决全球面临的环境、经济和社会问题的战略方针。2015 年，可持续发展目标由联合国 193 个成员国正式通过，它旨在以统筹的方式解决社会、经济和环境三个维度的发展问题，并转向可持续发展的道路。SDGs 提出了 17 个全球发展目标，具体包括消除贫穷、消除饥饿、良好健康与福祉、优质教育、性别平等、清洁饮水和卫生设施、经济适用的清洁能源、气候行动、水下生物、陆地生物、可持续城市和社区等全世界共同面临的问题。青少年科技探究项目可以围绕这些目标进行，如清洁饮水与卫生设施：学生可以研究如何利用新技术处理和回收废水，或开发低成本净水设备，为缺水地区提供解决方案。

SDGs 是科技探究项目的良好素材。首先，SDGs 基于真实的生活情境，其 17 个目标都是全人类正在面临的需要解决的真实问题。其次，SDGs 的解决方案涉及多学科知识，解决所面临的这些真实问题，需要涉及科学、技术、人文、健康、艺术等多学科共同作用。

---

① 吴柳燕，唐昌国. 新课程标准背景下的跨学科融合教育[J]. 教学研究，2023，46（3）：82-87.

（2）课程标准中的"跨学科实践"主题

课程标准修订后的一个特点是每个学科都设置了不同主题模块，有的学科特别设置了"跨学科实践"主题（表 2-3-1）。要求学生运用本学科相关知识，结合其他不同学科尝试解决现实中真实情境的问题。这体现了现代教育理念的核心，即强调学生应将所学知识应用于解决实际问题，而非仅仅停留在理论层面。

在"跨学科实践"主题中，学生被鼓励利用多学科的知识和技能来共同探索和解决实际问题。例如，设计一个项目旨在研究并提出解决某地区水资源短缺的方案。在这个项目中，学生们需要整合来自生物学（分析水质和生态系统对水资源的影响）、地理（了解水资源的分布和地形因素）、化学（研究水净化技术和水质保护措施）、物理（探讨水资源的物理特性），以及经济学（评估水资源保护项目的经济可行性和成本效益）等学科的知识。通过这种跨学科的整合，学生不仅能够从不同角度深入理解水资源短缺问题，还能够综合运用各学科知识，提出创新且实际可行的解决策略。这种方法不仅加深了学生对单一学科知识的理解，还培养了他们解决复杂问题所需的综合思维能力。

(二)设计核心要素

设计一个好的科技探究项目需要具备哪些要素呢？项目组基于前期的实践和文献研究，提炼出设计科技探究项目的四个核心要素：具有挑战性的问题、持续的探究、真实性和公开展示的成果，具备这些要素的项目能较大幅度地提高学生的参与度和科学学习质量。

1. 具有挑战性的问题

问题将学生的注意力集中在需要学习的重要内容上，促使学生激发已有知识，这是使新知识与已有知识联系起来的关键部分。通过专注问题，在努力解决问题的过程中，学生不仅掌握新的知识，而且还学会如何使用这些知识。这使得他们更有可能在未来遇到类似的问题时能够应用这些知识。

挑战是产生学习成果的一个重要因素，设计的问题应具备挑战性，但难度又不应过高而使学生产生畏难心理。适当难度的挑战或问题能将学生置于最近发展区的边缘，由此发展他们的思维能力。开放式的问题和结构复杂的问题都允许有多种可能"正确"的答案或解决方案，以培养学生的创造力。因此，建议教师把核心问题设计成开放性的、处于学生可接受范围内的"驱动性问题"。

2. 持续的探究

探究指的是一个积极、深入的探索过程。探究是迭代的，当面对一个有挑战性的问题时，学生会提出一些问题，寻找资源来解答这些问题，然后提出更深层次的问题，再重新寻找资源。这个过程是不断重复的，直到学生得出一个自己满意的解决方案或答案。因此，探究成为一个螺旋上升的过程，使学生不断成长。

有学者认为探究是有意义学习的核心①。在科技探究课程的学习中，由教师精心策划的活动来构建学生的探究，并引导学习活动向教学目标发展。在课堂中，具有挑战性的问题建立了学习目的，如果学生了解他们为什么要学习，并且认为他们的学习是有目的和有意义的，那么他们的学习就会更有效率、更迅速、更深入。这种对解决方案或答案有目的和有意义的追求，是探究的核心。探究活动需要持续地进行，因为具有挑战性的问题需要更多时间来思考和解决，探究过程中的团队合作也需要时间经历磨合和发展。因此，在设计科技探究活动时，教师可以设计多项探究实践活动，包括制订计划并实施探究方案、分析数据和资料、建构模型和解释、利用证据来支持观点，以及寻找问题的答案等。

3. 真实性

真实性指的是学习的内容与现实世界相关。第一，真实的学习内容背景，即学习内容的背景与实际世界中发生的事情是一致的。第二，使用真实的任务、工具：如果学生完成的任务和使用的工具与人们在真实世界中的相匹配，那么这些任务和工具就能使学习内容变得真实。而且，使用真实世界的科技探究项目侧重于人们现实生活中面临的问题、困境和思维方式。第三，对世界产生真实的影响：具有真实影响的项目对学生具有激励性，他们会利用课余时间继续开展和研

---

① HMELO-SILVER C E, DUNCAN R G, CHINN A C. Scaffolding and achievement in problem-based and inquiry learning: A response to Kirschner, Sweller, and Clark[J]. Educational Psychologist, 2006, 42(2): 99-107.

究这些项目。第四，对学生个人的真实性：学习内容最好与学生个人关切、感兴趣的生活中的问题有关，或涉及学生的需求和文化习俗，真实性不仅能提高学生的积极性，还能提高学生的成绩。多种形式的真实性的项目比真实性较低的项目更有成效，因此，设计科技探究项目时，可以考虑使多种形式的真实项目相互组合。

4. 公开展示的成果

成果可以是具体的产品、解决方案、对驱动问题的解释。公开展示项目成果可以大大增加学生的学习动力，鼓励学生产出高质量的成果。学生不仅能在课堂上分享交流成果，还可以在展览中、在社区或在网上公开展示和描述他们的成果。这个过程可以促使学生为他们的成果感到自豪，因此，教师在设计项目时，可考虑给学生更多创造成果的机会，并鼓励他们公开分享自己的成果。

(三)实施策略

设计好科技探究项目之后，需要进入项目的实施环节，那么科技探究项目有哪些重要的实施策略呢？基于前期的实践和文献研究，项目组总结了三个有利于项目开展的实施策略，分别是搭建学习支架、管理项目活动、合作与交流。这些实施策略可以帮助教师更好地开展科技探究活动。

1. 搭建学习支架

在科技探究教学实践中，搭建学习支架能提供必要的支持。教师为学生的学习搭建支架，使他们能够通过同化和调整达成新知识的平衡，构建新的知识和经验，迈向更高阶的学习。这样做可以使学生无论起点如何，都可以获得学习上的成长。为保证每位学生都能得到必要的教学支持来获取知识、技能和资料，教师需要提前考虑学生在进行科技探究项目期间可能需要的学习支架，可以采用"逆向设计"流程，即以学生在项目中要创作的最终成果为起点考虑多种因素，例如：学生如何获取资料，是否准备好开始探究，再到小组成员间的合作，等等。同时，学习支架的搭建尽可能由学生提出的问题和需求来引导，教师并不能在项目开始阶段灌输太多信息和内容，而是等到学生需要或请求帮助时才提供，尽可能给学生足够的机会和时间进行思考和行动。当学生不再需要这些学习支架的时候，教师可以将支架移除，或搭建更高阶的学习支架。

2. 管理项目活动

管理得当的科技探究项目能够增加学生深度学习和发展高阶能力的机会，因此，教师要帮助学生学会使用项目管理工具和策略。这就要求教师自身需具备项目管理的能力，才能更好地追踪学生科技探究项目的学习动态，并专注于学习目标。在项目中使用管理工具，不仅可以帮助学生计划、组织和管理他们的项目活动进度；还能帮助教师明确学生目前已经完成了什么，下一步需要做什么，什么时间可以完成，以及谁在做哪些任务，更好地帮助教师了解学生项目的进展情况，为项目活动的进行提供早期预警，如果学生项目偏离了学习路径，教师就能及时提醒学生并给予相应的指导和学习支架。

项目管理工具有日程表、项目墙、在线协作工具等。日程表可以让教师和学生了解整个项目的具体流程、步骤和大致时间安排，最大限度地利用和管理学习时间。因此，教师需要帮助学生合理规划他们的项目日程，为项目各项流程、步骤设定明确的时间节点，促使他们在时间节点前完成任务，避免最后时刻的紧张局面。项目墙不仅能管理项目，也是教学指导的高效辅助。项目墙可以用来收集项目进行过程中的各种阶段性项目成果，使学生的学习可视化，留下他们学习的痕迹，这对教师调整、更新、拓展内容，以及在迭代和反思中优化项目有所帮助。在线协作工具包含内容建设、团队协作和团队管理等，如使用在线文档支持不同学生一起共同编辑项目的过程性内容、制作项目汇报 PPT 等。

3. 合作与交流

合作是指学生与他人一起共同思考，努力探究某一问题，寻找解决问题的方法和方案。当学生与他人共同努力探究问题并构建解释时，他们就形成了一个学习共同体。合作对科技素养教育非常重要。它体现了科学家和工程师日常工作的性质，通过合作可以帮助学生体验科学家和工程师的工作。大多数科学和工程问题都需要通过合作来汇聚解决问题所需的各种知识、资源和经验。科学家和工程师经常通过介绍他们的研究成果，然后得到他人对他们工作的评价，通过研究成果的分享交流得到进一步的合作机会。合作还能促进科学与技术的学习。因为在小组交流的过程中，学生可以对他人的想法、方案、作品进行讨论和论证，从而促进学生深度学习和思考。当学生在理解现象或解决问题的过程中挑战他人的想法时，就会进行更深层次的科学学习。

因此，教师在课堂上要创设合作学习的环境，向学生介绍这种学习方式的重要性。设计合作课堂时，教师需要考虑合作小组的构成。合作小组的构成会影响组内学生之间的互动。当组内学生的能力、个性和先前经验差别不大，每个学生均具有不同的强项和弱项时，合作效果最好。

(四)评价要素[①]

评价是顺利开展科技探究项目的重要环节。对科技探究项目的评价主要从以下四个维度展开：是否有助于学生理解学科核心概念；是否为学生提供使用科技探究相关技能的机会，使学生获得科技探究的体验和经历；是否体现了科学探究的本质特征和关于工程设计的核心思想；是否达到了探究实践的较高水平。

1. 理解学科核心概念

课程标准是教学的依据，科技探究项目作为面向学生设计的探究实践活动，为学生从探究实践中学习提供机会与空间，其内容设计需要支持确定的学习目标，促进学生对学科核心概念的理解。

2. 获得科技探究相关技能的使用机会

科技探究相关技能是科学家和工程师在工作过程中需要具备的基本思维方法与操作技能，也是人们在解决真实问题时所需要的技能，从本质来看，它是对复杂知识进行有序信息加工，需要动作技能辅助的心智活动技能，是一种具有复杂结构体系的高阶能力。在科技探究项目中设计多样化的科技探究相关技能，给学生提供发挥和锻炼各项技能的空间与平台，是提高学生高阶探究实践能力重要且适宜的机会。因此，在设计科技探究项目时，应考虑所涉及相关技能的种类与数量的合

---

① 刘佳琦. 科学教材中探究实践活动内容分析研究：以《科学的维度》和《我的朋友在这里！科学》为例[D]. 桂林：广西师范大学，2023.

理性，思考技能的选择是否与学生的年龄特点相适应，符合学习进阶的要求。

3. 体现科学探究本质特征和工程设计的核心思想

帮助学生建立对科学探究本质特征的认识与对工程设计核心思想的理解，是科技探究项目应具备的另一个重要功能，学生参与科技探究项目，经历科学探究、工程设计的过程，有助于学生理解究竟什么是科学探究、工程设计，科学家和工程师的工作是怎样进行的，科学知识、技术产品又是如何发展、迭代的。因此，科技探究项目对科学探究本质特征的认识和工程设计核心思想的渗透是水到渠成的。

4. 达到探究实践的高水平

科技探究项目的探究实践水平反映了学生在项目中的自主性与参与度，学生在项目中的自主性越强，说明探究实践水平越高。探究实践水平会影响科技探究项目对相关技能和探究实践理解的渗透程度，也会影响项目开展的难易程度，故探究实践的水平需要依据学生年龄段、能力及兴趣，根据学生的最近发展区合理设置，为不同水平的学生顺利进行科技探究提供支持。

基于以上四个维度，表 2-3-2 与表 2-3-3 给出了科学探究活动和技术与工程实践活动的评价框架。

表 2-3-2　科学探究活动评价框架

A 理解学科核心概念	A1 科学探究活动是否有助于学生理解学科核心概念		
B 获得科学探究相关技能的使用机会	B1 提出问题		
	B2 建立模型		
	B3 计划和开展研究/测试	B3.1 观察	B3.2 分类
		B3.3 测量	B3.4 确定、控制变量
		B3.5 提出假设	B3.6 收集数据
		B3.7 记录结果	B3.8 预测
	B4 分析和解读数据		
	B5 使用数学和计算思维		
	B6 建构解释		
	B7 进行基于证据的推理与论证		

续表

B 获得科学探究相关技能的使用机会	B8 获取、评价和交流信息	B8.1 从科学传播渠道(如论文、互联网、研讨会和讲座)获取科学、工程、技术相关信息
		B8.2 评估科学、工程、技术相关信息的有效性
		B8.3 同行交流与展示(陈述、写作、使用图表与模型)
C 体现科学探究的本质特征	C1 科学探究始于问题,但不一定要验证某一假设	
	C2 科学探究不遵循单一固定的步骤(科学探究方法不唯一)	
	C3 科学探究步骤围绕待解决的科学问题展开	
	C4 不同的科研人员按照相同的步骤开展科学研究,也可能得到不同的研究结果	
	C5 科学探究步骤可能会影响探究结果	
	C6 科学结论要与实验获得的数据相一致	
	C7 实验数据不等同于科学证据	
	C8 科学解释是基于证据的	
O 探究实践水平	D 提出问题	D0 未体现该过程
		D1 直接呈现待探究的科学问题
		D2 提供探究情境与指导,由学生提出待探究的科学问题
		D3 提供探究情境,学生自主提出待探究的科学问题
	E 提出假设	E0 未体现该过程
		E1 直接呈现待验证的科学假设
		E2 提供指导,由学生提出待验证的科学假设
		E3 学生自主提出待验证的科学假设
	F 设计方案	F0 未体现该过程
		F1 直接呈现具体翔实的实验步骤
		F2 提供思路支持,引导学生进行设计
		F3 提出简略要求,学生自主设计实验方案
	G 收集证据	G0 未体现该过程
		G1 直接呈现得出结论与解决问题所需的证据(图像证据、文字证据、数据证据等)
		G2 提供指导,由学生收集证据
		G3 由学生自主收集证据

续表

O 探究实践水平	H 处理信息	H0 未体现该过程
		H1 直接呈现处理完成后的信息
		H2 提供处理思路（如提示使用统计图、数学方法等），由学生对信息进行处理
		H3 学生自主对信息进行处理
	I 得出结论	I0 未体现该过程
		I1 直接呈现结论
		I2 提供指导，由学生得出结论
		I3 由学生自主得出结论
	J 交流评价	J0 未体现该过程
		J1 直接提供总结与反思
		J2 提供反思性问题，学生交流或自主反思
		J3 学生自主反思活动过程，或进行相互交流

表 2-3-3　技术与工程实践活动评价框架

A 理解学科核心概念	A1 技术与工程实践活动是否有助于学生理解学科核心概念		
B 获得技术与工程实践相关技能的使用机会	B1 定义问题		
	B2 建立模型		
	B3 计划和开展研究/测试	B3.1 观察	B3.2 分类
		B3.3 测量	B3.4 确定、控制变量
		B3.5 提出假设	B3.6 收集数据
		B3.7 记录结果	B3.8 预测
	B4 分析和解读数据		
	B5 使用数学和计算思维		
	B6 设计方案		
	B7 进行基于证据的推理与论证		
	B8 获取、评价和交流信息	B8.1 从科学传播渠道（如论文、互联网、研讨会和讲座）获取科学、工程、技术相关信息	
		B8.2 评估科学、工程、技术相关信息的有效性	
		B8.3 同行交流与展示（陈述，写作，使用图表、模型）	

续表

C 体现工程设计的核心思想	C1 定义和界定工程问题需要根据成功标准和限制条件，尽可能清楚地说明要解决的问题	
	C2 为工程问题设计方案，首先生成不同的解决方案，然后评估这些方案并择优选出满足标准和限制条件的方案	
	C3 优化设计方案需要经历系统化测试、改进，根据性能重要性的优先级进行取舍的过程，最终形成最后的设计方案	
O 探究实践水平	L 明确问题	L0 未体现该过程
		L1 直接呈现待解决的问题
		L2 呈现待解决的情境，提供指导，由学生提出待解决的问题
		L3 呈现待解决的情境，学生自主提出待解决的问题
	M 设计标准与限制条件	M0 未体现该过程
		M1 直接呈现方案需要满足的标准与限制条件
		M2 提供指导，由学生提出方案(实物模型)需要满足的标准与限制条件
		M3 学生自主提出方案(实物模型)需要满足的标准与限制条件
	N 设计方案	N0 未体现该过程
		N1 直接呈现具体翔实的设计方案
		N2 呈现部分设计方案，留下部分供学生自主设计；提供思路支持，引导学生进行设计
		N3 学生自主设计方案
	P 建立模型(实施方案)	P0 未体现该过程
		P1 直接呈现模型/实施方案
		P2 提供指导，由学生建立模型/实施方案
		P3 由学生自主建立模型/实施方案
	Q 测试模型(检验作品)	Q0 未体现该过程
		Q1 直接呈现具体翔实的测试步骤
		Q2 提供指导，由学生测试模型
		Q3 由学生自主测试模型

O 探究实践水平	R 改进完善	R0 未体现该过程
		R1 直接呈现待改进的问题或改进方案
		R2 提供指导，学生提出待改进的问题或改进方案
		R3 学生自主进行方案调整或方案优化
	S 发布成果	S0 未体现该过程
		S1 直接提供成果展示
		S2 提供安排与指导，学生开展成果展示
		S3 学生自主开展成果展示

中　篇

聚焦科技探究项目学习的
教学改进实践

中篇涵盖了科技探究项目学习课程的开发、科技探究项目学习课程教学案例设计及青少年科技运动会项目课程化三部分内容。这三部分相辅相成，构建了一个完整的科技探究项目学习的教学改进实践体系，为教师提供了系统的理论指导和实践参考，以全面提升学生的科学素养和科学探究能力。

第三章介绍了六类课程：围绕学科核心概念开发的课程、以技术与工程为载体开发的课程、面向社会性科学议题开发的课程、以疑难问题探究为主线开发的课程、聚焦学科核心素养设计的课程和以自制教具为基础开发的游戏课程。每个课程中又着重展开了具体的行动研究案例，这些案例诠释了科技探究项目学习开发和实施中可能遇到的困难和改进方法，可为教师开展科技教育提供实践参考。

第四章是科技探究项目学习课程的教学案例设计，包括"光纤通信模拟仪""眼睛和眼镜""动物的运动""发酵技术的应用""用八角驱杀玉米象""寻找大象'初生地'""'果'不其然""基于 STEM 理念的简易净水器设计""测定空气中氧气的含量""指尖玩转中国古代科技"。这些教学内容不仅包括教师自身亲历的科学探究过程，还涵盖了教师收集的科技探究创新案例。每个案例都详细说明了教学的目标、内容、实施步骤以及预期成果，确保教师能够根据学生的不同需求，灵活调整教学计划和方法。

第五章是青少年科技运动会项目课程化，不仅介绍了项目组为青少年科技素养的表现性评价打造的青少年科技运动会项目，还通过具体详细的项目课程设计来展示如何将这些科技运动会项目课程化。本章的教学案例展示了科技探究项目学习设计和实施中的创新、可能遇到的困难和教师的反思，通过真实的案例为教师开展科技教育提供实践参考。

第三章 科技探究项目学习课程的开发

科技探究项目学习课程是教学改进实践的核心部分。本章深入探讨了科技探究项目学习在科技素养教育中的应用，通过六类课程模块和具体的科技素养教育行动研究案例详细展示了课程的开发和实施方法，促使教师能够理解如何将科学探究活动有机地融入日常教学中。案例不仅涵盖了课程目标的设定、内容的选择和教学策略的制订，还涉及课程实施过程中的具体操作方法，如实验设计、探究活动安排和学生评估等，为后续的教学案例设计和项目课程化提供了理论和实践基础。

本章主要介绍的六类课程包括：围绕学科核心概念开发的课程、以技术与工程为载体开发的课程、面向社会性科学议题开发的课程、聚焦学科核心素养设计的课程、以疑难问题探究为主线开发的课程、以自制教具为基础开发的游戏课程。科技素养教育行动研究案例包括：基于浮沉子进行的科技探究项目学习；基于"自动机（automata）"的技术与工程项目学习课程设计；基于 3D 打印的技术与工程项目学习课程设计；"利用传感器探究气泡膜防撞减压能力"课程设计；核心素养导向下的"大气压强"教学设计；"运用 DIS 探究两面镜子难以分开的原因"课程设计；"'光路冒险'实验装置的制作及其应用"课程设计。案例展示了在真实教学环境中如何围绕学科核心概念，利用技术和工程作为教学媒介，针对社会性科学议题进行深入探究，不仅关注科学学科的核心素养，还强调了通过自制教具来开发课程的创新做法，体现了从灵感获取到课程设计与实施，再到总结与反思全过程的思考和实践。

一、围绕学科核心概念开发的课程

围绕学科核心概念开发的课程设计旨在加深学生对学科核心概念的理解。在设计以学科核心概念为中心的课程时，教师可以从实际出发，挑选那些既能引发学生兴趣，又能体现科学原理的实验和项目。通过实际操作和实验，学生能够更好地理解抽象概念，并将这些概念应用于实际的问题解决。本节以"基于浮沉子进行的科技探究项目学习"为例，探讨了沙漏浮沉子的科学原理及其在教学中的应用。通过实验和讨论，揭示了沙子下漏导致沙漏延迟上浮的现象，激发学生的探究欲。学生通过探究重心、浮心及稳定平衡条件，深入理解物体浮沉的科学原理。

基于浮沉子进行的科技探究项目学习①

1. 源头

浮沉子是一个经典的演示实验，从法国科学家笛卡儿制作了第一个浮沉子以来，人们就对浮沉子产生了持续的兴趣。浮沉子有各种各样的类型，如旋转浮沉子、火柴头浮沉子、沙漏浮沉子等，并被应用到许多的领域，如工业、教育、生活、娱乐等。这里主要探讨的是沙漏浮沉子。

2. 问题提出

在一个长长的装满水的圆筒容器里，有一个"8"字形的玻璃沙漏浮在水中，接近完全浸没的状态。整个沙漏是一个封闭的容器，其外径最大处刚好比圆筒容器的内径稍小一点。在圆筒容器上加一盖子，如图 3-1-1 甲所示，然后将整个容器倒过来，置于桌面上，如图 3-1-1 乙所示。

甲　乙

图 3-1-1

人们往往会认为沙漏会马上浮起来，但令人惊讶的是沙漏并不上浮，而是如图 3-1-1 乙所示那样在水底不动，可是它在水底停了一会儿后又会开始上浮，这引起学生极大的兴趣和强烈的探究欲望。大多数学生发现沙漏的延迟上浮跟沙漏内的沙子下漏有关，因为将圆筒容器倒过来以后，沙漏也随之倒了过来，原来在下方的沙子到了上面，于是就要往下

① 本案例作者为张殷、罗星凯。本文系 2023 年广西研究生教育创新计划项目"数字时代物理科学研究生数据素养培养的探索与实践"（项目编号：XJCY2023019）、广西师范大学第六批本科课程思政示范课程建设项目"科学课程与教学论"（项目编号：2023kcsz08），以及 2023 年研究生课程思政示范课程建设项目"科学与技术教育专题研修"的阶段性研究成果。

漏。实验中看到,当上面的沙子快要漏完时,沙漏开始上浮。

下面,以实际课堂中的师生对话,展示对该问题的探究过程。

3. 课堂上的探究历程

(1)教师提出第一个问题:"为什么沙漏会在沙子下漏到一定程度后才开始上浮呢?"

学生典型的解释:

①浮力变小了。既然沙漏原来是浮在水中并有部分露出水面的,就说明沙漏全部浸没在水中时受到的浮力大于重力。而在倒过来后沙漏所受的重力肯定不变,只能是沙子的下落改变了浮力。

反驳:在同一均匀液体中物体受到的浮力大小取决于排开液体的体积。尽管沙漏中的沙子在下落,但沙漏排开液体的体积不变,所受浮力也不变。

②沙子的下落导致失重。浮力是没有变化的,变化的是沙漏的视重。因为沙子在下落过程中,处在空中未落到底部的沙子处于完全失重状态,导致整个沙漏的视重减少。

反驳:如果沙漏的视重减少应该上浮。

③沙子撞击沙漏底部使向下的力增大。有学生认为,有在空中运动的沙子也有撞击底部的沙子。结合第2种解释,一定是沙子撞击沙漏底部的力,比处在空中未落到底部的、处于完全失重状态的沙子重力更大。

④有学生提出与众不同的想法:"我认为沙子的下漏并不是沙漏不上浮的本质原因,因为我可以用另外的方法使沙漏不上浮。"同时动手操作将整个容器倾斜小角度,沙漏便可以停在任意位置不再上浮。"这两种方法造成的后果都是使沙漏倾斜靠在容器壁上,沙漏与容器壁间的摩擦力阻碍了沙漏的上浮。当沙子快要漏完时沙漏就直立起来,沙漏与容器壁之间的摩擦力减少,合力向上,沙漏就浮起来了。"

进行观察之后大部分学生都赞同这个看法。

教师进一步追问:"那么,为什么一开始沙漏是倾斜的呢?一段时间后,上面的沙子快要漏完时沙漏为什么又不倾斜了呢?"

学生回答：

"重心降低，沙漏直立起来，就像不倒翁一样。"

"重心高就会斜。"

"如果这个容器更大它就会倒下。"

(2)随之引出另一个问题：不倒翁为什么不倒？

使不倒翁不倒的条件有哪些？其实学生已经大体上知道一些决定物体平衡的定性条件。比如船装货物，是要装得比较高，还是装在船舱底部。学生会回答：越低越好。那到底高到什么程度才不好呢？面对这一追问，学生就会发现好像还和底面有关，很平、很大的底面可以堆得很高不容易倒，但是学生还发现，有一些很尖很小的底面，物体在上面也立得很稳，例如图 3-1-2 所示的平衡鹰。

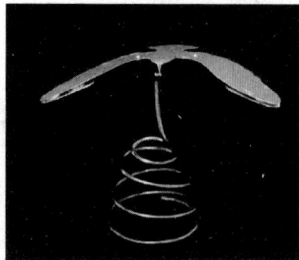

图 3-1-2

让我们来看另一个有趣的问题：假设有一根均匀的细杆，用一细绳系在其重心处，如果用手触动细杆使其倾斜，当松手时，细杆还会恢复到原来的水平位置吗？（见图 3-1-3）

学生典型的回答：

①回到水平位置。

②这与开始转动的角度有关，如果一开始转的角度比较大，杆就会转到竖直方向才停下来，如果开始转的角度比较小就回到水平位置。

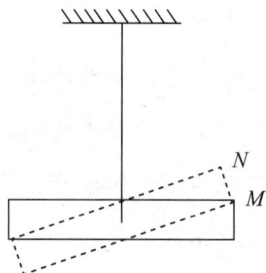

图 3-1-3

教师追问：你所学的知识有哪一点支持这个观点？请解释什么原因使它恢复。

教师引导学生画出悬挂点在重心处的受力分析图（见图3-1-4）。此图显然并不支持松手后杆会回到水平位置。因为杆所受重力与绳的拉力作用在同一作用点上，且大小相等。

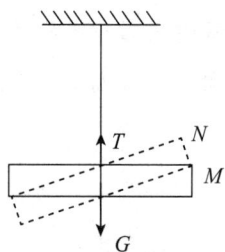

图 3-1-4

杆所受合力为零，杆就应该停在松手时的状态。

又有一位学生提出反驳：既然 M 和 N 都是平衡状态，买水果的时候我们为什么喜欢让卖家把秤砣那边翘得更高，难道我们得到的水果不是更多吗？

我们的理论分析告诉我们，杆会停在松手的位置，但是为什么我们又倾向于选择它会回到水平呢？这是最发人深省、最有意思的地方。原因就是在我们的经验中稳定平衡是最常见的。因为在自然界中其他的平衡都太脆弱了，只有稳定平衡才能长期存在。所以我们的经验是拨动一下杆，杆一定会回到原来的位置。在突然面对这样一个陌生的情境时，我们的知识都没用了，经验占了上风。这就反映了我们学的知识与现实脱离，知识和解决现实问题缺少联系。

到底在同样的刻度上，秤砣那边翘得高一些，挂在另一边的物体是不是更重一些？

顺着这个问题，教师引导学生继续探究。在这个过程中他们深刻认识到了如何将理想状况和现实问题联系起来，同时也学到了什么是稳定平衡，什么是随遇平衡和不稳定平衡。

科技探究课程，绝不能是一板一眼地把公式先列出来，然后做练习，否则当学生遇到真实情境的问题时还是不能解决。课程设计的思路是：用一些能吸引学生的问题，甚至是一些跨学科的主题来引导。这些问题学生感兴趣，感兴趣后发现要把这个问题弄清楚，还有很多知识需要掌握。教师在这个过程中要把原理都教给学生，潜移默化地让学生学习知识。这对教师的要求很高，因为要设计精巧的情境把学生要掌握的知识点串联起来。一个好的情境可以让各种水平的学生都感兴趣，都能提出一些想法，同时还能暴露出各种错误的概念。经过这样的探究之后，会对学生原来的学习方式有很大的冲击，提升学生遇到问题时的自信。

（3）下一个追问：大水冲了龙王庙，被冲出的柱子在水中的状态是怎样的？

教师提问：涨洪水的时候漂着的木头总是躺着的。即使我们把木头立起来，放手之后稍有扰动它仍会倒下。木头为什么是躺着的呢？

学生 A 回答：根据前面的分析，对这截木头来说，倒下的状态是它稳定平衡的状态。重力的作用点重心相对木头是不变的，一定是支点变化了，那支点在哪呢？

教师：木头受到重力与浮力，重力等效于作用在重心上，而浮力的作用点就相当于支点，不少人把浮力的作用点称为浮心。那么浮心在哪呢？

学生A：应该是浸在水里的部分的几何中心。记得那个证明浮力的实验吗？在静水中隔离出任意形状的一块水，它都是悬浮的，所以它所受的浮力就等于它所受重力的大小。同理，它在水中即便受到轻扰也不会旋转，说明重心与浮心重合。假设一个物体全部浸在水中处于悬浮状态，就应该是怎么摆放都行。

学生B：但是你看看浮沉子，个个都是立着的。

学生A：那是因为浮沉子的质量分布不均匀。如果质量分布均匀，重心就在几何中心上，就会与浮心重合，那就能以任意姿态停在水中。

学生C：浮力指物体在流体中，上下表面所受的压力差。想象一个球形物体，不管是浮的还是沉的，它与水接触的表面上所受的水的压力全都指向球心，那么合成的浮力的作用点就在球心上。如果这个球形物体漂浮在水面，它的浮心在球心。如果它沉没在水下，它的浮心也是在球心。很显然，球形物体浮心的位置就在球心，与浸入水的深度无关，与排开水的几何中心不重合。

学生D：我也可以举出一个例子，如果把一个圆柱形的小碗放在水面上，小碗侧面与水接触的部分所受的水平压力相互抵消，而下底面受到均匀分布的压力。下底面的中心就是这些压力的合力的作用点，所以下底面的中心就是这时小碗的浮心，与排开水的几何中心也不重合。

学生A觉得自己的理论分析是没有错的，但球和碗的例子的确有力地反驳了自己的观点。那么，有没有可能浸没在水中的物体的浮心就在排开水的几何中心，而漂浮在水面的浮体的浮心位置不在排开水的几何中心呢？

几位学生的讨论实质上已经触及了浮体和潜体的浮心位置与平衡条件。在后续的探究中他们又遇到了很多困难，但也得到了一些初步的结论，如漂浮在水面的浮体的浮心位置与浸水部分的几何尺寸和形状有密切关系。而浮心高于重心，又是浮体在液体中稳定平衡的前提条件。所以改变浮体浸水部分的几何尺寸和形状，就可以改变浮体在水中的稳定性。为此他们还收集了大量设计船舶的资料。

回顾这段探究历程，如果探究者是小学生他可以探究到发现浮沉子卡在容器壁上的现象，到了中学他就可以考虑为什么卡在容器壁上了，水平较高的中学生就可以探讨浮心的计算和浮体的平衡。也许这个活动给他带来的兴趣使他有一天会成为一个船舶工程师，但对绝大多数学生也许只是给他留下了一个印象，通过自己的探究能解决很多陌生问题。

回到浮沉子这个问题，无论是沙漏的倾斜还是直立，本质都是浮沉子的旋转。沙子在漏下来的过程中，整个沙漏的重心发生了变化，从沙漏的上部转移到了沙漏的下部。但浮心的位置不变，相当于悬挂点。当重心低于浮心时，重力产生的扶正力矩使浮沉子直立起来。浮沉子与侧壁的压力减少，最大静摩擦力也随之减少。最终，浮力大于重力与摩擦力的合力时，浮沉子开始上升了。

4. 探究就是对问题穷根究底的一切活动

探究的过程，正如盲人摸象一般，摸到大象的腿，以为大象是根柱子，摸到象的耳朵又以为大象是把扇子，得到的信息越多，对象的认识就越全面、越清晰。人只有认识到自己所摸到的只是"象"的局部，创造条件使自己能更多角度地去"摸象"，经过反复综合、比较，才能一点一点地扩大对"象"的认识。教授人类成熟知识的教师，往往不自觉地把自己放在明眼人的位置上，恨不得一下就把整头"象"推出来给学生看。这样，无疑剥夺了学生发现的快乐。同时，在日后学生应对真实情境这头"象"时，会手足无措，发现自己处在了"盲人"的角色。我们教育的目标不是给学生看所有的"象"，而是要教会学生如何去"摸象"，培养学生获取知识的能力，抛弃"万金油"知识储备的模式。

本案例参考文献：

[1]罗星凯.中学物理疑难实验专题研究[M].桂林：广西师范大学出版社，1998.

[2]吉尔·沃克.生活中的物理学[M].徐婉华，叶庆桐，译.北京：科学普及出版社，1984.

二、以技术与工程为载体开发的课程

在以技术与工程为载体开发的课程中，学生将通过参与工程设计和探究实践活动，学习如何应用科学原理解决实际问题。本节将通过两个课程案例展示如何将科学理论知识和技术与工程结合起来进行教学设计。

"基于'自动机（automata）'的技术与工程项目学习课程设计"以自动机（automata）机械装置为例，基于项目学习理念，分析了学生学情、项目教育价值、课程目标、课程框架、课程具体实施环节与课程评价建议，提供了基于项目开展技术与工程教学的一种方法。

"基于 3D 打印的技术与工程项目学习课程设计"呈现了两个项目学习课程"3D 打印蓝牙音箱创制"和"3D 打印月饼模具创制"，引入 3D 打印技术，激发学生的创造力和想象力。学生将通过设计和打印自己的创意产品，学习设计思维、三维建模技能以及 3D 打印的工艺流程。

基于"自动机（automata）"的技术与工程项目学习课程设计①

1. 课程设计背景

经济社会的发展表明，工业作为实体经济的重要载体，承担着富国之基、强国之本的重任，是国家安全和人民幸福安康的物质基础。21 世纪以来，工程科技人才的培养被世界各国提到了国家战略发展的高度，并逐渐由原先的更关注高等教育，下移至关注 K-12 教育，K-12 技术与工程教育的基础作用正逐渐成为共识。

在此背景下，2013 年，美国《下一代科学教育标准》将科学与工程实践的内容融入 K-12 教育，将工程设计提升到与科学探究同样重要的位置；澳大利亚、加拿大等国在基础教育阶段设置了技术课程，将设计与工程相关内容并入技术课程当中。2017 年，我国《义务教育小学科学课程标准》增设"技术与工程"领域，

---

① 本案例作者为高旻。

2022 年，新颁布的《义务教育科学课程标准(2022 年版)》更是将"技术、工程与社会""工程设计与物化"列入 13 个学科核心概念之中，指出"科学也包括技术与工程"，强调技术与工程领域的重要性。

随着新课改的进行，传统的教学模式也在改进与创新。2019 年，中共中央、国务院《关于深化教育教学改革全面提高义务教育质量的意见》指出，要探索基于学科的课程综合化教学，开展研究型、项目化、合作式学习。项目学习模式有助于突出学生的主体地位，培养学生的个人修养、自主发展及创新实践能力。结合技术与工程领域的综合性、实践性等特点，项目学习模式正成为技术与工程领域教学的优良载体。

2. 基于"自动机(automata)"的技术与工程课程设计

(1)学情分析

本课程可面向整个 K-12 学段，但因学生在这 12 年中身心成长迅速，因此面对不同年龄段的学生，需具体分析。

小学低年级阶段(一至二年级)，学生年龄集中在 6～7 岁。这个年龄段的学生身体发育还未成熟，较难进行精细度要求高的操作；在认知上仍属于前运算阶段，思维不可逆，也较难理解整体与部分的关系。对于这个阶段的学生可以将重点放在材料辨别、基础工具的使用训练和简单结构的直观感知上。

小学中、高年级阶段(三至六年级)，学生年龄集中在 8～12 岁。这个年龄段的学生身体发育迅速，已经能够进行一定程度上的精细操作；认知上属于具体运算阶段，思维可逆，但对抽象概念的理解仍需要具体内容的支持。这一阶段的学生正是思维活跃，对自己感兴趣的事物探究欲强烈的阶段，同时在小学科学的学习中开始逐步接触技术与工程相关内容。对于这个阶段的学生可以尝试"逆向设计"的思路呈现项目，即隐藏自动机的工作机制，积极激发学生的探究欲；还可采用拆解与重组的方式，经历"整体—部分—整体"的过程，结合实际引导学生进行较为抽象的空间转换与想象。

初、高中阶段，学生年龄集中在 13～18 岁。这个年龄段的学生经过小学阶段的学习与训练，已可以进行相当程度的精细操作；认知上步入形式运算阶段，思维发展到抽象逻辑推理水平。这个阶段的学生条理清晰，具有较强的学习动机，同时在相关科目的学习中进一步认识了工程实践相关的内容，但因为各地学校实施情况不同，存在技术与工程素养参差不齐的情况。考虑到这个学段的学生开始面对升学与未来择业的压力，可以在项目学习中适当拓展跨学科与职业教育内容。

（2）"自动机（automata）"项目分析

automata 意为"自动的、自力推进的、自行驱动的"。automata 的中文翻译为"自动机""自动装置"，指一种相对来说可以自我操作（自动遵循一系列操作或响应预定的指令）的机器。

在古代，自动机多指非电动的机械装置。早在公元前 1000 年前，巴比伦人就发明了一种利用水流计量时间的计时器——漏壶，其被认为是历史上最早的机械设备之一；传说我国发明家鲁班曾经做出过可以飞行的木鸟；我国宋代已有成熟的记里鼓车作为计量里程的工具；等等。自动机伴随着人类技术的进步与历史的发展，也在逐渐变得更加多姿多彩，同时一些较为成熟的传动结构逐渐普及进入民间，被制成工艺品、玩偶等娱乐用品，深受民众的喜爱。18 世纪末，工业革命的兴起带来了自动机的蓬勃发展，随着蒸汽火车、蒸汽船的发明与投入使用，将自动机应用于生产生活中的研发迎来了鼎盛时期，自动机在艺术与娱乐上的创作也达到了高潮。如著名的"沃康松鸭"是一只可以拍打翅膀、站立坐下、喝水、吃玉米甚至发出模仿鸭子的叫声和"排便"的机械鸭子；圣彼得堡冬宫博物馆中收藏的一座孔雀钟每到整点，金树桩上的孔雀便会缓缓打开美丽的尾羽，环绕360°行礼，钟表艺术可以说是自动机的巅峰代表。

自动机作为一种综合性的装置艺术品，特点是在简单的原动机（多为一个发条或一段摇杆）的基础上，使用大量齿轮、连杆等机械构件制作传动机，结合机械结构和运动特征设计极具艺术感的工作机，兼具科学、数学、技术与工程知识和艺术感；自动机涉及的机械结构具有丰富的科学技术史积淀，也体现了自动化、机器人等新兴领域的发展前景，囊括了结构与功能、度量、比例与数量等跨学科概念，具有丰富的教育内涵。具体实施中自动机可设计为仅两个齿轮传动的小装置，也可设计成巧夺天工、精妙绝伦的机械艺术品，具有门槛低、开放性强、发展空间大等特点。因此设计与制作自动机作为一种具身的项目式综合性探究实践活动，非常适合开发成技术与工程领域的学习项目。

意大利的拉齐奥大区曾推进"教室里的自动机"项目。该项目面向小学3年级和中学8年级两个学段，通过"逆向设计"的思路，即隐藏传动机的工作机制，学生就工作机的表现提出自己的假设，并利用绘制草图、制作模型机进行验证，最后用验证出的原理进行自我创作。该项目完成了以下任务：①向教师传授综合文学、机械和艺术技能的创新教学技术；②培养学生的文学、机械和艺术素养；③提高学生的动手能力、自主决策能力、解决问题能力和主动性；④利用回收材料制作装置。可见，以自动机为项目在各学段进行课程开发均有一定的可行性。

（3）课程目标

本课程聚焦学生在技术与工程领域素养的提升，以及综合实践能力与问题解决能力的培养。旨在以自动机项目为载体开展项目学习。通过对自动机传动的感知，连杆、齿轮、凸轮等结构的认识，制作自动机所经历的问题发现、方案设计、方案优化与迭代、方案物化整个流程，使学生掌握基本的技术与工程素养，帮助学生形成相应的观念及行为方式，培养学生综合实践能力。如表3-2-1所示。

表 3-2-1　基于自动机项目的技术与工程课程目标

学段	目标维度	具体目标
一至二年级	核心素养	1. 人工世界是人类为了更好的生活，利用技术与工程改造自然界的结果 2. 设计思路由草图、模型等途径传达更为准确，利于分析 3. 测量与记录、分析数据是解决问题的重要步骤 4. 生活中的许多物品用到了传动的方式
	观念及行为方式	1. 积极发现生活中的技术与工程问题 2. 尝试解决发现的问题 3. 分析与学习古代的技术与工程史
	实践能力	1. 通过观察，提出人工世界与自然界的技术与工程问题 2. 使用剪刀、尺子等简单工具 3. 利用合适的工具收集、记录数据 4. 测试不同方案，从结果筛选更优方案

续表

学段	目标维度	具体目标
三至六年级	核心素养	1. 问题的解决受到多种约束条件的限制 2. 设计方案前需要对问题本身展开研究，方案在实施前需要交流与改进 3. 连杆、齿轮、凸轮等结构及其对应的传动效果
	观念及行为方式	1. 技术、工程与科学密不可分，可以推动社会的进步 2. 设计方案需要经过交流与改进，失败与批评可以优化方案 3. 乐于分享、积极讨论自己的设计方案，虚心接受意见
	实践能力	1. 权衡限制，拆解、分析问题 2. 使用热熔胶枪、钻台等电动工具 3. 分析、比较不同方案，设计对照实验，筛选更优方案 4. 小组合作，展示、汇报方案，提高表达能力
七至十二年级	核心素养	1. 量化约束条件，综合考虑社会、环境等问题，提出并分析问题 2. 使用建模思维，构建实物模型、计算机模型描述并分析方案 3. 使用数学与计算思维，定量分析收集的数据 4. 连杆、齿轮、凸轮等结构的综合应用及对应的传动效果
	观念及行为方式	1. 技术、工程与社会、环境等全球问题密不可分，应用得当可以改善人类的生活 2. 建模结果可以一定程度上反映方案的实施效果，但反映可能不准确，还需与真实世界进行比较 3. 积极迁移基础学科知识解决技术与工程问题
	实践能力	1. 通过详细描述约束条件，分析真实世界的复杂问题 2. 使用雕刻机、3D打印机等进阶工具 3. 使用计算机建模分析、改进方案 4. 运用所学知识解决生活中的问题

(4)课程框架

本课程以设计、制作自动机为主线，从连杆、凸轮、齿轮与棘轮、蜗杆等常见结构拓展开来，形成五个单元学习实践内容，具体结构如图 3-2-1 所示。

①初识传动

本单元起到引出主题的作用，引导学生关注生活中事、物的传动现象，结合科学技术史，尤其是第一次工业革命的变革，带领学生感受机械传动在人类生产

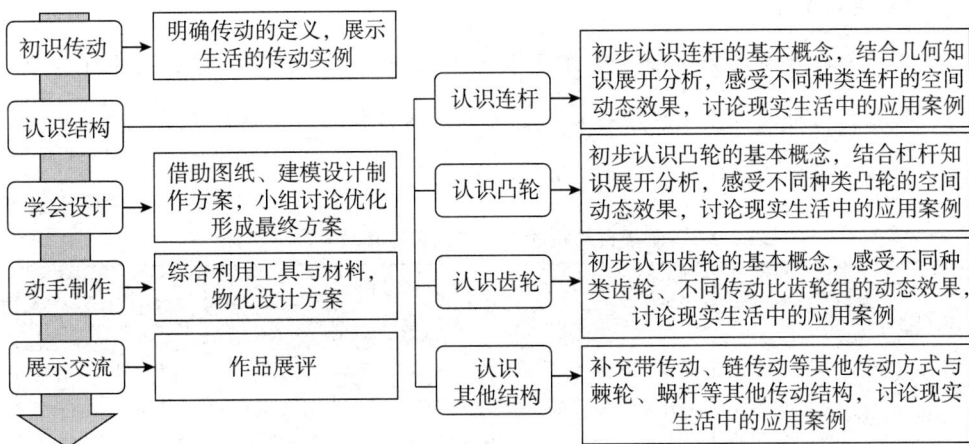

图 3-2-1 基于自动机的技术与工程课程框架

生活中的重要意义与悠久历史，进而引出下一单元：工程中机械传动的常见结构。

②认识结构

本单元是理论教学的重难点。通过学习连杆、凸轮、齿轮等工业机械设计中常用的结构，迁移学生数学、物理等基础学科知识，引导学生通过运用知识解决真实情境下的问题。通过制作原型机感受不同结构可以实现的空间动态效果，培养学生空间思维能力，也为下一单元自动机的设计奠定基础。

③学会设计

本单元重点在于引导学生综合考虑多种限制因素，如时间、材料、加工方式，同时结合创新的、审美的设计构思，形成自己的设计方案，并通过图纸、建模等形式表达设计，通过讨论优化设计。

④动手制作

本单元以动手实践为主，实现设计方案的物化。在实践中引导学生思考材料与对应加工方式的选择，调动所学知识解决制作过程中遇到的问题。

⑤展示交流

本单元为作品展评环节，通过介绍、展示自己的作品培养学生语言表达能力，通过互评促进学生沟通交流与互相学习。

（5）课程实施

本课程以自动机为主题，围绕技术与工程领域进行设计，可作为中小学科学、物理、通用技术等课程的补充，也可以校本课程、综合实践活动、学生社团活动等形式实施。具体设计如表 3-2-2 所示。

表 3-2-2　基于自动机的技术与工程课程教学环节设计

单元	内容	活动过程	科技史与拓展实践项目	设计意图
初识传动	主题引入	1. 介绍生活中的经典传动，如自行车，引导学生观察 2. 实物展示，介绍自动机装置 3. 分组	多米诺骨牌、毕达哥拉斯联动装置	1. 引导学生观察生活，增强对传动的直观感知 2. 通过展示实物（或视频）引发学生对自动机的兴趣 3. 为后续小组合作奠定基础
认识结构	认识连杆	1. 实物引入，展示对应结构是如何实现传动作用的，实现的效果如何 2. 联系学生已学过的知识，如几何、杠杆、力与平衡等，分析相关结构原理，实现深入理解和知识迁移 3. 利用教师制作的"洞洞板＋配件"教具展开探究，直观感受不同传动结构可以实现的传动效果	蒸汽火车车轮、升降台、伸缩拳玩具	1. 通过实物引发学生兴趣，引导学生观察生活 2. 通过调动学生知识迁移，帮助学生突破直观感受，理性理解机械传动 3. 通过实际动手操作与对比，对传动结构实现"感性－理性－感性"认识，加深理解
	认识凸轮		内燃机配气口、缝纫机	
	认识齿轮		钟表、发条小车	
	认识其他结构		自行车（链传动）、摆钟（棘轮）、"飞天仙子"玩具（蜗杆）	
学会设计	设计与改进方案	1. 结合草图，构思个人设计方案 2. 小组交流，组内比较、讨论、优化，形成小组设计方案；班级分享，全班一起进一步讨论优化各组设计方案	三视图绘制、电脑 3D 建模	1. 通过带领学生体验草图绘制、建立 3D 模型等形式，学会如何准确表达设计 2. 通过分组讨论、课堂分享等形式分析、讨论、优化方案，最终形成合理、高效、可实施的设计方案

续表

单元	内容	活动过程	科技史与拓展实践项目	设计意图
动手制作	作品制作	1. 进行安全教育，指导学生使用工具 2. 分组进行自动机制作	电动工具使用、雕刻机使用	1. 为学生实际动手制作做准备 2. 在实践中引导学生思考材料与对应加工方式的选择，调动所学知识解决制作过程中遇到的问题
展示交流	交流与评价作品	1. 撰写作品说明书 2. 小组展示、讲解自动机作品 3. 小组组内互评、组间互评	作品发布会、作品展览会	1. 通过撰写说明书体会如何正确使用与维护产品 2. 通过讲解活动，锻炼学生语言表达能力，并进一步加深其对传动的理解 3. 通过评价引导学生正确认识自己，相互学习

本课程设计了拓展实践项目，在作为主线的自动机设计与制作外，可将拓展实践项目作为对应单元的教学素材，也可带领学生对某一个拓展实践项目进行探究，进一步加深学生对相应单元内容的感知与理解，课时安排上较为灵活。时间安排上，以两个课时连堂的形式实施在时间上更为宽裕，也更能确保项目系统地展开。物质保障上，本课程的实施在场地、工具与耗材上有一定的要求，但弹性较大：可以在专用技术教室，也可以在普通教室进行；材料可以使用加工难度较大的木材、金属，也可以使用易于操作的卡纸、瓦楞纸板、PVC发泡板等；工具从基础的剪刀、美工刀到进阶的电动工具、各类雕刻机，可依学校硬件条件适当选择。

(6)课程评价

本课程重视学生的表现性评价，主要以学案、课堂观察的过程性评价，以及作品说明书、自动机装置作品和学生互评的总结性评价两种评价方式为主。

过程性评价包括：每一单元的学习学生需要完成的相应学案，学案包括导入问题、草图绘制等内容；学生的课堂讨论、发言与动手探究情况可作为课堂观察的主要内容。

随着课程主线的推进，学生需要以小组为单位完成一个综合运用传动结构的自动机装置，并给装置以恰当的主题、装饰和寓意，完成一份作品说明书；在作品展评中学生需要现场演示、介绍作品的设计思路、主题、传动结构与总结反思，展评后有互评环节，可作为最后的总结性评价。需注意评价的维度要广，包括技术设计、艺术风格、制作完成度、展演效果等多个方面。

3. 总结与反思

本课程基于自动机项目实施技术与工程的项目学习，以机械传动为载体，促进学生数学、物理、历史、美术等学科知识的迁移与应用；带领学生在项目的开展中体验"发现与明确问题—制订设计方案—选择与优化设计方案—物化设计方案—交流与评价"整个流程，促进学生技术与工程素养的形成，有助于培养学生多方面的综合能力。

但同时，本课程的实施是具有一定难度的。首先是硬件条件的限制，虽有弹性但仍需一定程度的保障；其次是自动机中所用的机械传动结构对学生来说存在较大难度，一是其需要较强的空间想象能力，二是设计过程中需要考虑包括材料、加工方式、尺寸限制、结构搭配等多个限制因素，制作复杂的自动机装置难度很大，需要教师对机械原理知识具有较扎实的理解，同时根据所教学生细心拆解、耐心引导。

本案例参考文献：

[1]美国科学教育标准制定委员会．新一代科学教育标准[M]．第 1 版．北京：中国科学技术出版社，2020．

[2]中华人民共和国教育部．义务教育科学课程标准：2022 年版[S]．北京：北京师范大学出版社，2022：6．

[3]意大利拉齐奥大区"教室里的自动机"项目[EB/OL]．[2023-09-05]．http：//www. modernautomatamuseum. com/clohe/00—clohe. htm.

基于 3D 打印的技术与工程项目学习课程设计①

1. 课程设计背景

教育信息化高质量发展是当前教育发展的重要任务。近年来，国家出台的一系列有关技术促进教育发展的政策文件，尤其关注教学的创新。例如：《教育信息化 2.0 行动计划》中提出，要利用智能技术加快推动人才培养模式、教学方法改革；《中国教育现代化 2035》中提出，要充分利用现代信息技术，丰富并创新课程形式；《关于推进教育新型基础设施建设构建高质量教育支撑体系的指导意见》中提出，要普及新技术条件下的混合式、合作式、体验式、探究式等教学，探索新型教学方式。课堂是学生在学校获得发展的核心场所，基础教育信息化发展应以技术促进课堂教学为重心。

习近平总书记强调，要在教育"双减"中做好科学教育加法。基础教育阶段的科学教育肩负培养青少年科学兴趣、树立科学志向的重要使命，对人才成长具有重要基础性作用。那么，应该如何保障科学教育加法落地，激发青少年投身科学事业的理想？

在科学课堂教学实践中，普遍存在学生"学习兴趣低、学习难度大"等现象，这是由于对学生而言，科学概念过于抽象、难以掌握；在课堂实践中的教学活动设置不当，导致学生对科学事实的理解浮于表面，难以发展推理技能和问题解决能力；学生的学习仅发生在教室之内，导致其建立的科学原理与生活的联系不够紧密。而 3D 打印技术融入课程的实证研究结果显示：3D 打印课程有利于提升学生的成绩和学习表现、发展空间能力与科学思维、提高学习体验。因此，本研究将设计相关科学 3D 打印课程，为培养学生创造性思维能力提供脚手架。

① 本案例作者为吴柳燕、唐昌国。本文系广西教育科学"十四五"规划 2024 年度专项课题"聚焦科学素养的小学科学实验教学改进与创新实践研究"（项目编号：2024ZJY1057）的阶段性研究成果。

2. 3D打印蓝牙音箱创制项目

2.1 项目简介

2.1.1 项目背景与简介

蓝牙音箱是人们日常生活中较为常见的电子产品，它可以通过无线的方式进行连接，方便快捷；还能利用功率放大器增大音源音量，让更多的人可以清晰地听见音源内容。学生可以结合3D打印技术，使用3D建模软件设计个性化蓝牙音箱外壳模型，然后使用3D打印机进行打印，再连接电路与喇叭，最后将各部分结构进行组装，便可得到一个自己动手制作的蓝牙音箱。

2.1.2 项目涉及的科学核心素养(表3-2-3)

表3-2-3 项目涉及的科学核心素养

科学观念	(1)科学 声音：声音的传播、声音的产生、声音的特性(频率、响度、音色) 电：电路的组成 能量：能量的转化 (2)技术与工程 技术：技术中的科学原理、技术的方法、程度和产品、技术中的工具(3D建模、3D打印) 工程：工程的科学技术和原理、工程设计的基本步骤、工程设计的评估(电路设计与连接、外壳参数测量与实践) 物化能力：了解常见材料属性、常见工具和设备、常见工艺方法(通过多种技术手段将想法变成现实)
科学思维	(1)科学思维与实践能力：创新思维、沟通合作、提出问题、解决问题、创意设计、创新表达 (2)艺术审美：3D模型需要结合艺术造型设计，以提升其美观性
探究实践	(1)科学探究能力：明确问题、定义问题、明确问题解决标准(材料、时间、成本等方面) (2)方案设计：问题信息收集、方案对比、方案试验、方案评价及优化、图形与数据表达、方案的图形化表达、纸笔绘图、二维设计图形、三维设计图形
态度责任	技术意识：技术规范、技术标准、技术性质、技术与人类文明

2.2　项目引入

2.2.1　问题引入

(1)无线数据传输

问题1：在生活中，你见过哪些无线数据传输方式？请举例说明。

问题2：无线数据传输给人们带来了哪些便利？

【拓展与思考】

常见的无线数据传输方式：蓝牙(Bluetooth)、无线局域网(Wi-Fi)、近场通信(NFC)。

列举无线数据传输的优缺点。

(2)3D打印技术

问题1：在生活中，你见过几种3D打印机？请举例说明。

问题2：3D打印机给人们带来了哪些便利？

【拓展与提升】

常见的3D打印机：FDM打印机、光固化打印机、食品打印机、金属打印机。

列举3D打印机的优缺点。

2.2.2　新知识学习

(1)蓝牙音箱的构造

①蓝牙技术的原理

蓝牙设备使用无线电波(而非电线或电缆)连接手机和电脑。当蓝牙设备之间需要相互通信时，它们需要先进行配对，当网络环境创建成功后，一台设备将作为主设备，其余设备作为从设备，从而实现数据传输。

②蓝牙音箱的构造

外壳：音响外壳的主要作用是保护内部组件免受损坏，例如喇叭和铜线。同时，它还具有扩音和聚音的功能，并在外观上起到美化的作用。

扬声器：又称喇叭，是一种将电能转化成声能的器件，根据能量转换的方式，可分为电动式、电磁式、气动式、静电式、离子式和压电式等；按工作频段可分为高音扬声器、中音扬声器、低音扬声器和全频扬声器。

音频功率放大器：简称功放，它的任务是把来自信号源的微弱电信号进行放大以驱动扬声器发出声音。

电源(锂电池)：锂电池是一种以锂金属或锂合金为正极或负极材料，使用非水电解质溶液的电池。

(2)任务与实现

①任务说明

用铅笔画一画你心目中的蓝牙音箱的草图。在项目中，由于音频功率放大器已经集成蓝牙通信模块与锂电池充电模块，只需要接上锂电池与喇叭，便可以连接手机使用了。因此电路部分相对简单。所以，需要学生多在蓝牙音箱的外观上下功夫，发挥自己的想象力，利用3D建模软件设计出最具创意的外壳，在展示环节大放异彩。

②所需材料(表3-2-4)

表 3-2-4　3D 打印蓝牙音箱项目材料表

材料名称	材料数量
音频功率放大器	1块
1.5英寸全频喇叭	2个
锂电池	1个
环氧树脂胶	1份

2.3　探究实践

2.3.1　设计蓝牙音箱外壳

对蓝牙音箱外观进行设计的同时，需要考虑所买材料的安装方式与尺寸数据，在此之前，向学生提出以下几个问题：

如何安装及固定音频功率放大器、喇叭、电池？

音箱的大小会影响音箱播放音乐的品质吗？

自己的设计能否在3D打印机上实现？

学生经过思考之后，在教师指导下使用3D建模软件完成设计。

2.3.2　制作步骤及安装调试

(1)用 3D 建模软件设计音箱外壳

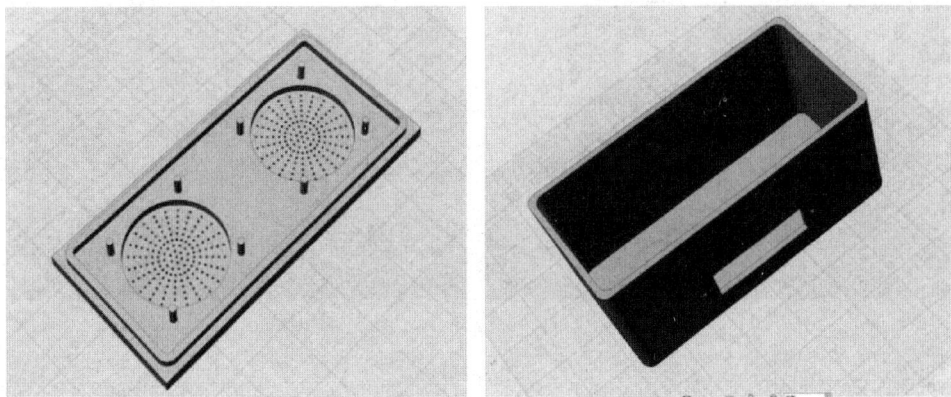

图 3-2-2

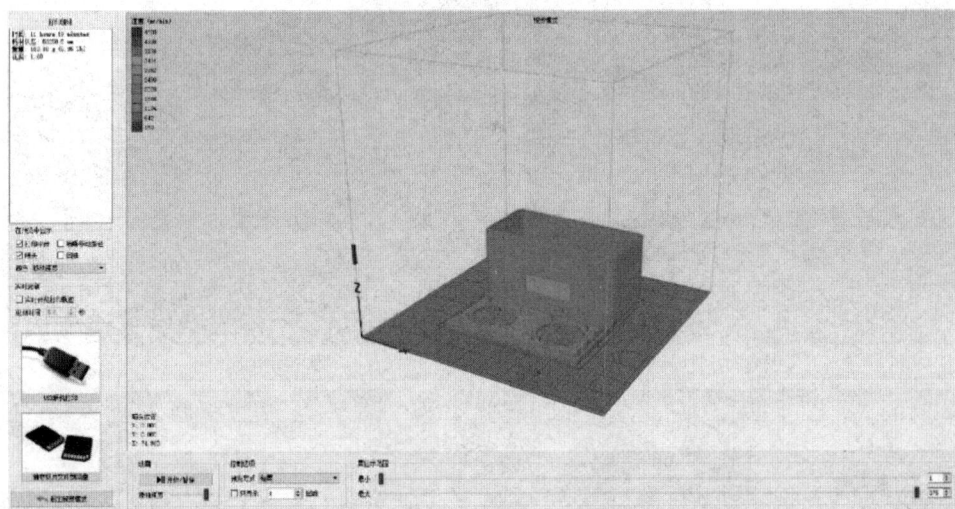

图 3-2-3

（2）3D 打印音箱外壳

学生打印音箱外壳　　　　　　　　　学生打印的外壳成品

图 3-2-4

（3）安装调试

 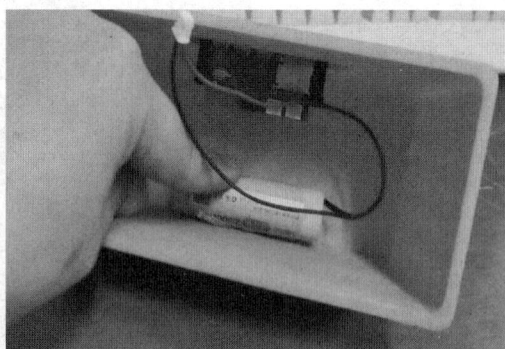

安装功放模块　　　　　　　　　　　安装电池

安装喇叭　　　　　　　　　　　　　安装完成

图 3-2-5

2.4　作品评价

评一评：对自己作品与他人作品进行打分评价（表 3-2-5）。

表 3-2-5　3D 蓝牙音箱作品评价表

	评价项目	评价标准				评分
		0～2分	3～5分	6～8分	9～10分	
自我评价	小组合作（10分）	没有分工，基本由一个人完成	有分工，但任务不明确	有分工，任务明确	有分工，任务明确，且高效有序	
	计划组织（10分）	没有任何计划	有计划，但未按计划实施	有计划，且按计划实施，但效果不佳	有计划，且按计划实施，且能高效高质量地完成项目	
	完成时间（10分）	未完成	完成但有拖延	按时完成	提前完成	
	学习效果（10分）	全程未参与，没学到任何东西	全程参与，但不够主动	全程参与，比较主动	全程参与，非常主动，还期待下一个项目	
	评价项目	评价标准				评分
		0～5分	6～10分	11～15分	16～20分	
教师评价	外观设计（20分）	未完成	在范例的基础上进行稍许更改，但无创意	参照范例进行较多更改，有一定的创意性	与范例有很大不同，极具创意性	
	展示介绍（20分）	无法展示	能展示，但效果不佳	顺利完成展示，但有少许地方存在瑕疵	顺利展示，介绍时思路清晰，内容完整	
	完成度（20分）	未完成	能完成，但线路连接混乱，表面未做处理，较粗糙	全部完成，线路连接清晰，表面有做处理，但有少许瑕疵	高质量完成，线路清晰明了，表面处理得体，在外观上进行了再创作	
总分（100分）						

2.5 拓展延伸

在前面的设计中，没有过多地对电路进行优化与改进，是较为普通的蓝牙音箱，可以运用一些编程知识来丰富学生的蓝牙音箱。比如，可以使用单片机将物联网液晶屏幕开发板、加湿器模块、语音识别模块等与蓝牙音箱结合起来，丰富它的功能。

3. 3D打印月饼模具创制项目

3.1 项目简介

3.1.1 项目背景与简介

中秋节是我国传统节日，在此佳节，人们会制作月饼，以待家人团聚共享。随着社会的发展，月饼慢慢商品化，种类样式越来越多，但其质量参差不齐。为此，为寻求健康、表达情谊，越来越多人选择亲自制作月饼，这就少不了月饼模具的参与。月饼模具是中国民间传统审美意识的物化载体之一，它可分为两类，分别是传统木刻和工业注塑。相比传统木刻，工业注塑面皮花纹更为灵活，可以轻松更换花纹款式。结合3D打印技术，学生可以更轻松地制作月饼模具，而且其花纹可以根据自己的想象去设计，让月饼更具个性，也让学生明白，创新技术可以改变人类生活。让学生亲历劳动过程，享受劳动成果，感受劳动魅力，提升劳动兴趣，增强创新意识。

3.1.2 项目涉及的科学核心素养(表3-2-6)

表3-2-6 项目涉及的科学核心素养

科学观念	(1)科学 物理：热胀冷缩 化学：物质的变化(泡打粉遇水后的反应) 生物学：酵母发酵 (2)技术与工程 技术：技术中的科学原理、技术的方法、程度和产品、技术中的工具(3D建模、3D打印) 工程：工程的科学技术和原理、工程设计的基本步骤、工程设计的评估(模具参数测量与实践) 物化能力：了解常见材料属性、常见工具和设备、常见工艺方法(通过多种技术手段将想法变成现实)

续表

科学思维	(1)科学思维与实践能力：创新思维、沟通合作、提出问题、解决问题、创意设计、创新表达 (2)艺术审美：3D模型需要结合艺术造型设计，使其美观、多样
探究实践	(1)科学探究能力：明确问题、定义问题、明确问题解决标准（材料、时间、成本等方面） (2)方案设计：问题信息收集、方案对比、方案试验、方案评价及优化图形与数据表达、方案的图形化表达、纸笔绘图、二维设计图形、三维设计图形
态度责任	(1)技术意识：技术规范、技术标准、技术性质、技术与人类文明 (2)传统传承：中华优秀传统文化的传承与技术创新

3.2　制作过程

3.2.1　观察、测量月饼模具，并设计模具

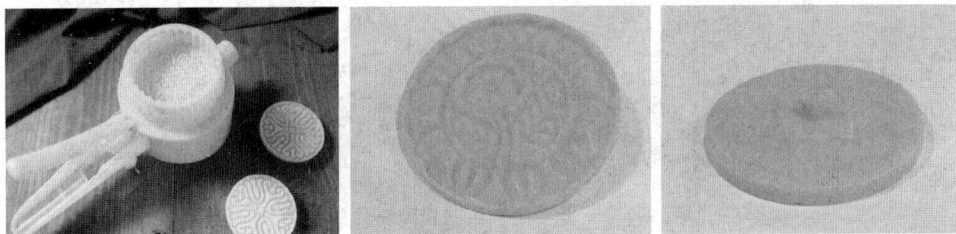

图 3-2-6

图 3-2-7　学校科学食堂 logo 设计

图 3-2-8　3D 打印月饼模具

3.2.2　教师带领学生使用自制模具共同制作月饼

图 3-2-9　学生使用自制模型制作的月饼

4. 总结

3D 打印技术融入教学活动中，不仅可以激发学生的学习兴趣，还能促进他们创造力的发展。本案例所呈现的两个项目学习课程"3D 打印蓝牙音箱创制"和"3D 打印月饼模具创制"，是将 3D 打印技术应用于教育领域的初步尝试。这两个项目不仅要求学生运用 3D 打印技术，还需要他们综合运用物理、数学、美术等多学科知识，真正做到跨学科的学习和创新。

4.1　课程设计与实施

未来将进一步扩展这种模式，研发更多支持学生创造力发展的 3D 打印科学课程。这些课程将从低阶到高阶，逐步提升，旨在满足不同能力水平和不同年级学生的需求。低阶课程将重点介绍 3D 打印的基本操作和简单模型的创建，使学生能够快速上手并对 3D 打印产生兴趣。中阶课程将引导学生深入了解 3D 打印的原理，学习更复杂模型的设计与打印。高阶课程则将着重培养学生利用 3D 打印解决实际问题的能力，鼓励他们开展自己的创新项目。

4.2　教育意义与价值

3D打印课程的实施，不仅为学生提供了一个通过实践学习和探索新技术的平台，还将帮助他们培养解决问题的能力、创造性思维和跨学科整合能力。通过参与这些课程，学生能够在实际操作中理解抽象概念，将理论知识应用于实践中，提高自主学习和创新实践的能力。

4.3　对教育工作者的启示

3D打印课程的开发为教育工作者在3D打印技术支持下的创新教学实践提供丰富的借鉴和参考。它鼓励教师跳出传统教学模式的框架，探索更多利用先进技术促进学生全面发展的方法。同时，也促进了教师自身的专业成长和技能提升。

总之，通过不断研发和完善适合不同层次学生的3D打印课程，能够形成一个全面、多层次的3D打印课程体系，为学生提供一个既能激发其学习兴趣，又能全面提升其创新能力和实践技能的学习环境。

本案例参考文献：

［1］董玉琦，毕景刚，钱松岭，等．基础教育信息化发展的问题审视与战略调整［J］．开放教育研究，2021（4）：50-58.

［2］CORUM K，GAROFALO J. Using digital gabrication to support student learning［J］. 3D Printing and Additive Manufacturing，2015，2（2）：50-55.

［3］CHEN M T，ZHANG Y，ZHANG Y Y. Effects of a 3D printing course on mental rotation ability among 10-year-old primary students［J］. International Journal of Psychophysiology，2014，94（2）：240.

三、面向社会性科学议题开发的课程

面向社会性科学议题开发的课程专注于将科学与现实世界的挑战相联系，如气候变化、可再生能源、环保等。通过这样的课程，学生可以了解科学如何应对社会挑战，同时培养他们的社会责任感和全球意识。因此，此类课程设计应鼓励学生关注全球性挑战，并思考如何使用科学技术解决这些问题。

以"利用传感器探究气泡膜防撞减压能力"为例，在此课程中，学生将使用传感器和数据收集工具，探究气泡膜如何减少撞击力，保护包裹物品。教师引导学生思考如何利用科学知识减少运输中的商品损坏，促进环境保护和资源节约。不仅让学生在实践中应用物理学的知识，还能增强他们对于科学在日常生活中应用的认识，提升解决实际问题的能力。

"利用传感器探究气泡膜防撞减压能力"课程设计①

1. 提出问题

越来越多的人认识到，仅从学科的角度很难理解和解决当今世界面临的许多问题，这促进了横跨自然科学、社会科学和工程科学的新知识领域的出现，这些新领域也寻求与现实世界相结合，通过与从业者、利益相关方和决策者共同创造知识来有意识和积极地寻求解决问题。其中就包含与科技相关的社会问题，即社会性科学议题，近 20 年来，伴随着科学技术的发展，社会性科学议题的社会性、科学性、争议性、不确定性等特征为科学教育和跨学科教育提供了丰富的主题情境。

随着电商和快递行业兴起，给物品包裹气泡膜防止其在运输过程中受损，是学生们经常见到的生活情境。一般情况下，网购的小商品会用 3～4 层气泡膜包裹，这究竟是商家随意为之还是包含着科学和经济学的智慧？市面上气泡膜种类繁多，在常用的类型中，哪种气泡膜的防震减压能力最好？基于此社会性科学议题，本案例提出两个问题：①同种类型、不同层数的气泡膜的防撞减压能力有何差别？②不同类型、相同层数的气泡膜的防撞减压能力有何差别？本案例利用中学生熟悉的斜面小车对气泡膜防撞减压能力进行探究。旨在结合实际问题在真实情境中利用学生已学知识、技能和方法探索未知，开展探究实验得出结论，并将数据和结论用于生活，体会科学与生活的紧密联系。

---

① 本案例作者为唐燕、张殷。本文系 2023 年广西研究生教育创新计划项目"数字时代物理科学研究生数据素养培养的探索与实践"（项目编号：XJCY2023019）、广西师范大学第六批本科课程思政示范课程建设项目"科学课程与教学论"（项目编号：2023kcsz08），以及 2023 年研究生课程思政示范课程建设项目"科学与技术教育专题研修"的阶段性研究成果。

2. 实验方案

2.1　实验器材

（1）力传感器

本实验选用数显推拉力计，这是一种高精度数字显示的推拉力计，它的量程为 5 N，精度为 0.001 N，示值误差为±0.5%。

（2）斜面小车

斜面小车作为中学物理教学中的重要实验装置，有着不可替代的地位与作用，它可用于演示、探究或验证中学物理中的多个重要实验，利用斜面小车开展探究实验，有助于学生灵活运用所学科学知识和技能解决实际问题，借助已知，探究未知。同时，斜面小车材料易得，可以用生活中常见的物品搭建，实验难度适中，既增加了实验的可行性，又让学生得以借助身边的资源顺利开展探究实验，拉近科学与生活的距离。

（3）市面上常见的 9 种气泡膜

如表 3-3-1 所示，按原材料的不同可划分为 LDPE（低密度聚乙烯）材料和 HDPE（高密度聚乙烯）材料。

表 3-3-1　气泡膜类型

LDPE 材料： 低密度聚乙烯 刚性较弱 21.34 元/kg			
	小圆单层	小方单层	小圆双层
HDPE 材料： 高密度聚乙烯 刚性强 40.98 元/kg			
	葫芦形小泡、中泡、大泡	四联排	填充袋	空气柱

2.2 实验原理

当小车以相同速度撞击贴有气泡膜的墙壁时，气泡膜的弹性结构（如内部气泡）会发生形变，从而延长碰撞时间。生活中类似的现象有很多，例如：汽车安全气囊通过延长碰撞时间减小冲击力，保护司机和乘客；快递包裹用气泡膜缓冲撞击，防止物品损坏。碰撞时间越长，物体受到的冲击力越小，这是本实验的原理。图 3-3-1 是传感器分别撞击 3 层和 4 层气泡膜时受力与时间的完整图像，实验测量小车撞击墙壁时的最大压力（压力峰值），来代表不同层数气泡膜的缓冲效果。墙壁贴有 4 层气泡膜时，压力峰值明显低于贴有 3 层时的，说明此时增加层数能更有效地减小冲击力。

实验最本质的原理是，由于控制了小车撞击气泡膜时的速度相同，撞击后小车停下来，小车动量的变化量相同，小车给气泡膜的冲量也相同，故有动量定理：$Ft = mv' - mv = p' - p$。在本实验中，传感器以恒定的速度 v 撞击贴有气泡膜的墙壁后停下来，因此有：$Ft = 0 - mv$，气泡膜起到缓冲作用，延长传感器速度降为 0 的时间 t，从而使其受到的冲击力 F 减小。在本实验中，相比 3 层气泡膜，4 层气泡膜的防撞减压能力更好，延长缓冲时间，减小受力。理论上，若控制撞击初速度一致，末速度都为零，则冲量相同，气泡膜受力与时间的累积面积一致，即两曲线围成的面积相等，但由于本实验存在一定误差，二者有些许差别。对于初中学生，不必定量地学习动量定理，可仅以压力峰值代表防撞减压能力。

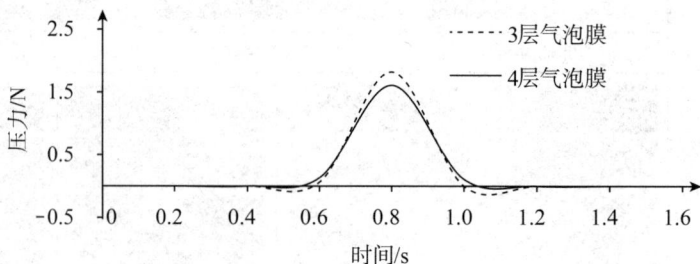

图 3-3-1　传感器撞击 3、4 层气泡膜受力与时间完整图像

2.3　实验过程

实验方案如图 3-3-2 所示，将斜面固定在平面上，小车每次从相同位置静止释放后撞击墙壁，记录压力传感器的峰值，重复多次，数值如表 3-3-2 所示，保持在 4 N 左右，其偏差系数为 3.4%，重复性较好，误差在可接受范围内，可继续开展实验。

图 3-3-2　实验方案图解

表 3-3-2　传感器直接撞击墙壁所受压力

次数	第 1 次	第 2 次	第 3 次	第 4 次	第 5 次	第 6 次	第 7 次	第 8 次
压力/N	4.07	3.766	4.178	4.101	4.231	4.07	4.01	4.079

实验过程中，保证斜面到最外层气泡膜的距离不变，装有传感器的小车静止从斜面同一位置释放，以相同的速度撞击贴有气泡膜的墙壁，由于传感器撞击点较小，气泡膜由多个气泡组成，当撞击气泡膜气泡中央、气泡边缘以及两个小型气泡中间时，测力计示数有所波动，这也与实际相符，在日常应用中，气泡膜的保护能力并非处处相同，因此，每次实验重复 10 次，记录测力计的峰值，为减小误差，去掉一个最大值和一个最小值，剩下 8 个数据取平均值，即为气泡膜的平均防撞减压能力。

实验一：探究同种类型、不同层数的气泡膜的防撞减压能力。

选择"小圆单层气泡膜"作为实验对象，以气泡膜的层数为自变量，以传感器受到的压力为因变量，传感器直接撞击墙壁作为空白对照；使传感器以相同的速度依次撞击贴有 0～10 层气泡膜的墙壁。

实验二：探究不同类型、相同层数的气泡膜的防撞减压能力。

以如表 3-3-1 所示的 9 种气泡膜作为实验对象，以气泡膜的类型为自变量，以传感器受到的压力为因变量，传感器直接撞击墙壁作为空白对照；使传感器以相同的速度撞击贴有 1 层气泡膜的墙壁。

3. 分析数据

3.1 不同层数的气泡膜的防撞减压能力

采集完"不同层数气泡膜的防撞减压能力测试数据"后，利用 EXCEL 分析数据，并拟合成如图 3-3-3 所示图像，横坐标表示气泡膜的层数，纵坐标表示传感器撞击墙壁时受力的峰值。分析图像可知：

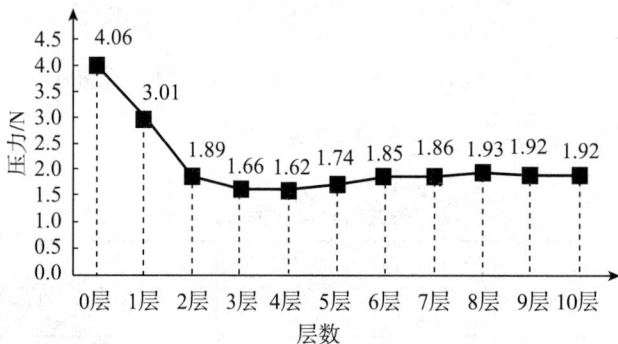

图 3-3-3　物体包裹不同层数气泡膜发生碰撞时所受压力

(1)随着气泡膜层数的增加，防撞减压效果先增强，后趋于稳定。人们对此通常会有错误的前概念，认为气泡膜包裹的层数越多，其防撞减压能力越好，因此倾向于给物品包裹更多层的气泡膜，造成不必要的浪费。

(2)包裹 3～4 层气泡膜，防撞减压效果最好。当外力为 4 N 左右时，在物品自身不会压坏气泡膜的前提下，给物品包裹 3～4 层气泡膜能够起到最佳保护效果，若物品较重或者将受到较大的外力，则可以适当增加气泡膜的层数。

(3)包裹 1～2 层气泡膜，防撞减压能力急剧上升，若需要最大限度降低成本，且需要保护的物品较轻，包裹 2 层气泡膜也能起到很好的效果，在实际生活中，网购的小商品一般会包裹 2～3 层气泡膜，与本实验的结果相符合。

3.2　不同类型的气泡膜的防撞减压能力

采集完"不同类型气泡膜的防撞减压能力测试数据"后，同样利用 EXCEL 分析数据，并拟合成如图 3-3-4 所示图像，横坐标表示气泡膜类型，纵坐标表示传感器撞击墙壁时受力的峰值，由图像可知：

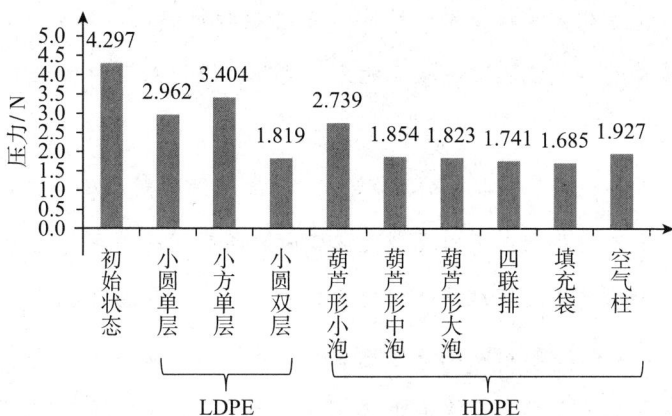

图 3-3-4　不同类型气泡膜发生碰撞时所受力压

（1）气泡越大气泡膜防撞减压能力越强。"葫芦形小泡、中泡、大泡"三种气泡膜仅气泡的大小有差别，比较三者的测试数据发现"中泡"和"大泡"的防撞减压能力远远优于"小泡"。

（2）HDPE 材料的气泡膜防撞减压能力更好。LDPE 材料的气泡膜的防撞减压能力的整体表现不如 HDPE 材料的气泡膜，原因可能是 LDPE 材料刚性较弱，延展性不强，只能制作成较小气泡的气泡膜；而 HDPE 材料刚性和延展性较好，一般会制作成气泡较大、较厚的气泡膜，所以具备更好的防撞减压能力。

（3）LDPE 材料的"小圆双层"气泡膜性价比最高。"小圆双层"气泡膜的防撞减压能力优于其他 LDPE 材料气泡膜以及"葫芦形小泡"和空气柱，与剩下四种 HDPE 材料的气泡膜相差不大，而"小圆双层"原材料市场价格仅为 HDPE 材料的一半，且用料更少，因此性价比更高。

4. 教学应用

新课标中跨学科实践这部分内容的设计，旨在发展学生运用跨学科知识分析、解决问题的能力和动手操作的实践能力，培养学生积极认真的学习态度和乐于实践、敢于创新的精神。本案例中关于气泡膜的探究既是一个真实的生活问题，又呈现与学生生活息息相关的社会性科学议题。社会性科学议题教学是在真实情境中发生的教学模式，学生通过参与对社会性科学议题的分析、讨论、探究、论证、辩论等相关实践活动，理解科学概念和科学概念形成的过程。因此，可开展基于传感器对气泡膜防撞减压能力的实验，进行贴近学生生活的社会性科学议题教学。

教师可通过本探究实验辅助课堂教学。学生先借助斜面小车开展探究实验，得出测力计撞击不同层数或不同类型气泡膜时力与时间的关系，通过数据与图像的直观呈现，帮助学生理解碰撞时间延长，冲击力减小的物理原理。通过控制变量法（保持撞击初速度相同），测量传感器撞击不同层数或不同类型气泡膜时的压力峰值的数据，从而了解不同层数和不同类型的气泡膜的防撞减压能力。此外，学生通过实验发现气泡膜包裹层数并非越多越好，教师可顺势开展绿色环保和经济节约理念的教育，运用科学知识进行决策可以帮助学生理解并学会确定复杂系统问题的解决方法，学会从伦理道德、社会经济视角评价不同行动方案，更好地认识物质系统、生态系统和社会政治系统因内部联系而产生的反馈机制和行为，了解科学在改善健康、改进能源和食品供应、应对气候变化中的贡献，体会经济、政治、社会与科学的关系[2]。

学科教育不仅是知识的传授，更要以培养核心素养为最终目标，学生在真实情境中有所学，在实际生活中有所用，在问题解决的过程中提高能力、拓展思维，将更有助于为终身发展奠定基础。

本案例参考文献：

[1]邴杰，刘恩山．科学教育中实施社会性科学议题教学的策略研究[J]．教育科学研究，2021(1)：67-72.

[2]李川．PISA 2025 科学素养测评框架的新动向及启示[J]．科普研究，2022，17(1)：52-58＋102.

四、聚焦学科核心素养培养设计的课程

聚焦学科核心素养培养设计的课程旨在通过设计具有挑战性的科学探究实践，培养学生的科学观念、科学思维、探究实践、态度责任等核心素养，提升学生的高阶思维能力。

在"核心素养导向下的'大气压强'教学设计"中，以科学核心概念"大气压强"为例，将科学探究作为主线，通过"易拉罐被压扁的实验"让学生从视觉上感知大气压强的威力，还通过"力量的挑战（大吸盘提拉活动）"让学生亲身体验大气压强的作用效果，在体验中建立大气压强概念。接着，通过"小吸盘探究实验"，在探究中领会大气压强概念的内涵。最后，"双心壶"和"抽水机"两个大气压强在现实生活情境中的应用提升学生的科学学科核心素养。

核心素养导向下的 "大气压强" 教学设计①

1. 教学设计理念

"大气压强"教学设计理念是将学生培养成有科学素养的终身学习者。注重科学探究，培养学生质疑创新精神，用亲历探究的方式为学生创造个性化的学习经历。

2. 教学内容分析

2.1　教学设计创新点

"大气压强"教学设计有以下五个创新点：

(1)利用大气压压扁易拉罐的引入实验，让学生从视觉上感知大气压强的威力。

(2)制作超大承重吸盘的自制教具让学生在地板和桌面上提拉，让学生亲身体会大气压强的力量。

(3)通过动手探究小吸盘在有机玻璃板和木板上的贴合程度，通过正例和反例引发学生思考产生吸盘"吸力"的原理，逐步建立大气压作用在吸盘上的模型，

①　本案例作者为卓雪妹、吴柳燕。本文系广西教育科学"十四五"规划 2024 年度专项课题"聚焦科学素养的小学科学实验教学改进与创新实践研究"（项目编号：2024ZJY1057）的阶段性研究成果。

理解吸盘的原理。

（4）设计既可以倒出牛奶又可以倒出咖啡的双心壶的科学魔术，活跃课堂氛围，寓教于乐，激发学生求知欲。

（5）通过自制简易抽水机，让学生建立简化的抽水机模型，应用大气压强解释其原理。

2.2 学情分析

八年级学生经过一个多学期的物理学科学习，对课本的知识结构已经有了一定的了解。科学观察、实验、分析和概括能力已初步形成，也亲身体验到了物理知识与人们生活、生产的密切联系，对身边有趣的生活现象有了一定的兴趣和强烈的求知欲。他们希望教师能满足他们对新知识的好奇、渴求，希望在教师的引导下获得锻炼及施展自己能力的机会，同时更希望体验到学习的快乐。实际教学中，不仅要注重知识逻辑，还应重视学生的个人经验和心理特点，把生活中常见的物理现象结合知识展现给学生，加强学生的感性认识。教学中还应注意设计好问题，引导学生的同时吸引学生的学习兴趣，激发学生探索新知识的勇气，教会他们发现问题、提出问题及解决问题的方法，真正让学生把学习当作一种享受。

2.3 教学目标

《义务教育物理课程标准（2022年版）》中提出的核心素养包括"物理观念""科学思维""科学探究""科学态度与责任"四个方面。下面将从这四个方面介绍"大气压强"教学设计的教学目标（表3-4-1）。

表3-4-1 "大气压强"教学设计涉及的核心素养

物理观念	（1）理解大气压强产生的原因，建立完整的大气压强概念 （2）能应用大气压强解释一些日常生活中相关的现象
科学思维	（1）模型建构：建构大气压强模型 （2）科学推理：通过了解"自制双心壶"的内部和外部结构，推断历史上的"两心壶"的结构和该壶"一壶两种酒，你醉我不醉"的原因 （3）科学论证：通过"小吸盘探究实验"中"接触面粗糙使吸盘更容易拔出"的结论，论证筷子能快速提起大吸盘的原因是筷子放在大吸盘底部使其漏气，因而更易提起 （4）质疑创新：在教师给出各类探究实验的明确答案前，学生分组实验开展小组讨论，通过对不同信息、观点和结论进行质疑和批判，培养质疑创新精神

续表

科学探究	(1)问题：通过"大吸盘提拉活动"的体验，提出大吸盘提拉的力量为何如此之大的问题
	(2)证据：在"小吸盘探究实验"接触面粗糙使吸盘更容易拔出的结论中，找到筷子能快速提起大吸盘的证据是筷子放在大吸盘底部使大吸盘漏气，因而更易提起
	(3)解释：在了解"自制双心壶"的原理之后，能解释历史上的两心壶"一壶两种酒，你醉我不醉"的原因
	(4)交流：通过组内合作完成实验，提升与他人交流的意愿和能力，能准确表达、评估实验探究的结果
科学态度与责任	(1)科学本质：经历大气压强概念的建立过程，认识到物理学是人类对自然现象的描述和解释；感受物理概念引入的必要性，体会物理学是不断发展的
	(2)科学态度：通过大吸盘提拉活动和小吸盘探究实验，培养学生尊重事实、严谨认真的科学态度；提升学习和研究生活中物理问题的兴趣和能力，养成善于思考、勤于动手、乐于与他人交流合作的习惯
	(3)社会责任：通过大气压强概念对生活现象的解释，感悟物理学的实用价值

2.4　教学重点

大气压的存在和应用。

2.5　教学难点

让学生感知大气压强的存在。

2.6　教学方法

引导法、实验法、演示法。

2.7　教学策略

大气压强虽然很大，身体却感觉不出来，但是人们生活中许多常见的现象又都与大气压强有关。教学中可设法让学生亲自感受到大气压的存在，再利用知识的迁移来学习大气压强，同时尝试解释常见的大气压强现象。这样启发式的教学方法利于学生对大气压强的理解，还能使他们深刻体会到所学知识就在身边，学的知识是有用的，激发学生的学习兴趣。

2.8　教具

水槽、易拉罐、喷灯、夹子、大吸盘、筷子、玻璃板、木板、小吸盘挂钩、自制双心壶、PVC管、水桶。

3. 教学过程

3.1 导入（易拉罐被压扁的实验）

利用喷灯加热装有少量水的易拉罐，当水沸腾之后快速将易拉罐倒扣在水槽中。易拉罐瞬间被压扁，引起学生极大的兴趣，调动学生的学习热情，开始引入新课知识。

引出大气压强这一概念："大气对浸在它里面的物体产生的压强，叫大气压强，简称大气压或气压。但是如何感受到大气压强的存在呢？这就是今天要探索的内容。"

3.2 力量的挑战（大吸盘提拉活动）

（1）地板上提拉大吸盘

用大吸盘（图 3-4-1、图 3-4-2）提拉游戏吸引学生的注意力。将大吸盘吸在光滑的地板上，进行提拉大吸盘比拼活动，目的是让学生亲身参与到活动中感受大吸盘的威力。借着学生的兴奋，提出问题：为什么这大吸盘用那么大的力气都提拉不起来？是什么让它有如此大的力量？引发学生的思考。

图 3-4-1 自制大吸盘正面   图 3-4-2 自制大吸盘反面

（2）桌面上提拉大吸盘

将大吸盘吸到桌面上，然后再让学生进行提拉，学生将桌子与吸盘一同提起离开地面（图 3-4-3）。

图 3-4-3　桌面上提拉大吸盘

（3）利用筷子快速提起大吸盘

教师：现在老师想不用力也能将大吸盘提拉起来，那就是简单的一双筷子，我会给每个小组分发一双一次性筷子。在不用筷子撬动吸盘的情况下，我们如何利用筷子快速将吸盘提拉起来呢？小组有 10 分钟的探究时间。

学生进行小组探究。

学生进行分享：将筷子放在吸盘边缘，很容易就可以将吸盘提拉起来。让每个小组都感受吸盘漏气，从而很轻松地提拉。

3.3　小吸盘探究实验

利用生活中常见的小吸盘挂钩以及玻璃板和木板让学生进行探究（图 3-4-4）。探索小吸盘挂钩在玻璃板与木板上的贴合程度与什么有关。

小吸盘挂钩若干　　　　玻璃板　　　　木板

图 3-4-4　小吸盘探究实验材料

教师：刚才通过对大吸盘的探究，我们知道大吸盘有很大的威力，但是敌不过小小的筷子。现在再通过生活中常见的吸盘挂钩进行探究，究竟吸盘的吸力是什么？

教师：老师给每个小组分发一块玻璃板、一块木板和若干个吸盘挂钩，你们有两分钟时间探究吸盘的贴合程度与玻璃板和木板间的关系。

学生进行探究后，各个小组派代表汇报发现。

学生：我们发现粗糙的表面会更难使吸盘贴合接触面，而光滑的则贴合得更牢。这是因为粗糙的表面会使吸盘漏气。

3.4 探究实验总结

教师：通过对大小吸盘的探究，我们知道，大吸盘没加筷子前，很难拉离桌面，加了筷子后则很容易；小吸盘作用在木板时（粗糙表面）容易脱离，在玻璃（光滑表面）上则贴合牢固。

对比两个探究实验，影响吸盘提拉难易程度的主要因素是什么呢？

学生：吸盘漏气时，就容易拉离桌面或者木板。

筷子放在吸盘底部使吸盘更易提起；接触面粗糙使吸盘更容易拔出，都是因为吸盘边缘有气体跑进吸盘，我们来分析一下吸盘受力情况。

当吸盘贴合桌面的时候，吸盘底部只有很少气体，吸盘上部的大量气体作用在吸盘上，从而将吸盘紧紧压在桌面上，当吸盘底部有气体进入的时候，吸盘底部气体对吸盘也存在一个力，上部仍然有大气作用，二力之间可以相互抵消，此刻提拉吸盘，就很容易将吸盘提起（图 3-4-5）。这就是大气压强的作用。

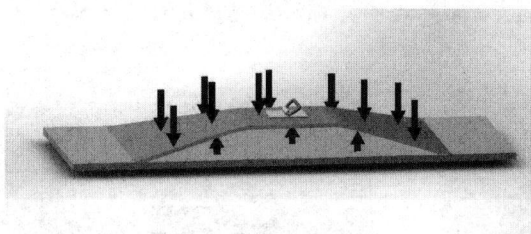

图 3-4-5 大吸盘受力示意图

3.5 大气压强的应用

3.5.1 双心壶

(1)双心壶小魔术(图 3-4-6)

教师：我们生活中有很多地方用到大气压强，大家可以举一些例子吗？

学生：我知道，吸盘挂钩！高压锅！

教师：很好，回答正确，不过你们只答对了一部分。

教师：你们看过魔术吗？（再一次让学生兴奋）

教师：今天老师来变个魔术。老师这里有一个水壶，今天我想喝牛奶，我用我的意念告诉水壶，我要喝牛奶。（一边说一边倒出了牛奶）

学生：你本来就装好牛奶在水壶里，倒出来的肯定是牛奶！

教师：你们确定？那现在我不想喝牛奶了，我要喝咖啡，再用我的意念告诉水壶，我要喝咖啡。（一边说，一边从水壶倒出了咖啡）

教师：你们想不想知道这是怎么回事？

学生：想！

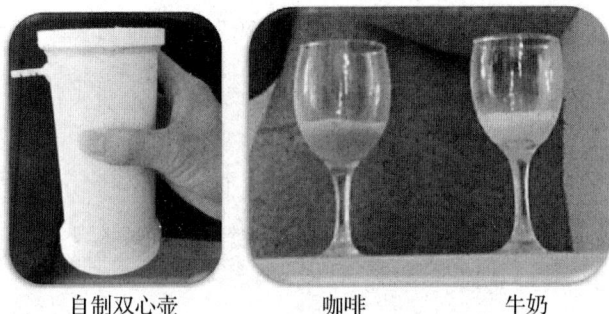

自制双心壶　　　咖啡　　　牛奶

图 3-4-6　双心壶小魔术

（2）小魔术揭秘

教师：你们来猜测一下水壶的内部构造。（学生小组讨论）

教师揭晓水壶的奥秘：展示水壶内部构造图，解释其中大气压强的作用（图3-4-7）。

把水壶从中间隔开，两边分别放咖啡和牛奶，开了两个通气口，我要喝牛奶就堵住咖啡通气口。如果想喝咖啡，就堵住牛奶通气口，这就是大气压强在魔术中的应用！

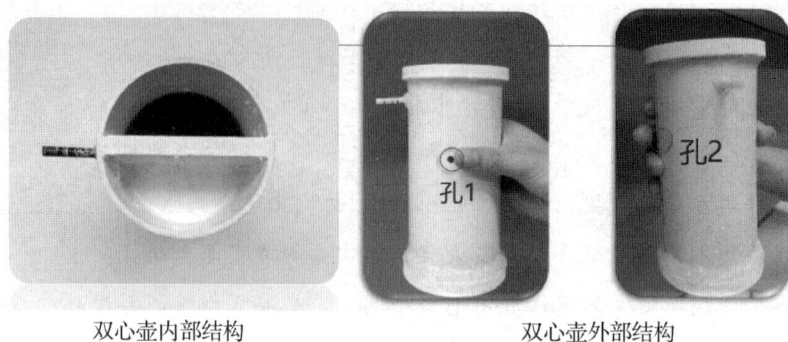

双心壶内部结构　　　　　　　　双心壶外部结构

图 3-4-7　双心壶内部结构和外部结构图

(3)历史中的两心壶

引出历史中的两心壶，它是古代王公贵族喝酒作乐的酒器。壶内有两个心，在壶内用隔墙将壶分成两部分，每部分用堵盖封住，在堵盖的一侧设通道与外界相通，在通道的上方设一挡碗。壶上暗藏机关，可同时装两种不同的酒水。在壶中放入两种不同的液体，能分别倒出而不发生混合，只要转动一个角度，即可改变倒出液体的种类。这样就可以实现"一壶两种酒，你醉我不醉"，因为给别人倒的是酒，给自己倒的则是水。

3.5.2　抽水机的奇妙

教师：抽水机也是大气压强在生活中应用的一个例子，如老师手中的这个 PVC 管，可以通过放气抽水上来！（同时演示，图 3-4-8）

图 3-4-8　自制抽水机

3.6 课堂小结(5分钟)

(1)空气有压强;

(2)大气压强在日常生产生活中有很广泛的应用;

(3)课后拓展小任务:组队探究 PVC 抽水管活动。

五、以疑难问题探究为主线开发的课程

以疑难问题探究为主线开发的课程鼓励学生面对复杂的科学问题时,进行深入的探究和研究。通过引导学生独立思考、提出假设、设计实验、收集数据和分析结果,培养他们对科学探究的热情。

以"运用 DIS 探究两面镜子难以分开的原因"为例,课程引导学生探究两面镜子紧贴一起时难以分开的原因,通过系列的探究实验,借助抽气盘、DIS 力传感器等装置,寻找证据,对学生提出的不同的观点进行论证,展示了一个抽丝剥茧,逐渐逼近真相的真实探究过程。

"运用 DIS 探究两面镜子难以分开的原因"课程设计[①]

在一面镜子上洒些水,然后把另一面镜子盖上去,发现很难将这两面镜子沿垂直镜面的方向分开(图 3-5-1),造成此现象的原因众说纷纭。

1. 不同观点

一开始学生们的观点基本上分成两派。第一派学生的观点认为是"分子间作用力",即水分子与镜子分子之间的引力在起作用,简称"分子派"。

第二派学生的观点认为是"大气压力",是大气压把镜子压在一起,简称"大气派"。他们觉得用力向外拉开镜子时,两镜子间的距离被拉大,夹层内的水与镜子的接触面积随之减小。在水表面张力的作用下,两面镜子

图 3-5-1

---

① 本案例作者为吴柳燕、张殷,相关内容已在《物理教学探讨》上发表。

的夹层之间会形成由水与外界隔开的、没有空气的"真空带"，由于大气压非常大，1 cm^2 面积上的大气压力约为 10 N，这相当于 1 kg 物体的重量。他们认为分子间的作用力非常小，完全起不到任何阻碍两面镜子分开的作用。

2. 寻找证据

面对以上两种不同观点，教师并没有表态，而是鼓励大家利用实验为自己的观点提供证据。

2.1 "分子派"的玻璃板实验

"分子派"为了证明自己的观点，用一个常见的物理实验现象——将玻璃板从水面上提起时，需要的力比玻璃板的重力大为例来进行比对说明。

2.2 "大气派"的降压实验

"大气派"不服气，用降低气压实验来反证大气压的作用。他们利用抽气泵对真空罩中的平置悬挂的夹层有水的两面镜子抽低气压，随着抽气泵向外抽气，真空罩中的气压慢慢降低。如果发现两面镜子分开，那就可以说明是大气压把镜子压在一起。如果两面镜子没有分开，那就说明夹层有水的两面镜子难以分开不是大气压力的作用。

2.2.1 实验过程

(1)两面镜子中间加水合上后，用绳子将它们平置悬挂于抽气盘罩子上，盖上真空罩将抽气盘密封好(图 3-5-2)。

(2)将抽气盘与抽气泵连接后，打开抽气泵抽气。

2.2.2 实验结果

当抽气泵对抽气盘抽低压的时间达到 31 秒时，下面的镜子由于重力的作用而坠落下来(图 3-5-3)。降压实验的结果说明降低气压可以使夹层有水的两面镜子分开，这证明是大气压力把两面镜子压在一起，如果没有大气压力，两面镜子就会分开。这个实验用降低气压的方法反证大气压力的作用。

"大气派"的实验设计非常巧妙，用反证法证明自己观点正确，但是"分子派"却认为"大气派"的实验还存在不合理的地方。在降压实验中，如果气压下降，

图 3-5-2　　　　　　　　　　　　图 3-5-3

水的沸点也会降低，所以有可能在抽气的过程中，两面镜子间的水被蒸发掉，才导致两面镜子分离。

3. 新观点出现

"分子派"通过玻璃板实验证明分子间作用力在起作用，而"大气派"则通过降压实验反证大气压力所起的作用，通过这两个实验，有部分学生在坚持自己观点的同时，也非常认同对方的观点，因此出现了第三派学生观点，他们认为既有"分子间的作用力"的影响，也有"大气压力"的影响，简称"分子大气派"。但是"分子派"和"大气派"依然坚信自己的观点，他们认为如果这两种原因都存在，肯定有一个力起主要作用，"分子派"认为是分子间作用力，而"大气派"则认为是大气压力。

为了找出夹层有水的两面镜子难以分开的主要原因，"分子大气派"认为只有定量测量出两个力的大小，然后进行比较，才能真正地说服"分子派"和"大气派"。因此，他们设计了两个定量测量实验，利用 DIS 力传感器分别测量一面镜子拉离水面时力的大小与拉开两面镜子力的大小，再将这两个力进行计算，得出分子间的引力与大气压力的大小，就能明确夹层有水的两面镜子难以分开的主要原因。

4. DIS 定量测量实验

4.1　测量镜子拉离水面时力的大小

4.1.1 实验方法

(1)将 DIS 力传感器接好线并连入电脑，然后打开软件运行界面。

(2)将力传感器水平吊着一面镜子并对此时的数据进行清零。

(3)手持吊着镜子的力传感器水平轻轻置于水面上(图 3-5-4)，按下采集数据的按键进行数据采集。

(4)手持力传感器从水面慢慢地向上提起，直至镜子离开水面，电脑会将力传感器整个向上提起过程的受力情况记录下来。其中读数的最大值就是水分子与镜子之间相互作用力的最大值。

图 3-5-4

4.1.2 实验分析

在用手持力传感器将镜子从水面慢慢地向上提起的过程中，镜子的上下表面所受大气压力大小相等、方向相反，属于平衡力，对镜子的作用效果相互抵消。此次实验，刚开始力传感器水平吊着镜子时，已经将数据清零，此做法的目的是将镜子重力的影响排除。因此，向上提起镜子时，力传感器显示的数据就直接是水分子与镜子之间的相互作用力。此实验排除大气压力与重力对镜子的影响，直接测量水分子和镜子分子间的引力。

学生用边长 4 cm，厚 3 mm，重 5.04 g 的正方形镜子做实验(镜子面积约 16 cm²，为了保持镜子的水平并方便悬挂在力传感器上，在镜子背面粘有小挂钩)。

4.1.3 实验结果

按照实验方法重复做 5 次实验，记录每次力传感器读数的最大值，数据如表 3-5-1 所示。

表 3-5-1 镜子离开水面过程中力传感器读数的最大值

次数	1	2	3	4	5	平均值
力/N	0.11	0.12	0.11	0.10	0.12	0.11

从实验结果可以发现，镜子从水面慢慢向上提起的过程中，力传感器读数最大值的平均值约为 0.11 N，即水分子和镜子分子间的引力仅有 0.11 N，仅相当

于 11 g 物体重力的大小。

4.2　测量拉开两面镜子力的大小

4.2.1　实验方法

(1)将 DIS 力传感器接好线，并连入电脑，然后打开运行界面。

(2)力传感器水平吊着夹层有水的两面镜子(图 3-5-5)，并对此时的数据进行清零，然后开始数据采集。

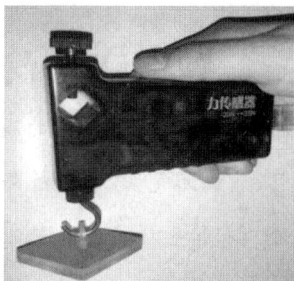

(3)一只手抓着下面的镜子不动，另一只手将力传感器慢慢地竖直向上拉，直至两面镜子分离。电脑会将两面镜子分离过程中力传感器的受力情况记录下来，读数的最大值就是拉开两面镜子需要最大力的大小，也是大气压力和水分子与镜子之间相互作用力之和的最大值。

图 3-5-5

4.2.2　实验分析

此实验刚开始将夹层有水的两面镜子水平吊在力传感器时，就已经将传感器的数据清零，此做法目的是将两面镜子重力的影响排除。因此，向上提起镜子时，力传感器显示的数值就是拉开两面镜子所需力的大小，这使实验可以直接测量大气压力和水分子与镜子之间相互作用力之和。

4.2.3　实验结果

按照实验方法重复做 5 次实验，记录每次力传感器读数的最大值，数据如表 3-5-2 所示。

表 3-5-2　拉开两面镜子过程中力传感器读数的最大值

次数	1	2	3	4	5	平均值
力/N	3.16	3.54	3.46	3.26	3.24	3.33

通过简单的运算，可以计算出作用于镜子上的大气压力的大小为大气压力和水分子与镜子之间相互作用力之和 3.33 N 减去镜子与水面的相互作用力 0.11 N，即为 3.22 N。

从计算结果可以看出夹层有水的两面镜子难以分开的原因既有分子间引力，也有大气压力。但两者相比，起主要作用的是大气压力，而大气压力的作用效果约为分子间引力的 30 倍。因此，此实验结果佐证了"分子大气派"的观点，也让"分子派"和"大气派"的学生信服。

5. 回顾探究历程

一开始学生对夹层有水的两面镜子难以分开的原因持有两种不同观点，并分别寻找证据证明自己的观点，"分子派"通过玻璃板实验证明分子作用力在起作用，而"大气派"则通过降压实验反证大气压力在起作用。在两种观点相互博弈时，有学生提出了第三派观点"分子大气派"，并借助 DIS 力传感器定量测量一面镜子拉离水面时力的大小与拉开两面镜子时力的大小，此实验能得出分子间的引力与大气压力的大小，再将这两个力进行比较，就能明确哪个力是夹层有水的两面镜子难以分开的主要原因。

本案例参考文献：

[1]曾鹏，王伟民. 夹层有水玻璃难分开的主要原因不是分子引力[J]. 物理教师，2014，35(9)：60.

六、以自制教具为基础开发的游戏课程

以自制教具为基础开发的游戏课程通过设计和制作教学游戏或实验装置，使学习过程更加生动有趣，加深学生对科学知识的理解，还能在制作和游玩过程中提升学生的问题解决和团队合作能力。"'光路冒险'实验装置的制作及其应用"中设计和开发了"光路冒险"的新型实验装置，通过游戏与竞赛的方式，加深学生对光的反射定律的认识，激发他们学习科学的兴趣。

"'光路冒险'实验装置的制作及其应用"课程设计①

1. 问题的提出

《义务教育物理课程标准(2022 年版)》(以下简称"物理新课标")提倡教师利用身边的物品、器具、材料等自主开发物理实验器材和自制教具。自制教具是教师创新教学方式方法的重要途径,利用自制教具可以更好地实现教学目标,易于揭示物理现象的本质特征,还能激发学生学习物理的兴趣。

物理是探索自然界基本规律的科学,但在传统教育中,学生往往难以直观理解物理定律和原理,尤其是光的反射定律等抽象知识。"光的反射"是初中物理光学部分的重要内容,物理新课标在运动和相互作用观念中,要求学生要探究并了解光的反射定律。有研究表明大部分学生都认为光的传播方向是会发生改变的,但是对于光的反射方向、角度等问题,只是有一些模糊的认识,并未真正正确地理解。而现有的探究活动较为简单,学生对光的反射定律的探究活动缺乏兴趣。

为解决探究活动较为简单、不能较好吸引学生学习兴趣的问题,本研究开发了一款"光路冒险"新型实验装置,让学生使用该装置在游戏与竞赛中产生学习兴趣,它既可以用于低年级学生的课外兴趣活动,为光的反射的学习奠定基础,也可以用于光的反射定律学习后的知识巩固和探究实践活动,加深对光的反射规律的认识,满足物理课程培养核心素养的要求。

2."光路冒险"实验装置的创新设计与制作

"光路冒险"实验装置的创新设计与制作包括设计原理、材料选择、实验装置制作三部分。

2.1 设计原理

光遇到镜面会改变传播方向,形成反射现象。反射光线的方向会随着照射在镜面上的光线(入射光线)方向的变化而发生改变。根据这一原理,将单一的镜面

---

① 本案例作者为吴柳燕、唐昌国。本文系广西教育科学"十四五"规划 2024 年度专项课题"聚焦科学素养的小学科学实验教学改进与创新实践研究"(项目编号:2024ZJY1057)的阶段性研究成果。

换成 5×5 的垂直镜面矩阵，镜面的水平角度可以进行 360°旋转。当一束光线进入此矩阵中，犹如闯关一样，经过层层镜面的反射，才能顺利地从矩阵中射出。在操作本装置的过程中，学生等同于游戏者，不断运用光的反射原理，改变镜面与光的角度，使光从镜面矩阵中射出。如此一来，单一的验证或实验研究场景，变成了饶有趣味的游戏场景，给学生留下更为深刻的印象。

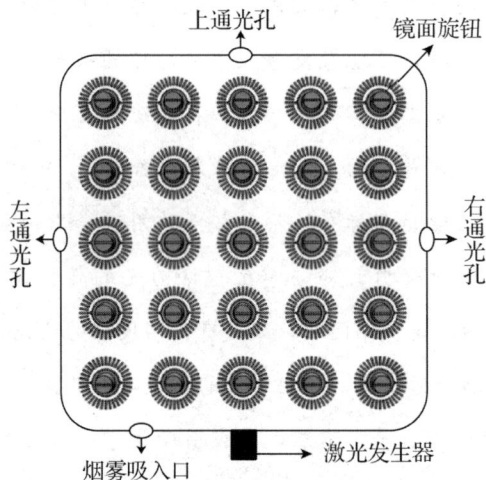

图 3-6-1 "光路冒险"实验装置设计图

2.2 材料选择

6 mm 厚度有机玻璃板 1 块、214 mm×214 mm×55 mm 铝合金盒子 1 个、20 mm×20 mm×1 mm 前镀膜反射镜 25 片、直径 20 mm 聚乙烯塑料棒 25 个、塑料旋钮 25 个、阻尼转轴 25 个、轴承 25 个、50 mW 绿色激光发生器 1 个、200 mAh 聚合物锂电池 1 个、锂电池充电电路板 1 片、拨动开关 2 个、1.7 cm 微型散热风扇 1 个、螺丝若干、艾香 1 支、白屏 3 个、打火机 1 个。

2.3 实验装置制作

"光路冒险"实验装置是使用现代加工技术制作完成，保证了装置的准确性与稳定性，能在较大程度上减少误差，增加装置的美观性。为了提高制作精度，减少实验误差，该实验装置主要使用机械加工。加工设备包括数控车床、数控雕刻机、CNC 激光切割机、3D 打印机等。其中，使用数控车床加工聚乙烯塑料棒，作为前镀膜反射镜旋转的安装轴，保证安装轴的轴心与前镀膜反射镜的镜面在同一平面；使用数控雕刻机加工铝合金外壳，保证 25 个镜面安装位置的间距统一，以及 3 个通光孔的大小一致；使用 CNC 激光切割机切割有机玻璃板以及雕刻安装轴的旋转刻度，使有机玻璃板上安装轴的安装孔位与铝合金外壳内安装轴的安装孔位在同一条直线上，确保镜面的垂直；使用 3D 打印机制作电路安装盒，用于安装风扇、激光发生器的控制电路和充电电路，再由手工组装、调试完成。图 3-6-2 是组装完成的"光路冒险"实验装置，它的实验箱的一侧中部设置有激光发生器和风扇，实验箱内设置有 25 个可旋转平面镜，实验箱的其他侧面中央均设置有通光孔。

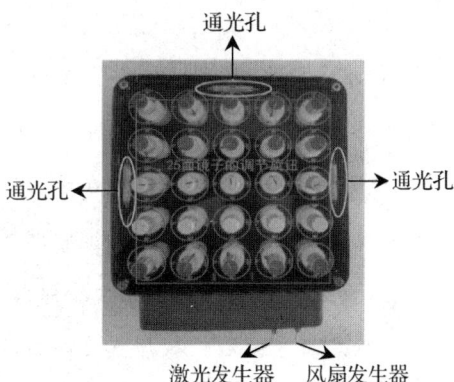

图 3-6-2　"光路冒险"实验装置

3. "光路冒险"游戏竞技活动

学生学习完"光的反射"相关物理知识后，可以使用"光路冒险"实验装置开展游戏竞技比赛，让他们在挑战和游戏中产生学习物理的兴趣。游戏竞技比赛的环节有实验装置介绍、活动过程、交流与评价。

3.1　实验装置介绍

自制的"光路冒险"实验装置可以用于演示光的反射现象。首先，打开激光发生器和风扇，点燃艾香，将艾香放置于吸风口，通过风扇将艾香的烟雾吸入实验箱内，激光通过烟雾时与烟雾悬浊粒子发生相互作用，产生光的散射现象，让激光的光路显现出来，这就间接地让学生看到光的传播路径。然后，调节反射镜旋转轴上的旋钮，使反射镜与入射激光的角度发生变化，从而使反射光线的方向改变，让反射光线照射到另一面镜子上，如果此面镜子可以直接将激光反射出通光口，则视为闯关成功。否则，需继续调节此面镜子上的旋钮，使激光反射到下一面镜子上，不断重复，直至让激光从通光口射出。

本次活动需要准备的实验工具和器材有："光路冒险"实验装置、艾香、打火

机、白屏。除此之外，还给学生准备了"光路冒险"的
设计方案图纸（见图 3-6-3），他们可以先在图纸上画
出预想的光路图，再通过"光路冒险"实验装置验证自
己预期的设计方案是否可行。

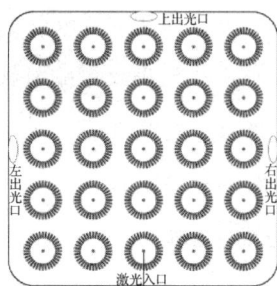

图 3-6-3　设计方案图纸

3.2　活动过程

（1）准备阶段：教师需要确保所有实验仪器和材
料均已准备就绪，包括"光路冒险"实验装置、艾香、
打火机、白屏等。此阶段重点在于确保学生对实验装置的操作有足够的了解，包
括实验仪器的安全使用、平面镜的调整方法等。

（2）分组与规则说明：学生按照指定的方式分组，每组人数可以根据班级具
体情况确定。分组后，教师需要详细说明竞赛规则、目标和评价标准，确保所有
参与者都有明确的目标导向。

（3）设计与实施：每个团队在获得指定的任务后（例如，激光需要从指定的通
光孔射出），首先进行讨论和光路方案设计。设计阶段，团队成员集思广益，讨
论并制订完成任务的方案，并在"光路冒险"设计方案图纸上画出最优的光路图。
实施阶段，学生通过实际动手操作，按照前面讨论的设计方案调整镜子的位置和
角度，直至激光通过镜子反射出任务指定的通光孔。设计与实施的过程要求学生
运用光的反射原理，进行空间想象和逻辑推理，同时也考验团队的合作与沟通。

（4）成绩评定：每当激光成功从指定的通光孔射出时，团队成员应立即举手
示意，教师随后记录下小组完成任务所花的时间。所有小组完成后，通过比较所
用时间和团队合作情况来评定成绩，用时最少的小组获胜。如果用时一样，则可
以通过比较使用镜子的数量，多者胜出。

3.3　交流与评价

（1）组织交流会：让每个团队分享和展示他们的实验设计方案、整个活动过
程中遇到的困难和挑战、采取的解决问题的策略，以及从活动中收获的学习经
验。此外，教师还可以引导学生讨论各种方案设计的优缺点以及如何改进自己的
设计方案能更快地完成任务。

（2）采用多元化的评价：除了考虑小组完成竞赛的速度，还需要对小组合作程度、设计方案的创新性以及实施过程的准确性等因素进行综合评价，使评价过程更加全面和客观。

表 3-6-1 评价表

评价内容	分值	评价得分			
		自评	组评	师评	均分
竞赛成绩	50				
设计方案的创新性	15				
实施过程的准确性	10				
小组合作的情况	10				
交流汇报的流畅性	15				
总分	100				

4. 总结

"光路冒险"实验装置通过其独特的设计，将光学原理的复杂性转化为既可视化又可操作的实验过程，巧妙地融入了游戏化元素，有效地促使参与者在实验过程中加深对光线传播、光的反射等光学知识的理解，充分地体现了"学中玩，玩中学"的教育理念。此外，该实验装置的设计具有灵活性和扩展性，使教育工作者可以根据不同的教学目标和学习者年龄层次，调整活动的复杂度和具体内容要求，为物理教育提供了促进教学理解的工具。

教师可以利用"光路冒险"实验装置组织学生开展分组竞技活动。教师制订游戏规则：指定激光射出的通光孔。学生需要通过旋转平面镜的旋钮调节光路，最终使激光反射到目标位置。在这个过程中，教师角色转变为引导者，促进学生自主发现问题、思考问题、解决问题并得出结论，从而培养学生进行科学探究的习惯。此外，通过小组合作完成游戏挑战任务，不仅加深了学生对光的反射定律的理解，也增强了学生的团队合作能力。"光路冒险"实验装置还可以作为互动展示的工具引进科技馆等场所，不仅能吸引公众，特别是年青一代的目光，还能成为一种有效的学习互动平台，参与者可以通过直接操作实验装置探究光的传播特性，体验到物理学习的乐趣。

总之，"光路冒险"实验装置以其独到的可玩性和教育价值，成为物理教育和科普活动中的资源。它以一种直观和互动的方式帮助学生理解光学原理，同时极大地激发了参与者（尤其是青少年）对科学探索的兴趣和热情，有效地培养了他们的科学思维和问题解决能力，为培养未来科学家和工程师奠定了坚实基础。

本案例参考文献：

[1]中华人民共和国教育部．义务教育物理课程标准：2022 年版[S]．北京：北京师范大学出版社，2022．

[2]郭晓萍，刘强，刘少轩，等．继续提升教师实践创新能力：2021 年全国中小学优秀自制教具研究启示[J]．人民教育，2022(21)：54-57．

[3]吴键兵，陈娴，唐守平．采用现代加工技术提高自制教具水平：以"电磁阻尼"和"海狮戏球"自制教具为例[J]．物理教师，2023，44(1)：61-63．

[4]邵锋星．小学生"光"的前概念探查及其转变策略研究[J]．教育教学论坛，2015(43)：279-282．

[5]National Research Council. Framework for K-12 science education：practices, crosscutting concepts, and core ideas[M]．Washington DC：National Academies Press，2012.

通过这些案例，本章为教育工作者展现如何通过项目学习和科技探究，有效地将科技素养教育整合至课程设计和教学实践中。这些实践案例进一步证明了科技素养不仅是理论知识的学习，更是通过实际操作、实验和项目来深化理解和应用这些知识。它们展示了如何将复杂的科学原理和技术操作变得有意义，同时解决实际问题，培养学生的创新思维和问题解决能力。

第四章　科技探究项目学习课程教学设计案例

科技探究课程教学设计是科技探究课程理念的具体应用和深化。本章通过丰富的教学设计案例，展示了如何在实际教学中落实科技探究课程。每一个案例都经过精心设计，涵盖了从课前准备、课堂实施到课后反思的全过程。这些案例为教师提供了具体的操作指南和实践参考，是教师开展科技探究教学的重要资料。

科技探究课程的教学设计根据科技创新教学理念，通过探究性学习和实际操作来激发学生对科学和技术的研究欲望。这种教学设计强调教师和学生共同参与的过程，教学内容既包括教师自身亲历的科学探究历程，也涵盖了教师收集到的科技探究创新案例。通过这样的教学设计，不仅能够促进学生对科学知识的深入理解，还能够鼓励他们积极参与科技创新活动，培养解决实际问题的能力。

科技课程的教学设计基于逆向教学设计（Understanding by Design，UbD），这是以教学目标为导向的教学设计模式，以学生学习结果为课程设计的起点，再确定评估方法，设计指向性明确的教学任务和活动。UbD 以学生理解为目标，关注学生概念构建和知识迁移，围绕大概念、问题、评估去设计课程[①]。

在具体实施过程中，科技探究课程的教学设计包括了多种形式，如项目学习、小组合作探究以及个人研究项目等。这些设计不仅注重理论知识的教授，更强调实践操作的经验积累和创新思维能力的培养。例如，教师可以引导学生围绕一项科技挑战进行团队合作，从问题发现到问题解决的全过程，学生需要自主收集信息、设计实验、分析数据并提出创新解决方案。此外，教师也可以将自己的探究经历和案例融入课程设计中，通过分享自己的经验和挑战，激发学生的好奇心和探究欲。这种互动式的教学方法不仅能够增强学生的科学学习兴趣，还能提

---

① 格兰特·威金斯，杰伊·麦克泰格著．追求理解的教学设计[M]．上海：华东师范大学出版社，2016.

升他们对科技创新过程的认识和理解。

本章将介绍 10 个优秀的科技探究课程教学设计案例，分别是"光纤通信模拟仪""眼睛和眼镜""动物的运动""发酵技术的应用""用八角驱杀玉米象""寻找大象'初生地'""'果'不其然""基于 STEM 理念的简易净水器设计""测定空气中氧气的含量""指尖玩转中国古代科技"。这些案例是根据具体的评价指标（表 4-1-1），从 83 个案例中挑选出来的，旨在展示如何将科学理论知识与实际探究活动结合起来，实现知识和技能的有效融合。每个案例都将详细说明教学的目标、内容、实施步骤以及预期成果，确保教师能够根据学生的不同需求，灵活调整教学计划和方法。

表 4-1-1　科技探究项目学习课程教学设计评分标准

环节		指标描述	分值
学情分析		能正确分析学习者的起点水平、动机、认知特点和学习风格等	10
阶段 1：确定预期目标		1. 教学目标陈述清晰正确、明确具体，体现核心素养导向 2. 具有可操作性、可评价性，符合学科特点和学生认知规律 3. 学生能够在真实的生活环境中，运用先前获得的知识解决某个新问题或创造某种东西 4. 树立整体观念，注重内在联系，把握学科本质	20
阶段 2：确定合适的评估证据		1. 评价方式多样，面向全体学生，公平公正 2. 突出表现性评价，任务与真实世界相联系且具有挑战性 3. 任务设置合理得当，具有可操作性、可评价性 4. 任务能体现学生所进行的深入思考和学习迁移	20
阶段 3：设计学习体验	教学过程	1. 导入自然且具有吸引力，紧扣教学目标 2. 学生有较充分的自主学习和小组合作学习时间 3. 关注知识建构过程，激发学生在探究和实践过程中的思维活动 4. 能够在学生思维最近发展区内提出问题，对学生的思维及时给予有效的引导与点拨 5. 引导学生在探究过程中自我评价、自我反思、自我调整	20
	教学内容	1. 教学资源能够充分支持课堂上学生的学习，兼具吸引力与有效性	

续表

环节		指标描述	分值
阶段3：设计学习体验	教学内容	2. 内容的选择支撑教学目标，内容的设计和组织基于问题，符合学生实际，体现学科特点 3. 教学方法的选择符合教学内容和学生情况 4. 学习活动多样、有效且富有弹性	10
	教学活动	1. 以核心素养培养为目标，以大概念为指引，突破单元的限制，注重知识结构化的综合学习、跨学科学习，开展多种深层次的学习活动 2. 选择合适的素材，运用观察、实验、调查、制作等方式开展教学 3. 根据探究问题引导学生自主设计方案，激发学生在探究和实践过程中的思维活动	10
	教学创意	教学内容、方法、评价方式新颖且有创意	10

案例1："光纤通信模拟仪"教学设计

课程名称	光纤通信模拟仪		
学科/主题	光的反射	年级	八年级
关键词	光的全反射　光导纤维　光纤通信		
设计者	李慧娟	课时	2
学校	郑州市第九十三中学		
学情分析	八年级学生已经学过光的反射定律和折射规律，并对教师课堂上提到的光的全反射，以及光纤通信的应用具有浓厚的兴趣，因此决定开展这样一节探究课。通过互动实验，培养学生探究科学知识的兴趣和实事求是的科学态度；通过全反射现象的应用，培养学生运用科学理论观察分析周围事物的习惯，了解物理知识与现代科技的密切关系，提升学生的科学素养，开阔学生的视野。		
案例概述	1. 通过教师理论分析，明确光的全反射原理。 2. 通过分组制作，模拟光纤通信。		

阶段1——确定预期目标

所确定的目标

1. 探究并了解光的反射定律，通过实验，了解光的折射现象及其特点。
2. 通过理论分析，明确光的全反射原理。
3. 通过分组制作，模拟光纤通信。

续表

我们需要考虑哪些基本问题？	预期的理解是什么？
1. 什么是光的反射定律？ 2. 什么是光的全反射？ 3. 光纤通信的原理是什么？	1. 理解"魔光筒"的原理是光的反射。 2. 理解"魔光"手电是最简单的光导纤维传光现象，它的原理是光的全反射。

作为单元学习的结果，学生将会获得哪些重要的知识和技能？	
理解光导纤维的原理是光的全反射。	知道利用声光可相互转化及光纤的高速无损传输的特性，能设计高性能的声光传输系统。

阶段 2——确定合适的评估证据

什么能够用来证明学生理解了所学知识？

能分组制作光纤通信模拟仪。

根据阶段 1 的预期结果，还需要收集哪些证据？

为了充分实现分层次教学，让每位学生在这节课中都学有所得，给学生充分的空间，每组派代表进行 3 分钟演讲：分享本组作品的设计思路、制作步骤、制作过程中的苦与乐等。

在这一环节中通过知识的回顾，使学生进一步提高归纳和整理的能力，让学生对本节课知识的理解和掌握提高到一个新层次。

学生的自我评价和反馈

	编号	题　目	小组成员姓名					
组内互评表	1	大部分时间里他踊跃参与，表现积极。（A、B、C、D）						
	2	他的意见总是对我很有帮助。（A、B、C、D）						
	3	他经常鼓励/督促其他成员积极参与协作。（A、B、C、D）						
	4	他能够按时完成应该做的那份工作。（A、B、C、D）						
	5	他对小组的贡献突出。（A、B、C、D）						
	等级							
	要求： 1. A 等级占小组成员的 30%　　2. B 等级占小组成员的 60% 3. C、D 等级占小组成员的 10%							

续表

评估任务计划表

通过这个任务，我们需要对哪些过程或目标进行评估？

学生将设计并制作光纤通信模拟仪。

从个人自评、小组成员互评、教师评价三个不同维度对每位学生课堂参与情况给以肯定，学期末计入综合素质评定。

自我评价和教师评价表	学习态度：		A	B	C	D		自我评价
			A	B	C	D		教师评价
	动手能力	制作过程	A	B	C	D		自我评价
			A	B	C	D		教师评价
		器材整理	A	B	C	D		自我评价
			A	B	C	D		教师评价

要求：
1. A 等级占小组成员的 30%　　2. B 等级占小组成员的 60%
3. C、D 等级占小组成员的 10%

通过什么样的真实的表现性任务来证明学生的理解？

成果展示

学生的哪些作品和表现将为预期的理解提供证据？

光纤通信模拟仪传输信号的效果。

通过哪些标准来评估学生的作品和表现？

1. 作品设计的美观性。
2. 传输信号的准确性。
3. 传输过程中有无杂音。

续表

阶段 3——设计学习体验
教学过程
一、创设情境、导入新课 多媒体展示"海市蜃楼"图片。 师问：这些平静的海面、江面、湖面、雪原、沙漠或戈壁等地方，偶尔会在空中或"地下"出现高大楼台、城郭、树木等幻景，这种现象叫什么呢？ 生答：海市蜃楼。 师问：为什么这样叫？ 生答：…… 师释疑：古人认为这是一种叫作蜃的怪物吐出的气结成的，真是这样吗？希望通过本节课的学习，能解开你心中的疑团。（引入新课） 二、新课探究 1. 实验探寻 取两支试管，一支装满水，一支是空的。 学生猜想：若同时将这两支试管放入水槽中，试管壁的亮度一样吗？为什么？ 学生猜想后，演示实验，再请同学解释观察到的实验现象。 水中的空试管看上去比装满水的试管明亮，这是因为光从水进入空气发生了全反射。 （培养学生观察实验的能力，从简单的实验引发学生的思考。激发学生的好奇心和探索的兴趣。） 2. 学生实验：魔光筒实验 师：简单介绍实验装置 一个易拉罐，侧下方开有一个小孔，用激光灯向下照，可以看到侧面的小孔发亮。如果在易拉罐中灌满水，再用激光灯向下照，将会出现什么现象呢？ （拓展学生的知识面，激发学生的求知欲。） 学生分组实验，观察实验现象。（光亮随着向外喷的水跑了出来，并顺着弯曲的水流向下走） 师：这是怎么回事？这一现象还有什么用处？ 生答：…… 师释疑：魔光筒实验也就是丁达尔实验，随着人们对全反射现象的深入研究和科学技术的不断发展，到 20 世纪 70 年代，一项高新技术——光导纤维已经获得成功的研究和广泛的应用。 教师出示塑料"魔光"手电并演示，看到塑料丝末端亮。 师：这就是最简单的光导纤维传光现象。光导纤维不仅可以传光，而且可以传声音、图像等。 3. 制作光纤通信模拟仪 师：通过以上学习我们对光导纤维有了一定的认识。接下来，我们亲自动手制作光纤通信模拟仪。（激发学生积极参与的兴趣，从制作过程得到快乐。）

续表

实验器材：

(1)音频信号源：去掉小喇叭的生日卡，输出声音电信号，驱动二极管发光。此光信号强弱随声音大小而变化。

(2)发光二极管：把音频信号转化为光信号。

(3)光纤：弯曲的玻璃棒，利用光的全反射原理传递光信号。

(4)光敏二极管：把光纤传递过来的光信号转化为电信号。(1.5 V为光敏二极管阈值电压)

(5)收音机功放：把光敏二极管转化的微弱电信号进行放大、发声。

注意事项：二极管的正负极连接应正确。

三、分享收获

为了充分实现分层教学，让每位学生在这节课中都学有所得，给学生充分的空间，每组派代表进行3分钟演讲：分享本组作品的设计思路、制作步骤、制作过程中的苦与乐。

在这一环节中通过知识的回顾，使学生进一步提高归纳和总结的能力，让学生对本节课知识的理解和掌握提高到一个新层次。

四、作业

1. 利用两周的时间，分小组通过网络收集光导纤维的应用和光导纤维对未来社会发展的作用，并写成文稿。利用课余时间组织全班同学交流。（提示：从医疗、通信、国防、遥感、生活等方面收集资料。）

2. 分组探究光导纤维怎样传播图像？并用实验来验证猜想。

板书设计

光纤通信模拟仪

1. 什么是全反射？

2. "魔光筒"的原理？

3. 塑料"魔光"手电的原理？

4. 分组制作：光纤通信模拟仪

总结与反思

通过实验展示，激发学生的学习兴趣，通过分组制作，不仅回顾了课本理论知识，而且使学生进一步提高归纳和总结的能力，让学生对本节课知识的理解和掌握提高到一个新层次，加深学生对知识的记忆和理解，并鼓励学生以后要勤动脑思考，多动手实践，积极参与演讲。

案例 2："眼睛和眼镜"教学设计

课程名称	眼睛和眼镜		
学科/主题	物理	年级	八年级
关键词	眼睛和眼镜　远视眼、近视眼的成因及矫正原理		
设计者	燕红峰	课时	1
学校	郑州市经开区实验中学		
学情分析	学生分析： 主要基于四个方面：基础、认知、经验、情感。基础方面：学生已经知道眼睛结构，了解凸透镜、凹透镜的作用，通过探究实验，能够熟练掌握凸透镜的成像规律并解释相关现象。认知方面：通过之前的学习，学生对光路有了很好的识别能力，具备设计方案、收集和处理数据、分析归纳结论等实验能力。经验方面：学生对光路与透镜之间的联系有一定的认识，具备进一步上升到理性认识的基础，具有独立开展探究实验的能力。情感方面：实验器材有一定的创新度，且学生初次接触，对学生来说是一个挑战，需精选问题，搭设台阶，引导学生主动探究。 理论分析：根据学习理论，如果只经历读、听、看的过程，学生记忆的比例是有限的，只有经历实验、自主探究，经历分析、设计、创造、评价的过程，学生对知识记忆的比例才是最高的。将这节课改成实验探究课，目的是让学生动手进行实验操作，真实地经历实验探究的过程，能够牢牢地掌握住本节课对应的知识点；并转变知识学习方式，进行深度学习与合作学习等。一切知识，唯有成为学生探究与实践对象的时候，其学习过程才有可能成为素养发展过程。同时，也实现了知识重现到知识重演的跃迁，把"理解知识"变为"进行创造"。		
案例概述	1. 通过拆装眼睛模型，学生辨识人眼的主要组成部分，利用在生物课上所学的眼睛知识，对眼睛结构再认知，体现核心素养下跨学科实践的理念，达到学科间知识的有机融合。 2. 用水透镜代替晶状体，通过改变水透镜的厚薄，判断人眼看清远近不同的物体时晶状体的变化，初步建立动态变化的观念。		
阶段 1——确定预期目标			
所确定的目标			

1. 通过拆装眼睛模型，辨识人眼的主要组成部分。和照相机对比，推断出眼睛的成像原理，在具体情境中建构物理模型。

2. 用水透镜代替晶状体，通过改变水透镜的厚薄，判断人眼看清远近不同的物体时晶状体的变化，初步建立动态变化的观念。

3. 和正常人眼对比，猜想近视眼、远视眼的成因并作出假设，再通过设计实验、收集证据，进行解释与交流，从而探究近视眼、远视眼的成因及矫正原理。

4. 通过对激光技术治疗近视原理的分析讨论，体会科技在日常生活的应用。通过观察和讨论，了解用眼常识，形成护眼意识，体会物理知识、规律源于生活实际，并能为生活服务，树立勇于探究的科学态度。

我们需要考虑哪些基本问题？	预期的理解是什么？
1. 眼睛的结构？ 2. 近视眼、远视眼的成因？	理解眼睛的基本结构，初步了解近视眼、远视眼的成因。

作为单元学习的结果，学生将会获得哪些重要的知识和技能？	
知道近视眼、远视眼的成因及矫正原理。	用水透镜代替晶状体，通过改变水透镜的厚薄，判断人眼看清远近不同的物体时晶状体的变化，初步建立动态变化的观念。

阶段 2——确定合适的评估证据
什么能够用来证明学生理解了所学知识？
能用水透镜代替晶状体，通过改变水透镜的厚薄，判断人眼看清远近不同的物体时晶状体的变化。
根据阶段 1 的预期结果，还需要收集哪些证据？
能根据近视眼、远视眼能否看清远处或近处的物体，作出猜想与假设，同时能设计实验、收集证据，进行解释与交流，从而探究近视眼、远视眼的成因及矫正原理。
学生的自我评价和反馈
通过拆装眼睛的结构能够顺利理解眼睛的简单构造，通过对比理解近视眼、远视眼的成因。
评估任务计划表
通过这个任务，我们需要对哪些理解或目标进行评估？
设计并制作水透镜，可以模拟近视眼、远视眼的成因及矫正原理。
学生必须呈现哪些品质才能表明他已达到了预期目标的要求？
水透镜制作可以满足厚薄变化自如，能够模拟近视眼、远视眼的情况及其矫正原理。
通过什么样的真实的表现性任务来证明学生的理解？

1. 能够正确拆装眼睛模型。

2. 能够使用水透镜正确模拟近视眼、远视眼的情况。

学生的哪些作品和表现将为预期的理解提供证据？

1. 能够建构出眼睛的物理模型。

2. 用水透镜模拟初步建立动态变化的观念。

3. 能够探究近视眼、远视眼的成因及矫正原理。

4. 了解用眼常识，形成护眼意识，体会物理知识、规律源于生活实际，并能为生活服务，树立勇于探究的科学态度。

通过哪些标准来评估学生的作品和表现？

1. 正确建构出眼睛的物理模型。

2. 能用水透镜模拟初步建立动态变化的观念，完成近视眼、远视眼的成因及矫正原理的探究活动。

3. 了解用眼常识，形成护眼意识。

阶段 3——设计学习体验

教学过程

教学方法

1. 对比法：本节课主要采用了对比法，便于学生由已知的知识探究未知，通过人眼与相机的对比，解释人眼的成像过程，得出人眼是通过调焦的方式看清物体。

2. 有效的情境创设，以问题为导向的启发式教学：近视眼与远视眼的现象，以生活中常见的现象为抓手，创建情境；通过情境，调动学生积极性，引导学生发现问题、提出问题、解决问题。

3. 逆向思维法：在探究完近视眼的成因与矫正方法后，学生利用逆向思维的方法可以快速推理出远视眼的成因与矫正方法。

（一）新课导入

以视频的方式进行导入，展示祖国的大好河山，引出问题：在欣赏这些壮丽画面的同时，大家思考一下，我们为什么既能看清远处的楼宇和山川，又能看清近处的小桥流水？同时，通过视频内容对学生进行爱国教育，培养学生的家国情怀。

（二）眼睛结构的认识

教师活动：展示眼睛结构平面图。（让学生从立体模型感知转化为平面感知，为以后的平面动画分析做铺垫。）

学生活动：通过拆装眼睛模型，学生辨识人眼的主要结构，利用学生在生物课上所学的眼睛知识，对眼睛结构进行再认知，体现核心素养下跨学科实践的理念，达到学科间知识的有机融合。（直观了解立体的眼睛结构，培养学生自学、合作学习能力，让学生注意学科间的联系，引发学生的探究欲望。）

（三）眼睛成像调节原理

和照相机对比，推断出眼睛的成像原理，在具体情境中建构出物理模型。用光路的形式替代成像，化抽象为具体，学生对于光线相交成像的过程认识得更深刻，难点得到突破。

教师活动：向学生展示水透镜，并说明其工作原理，介绍并演示自制教具的使用方法。（让学生熟悉自制教具，使学生接受并掌握自制教具的使用方法和工作原理。）

学生活动：跟随教师一起组装器材，调整出正常眼睛的成像光路。（化抽象为具体，使学生从抽象思维转换为平面思维，便于理解眼睛的成像光路。突出重点、突破难点，通过分组实验培养学生的探究能力与分工合作的意识，体会物理研究的严谨性，体验实验成功的乐趣。）

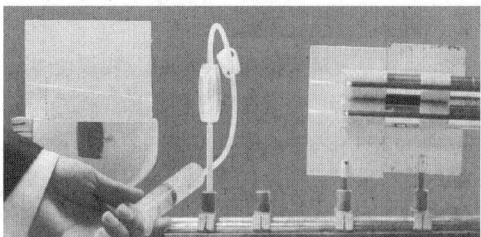

（四）近视眼及其矫正

教师活动：创设情境，调动学生积极性，引导学生发现问题、提出问题、解决问题。以具体物理情境中有梯度的问题，逐步引导学生通过实验探究近视眼、远视眼的成因和矫正原理，重点得到突出，利用光路图加深学生对近视眼、远视眼的认识。

学生活动：分组实验，通过自制水透镜实验探究近视眼的成因以及矫正的原理，亲历实验探究，验证猜想是否正确。在教师的引导下，总结近视眼的成因及矫正的原理，并以小组为单位，在讲台上给大家做展示。（使学生有用实验法验证知识的意识，体验实验成功带来的成就感，通过实验突破本节课的难点和重点。）

（五）远视眼及其矫正

两个实验非常相似，由于学生探究近视眼时已经亲历了实验探究的过程，积累了一定的经验，在第二个实验时利用逆向思维的方法，可以快速探究远视眼的成因与矫正原理。所以这两部分在内容的处理上是主次关系，主要是近视眼的成因与矫正原理。

教师活动：探究完近视眼的成因及其矫正原理，引导学生进行逆向思维，猜想形成远视眼的原因及矫正原理，并讨论如何用实验来验证。

学生活动：分组实验，通过自制水透镜实验探究远视眼的成因以及矫正原理，验证猜想是否正确。

学生活动：在教师的引导下，总结远视眼的成因及矫正原理。（培养学生的交流能力。）

（六）拓展思维

回归到实际生活，虽然近视眼、远视眼能得到矫正，但是配戴眼镜也给生活带来诸多不便，如果手术治疗，还存在隐患与风险。此外，高度近视的危害也值得关注，它可能导致视物模糊，还伴随更大的健康风险，例如视网膜脱离、黄斑病变、青光眼和白内障等，这些问题可能严重影响视力，甚至导致不可逆的视力丧失。通过讨论，学生深刻意识到，防患于未然的重要性，激发学生树立用眼卫生、保护眼睛的意识。

教师活动：引导学生认识到，虽然现在有很多矫正视力的方法，但是都存在弊端。（使学生认识到，爱护眼睛要防患于未然，激发学生用眼卫生、保护眼睛的意识。）

学生活动：小组讨论，生活中应该从哪些方面着手，保护我们的视力，并总结出具体的方案。

学生活动：学生谈论、总结生活中一些爱眼护眼小常识，并在课堂上与大家分享。

（七）课堂小结

教师活动：重现学习目标，针对这节课的学习目标，设置问题，对学生进行提问，检测这节课的学习目标是否达成。构建思维导图，帮助学生构建知识体系。（回顾本节学习内容，培养学生总结概括、反思的能力，进一步意识到物理知识是有用的，激发学生学习动力。）

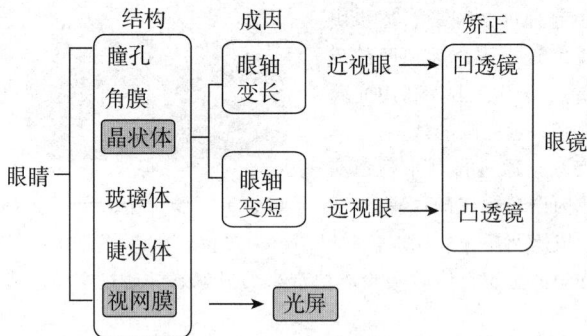

（八）课堂练习

课堂练习设计理念：课堂作业按照"教学评一致性"的原则，作业题目按照课堂教学知识的呈现顺序，分别与对应的学习目标匹配，做到题型多样，难度适中。对于学有余力的学生，还可以鼓励他们画出眼镜的成像光路图，从本质上理解近视眼、远视眼的成因和矫正方法，将抽象的难以理解的知识，转化为直观可视化的光路图模型。

1. 童话世界里也有很多物理知识，如图是鱼眼和人眼的结构示意图，我们观察发现：鱼眼晶状体的形状比人眼 __凸__ （填"平"或"凸"）。像鱼这样的眼睛如果到陆地上观察物体，倒立缩小的像将成在视网膜的 __前方__ （填"前方"或"后方"），因此童话世界中生活在水里的美人鱼上岸后，若要看清远处的物体，应该配戴 __近视__ （填"近视"或"远视"）眼镜。

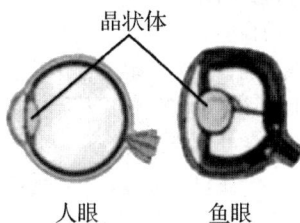

晶状体

人眼　　鱼眼

作业设计思路：第1题以学生熟悉的童话故事《美人鱼》为情境，对比人眼，了解鱼眼的成像原理，同时注意到鱼眼的晶状体较厚，学生很容易将今天所学的近视眼的成像特点联系起来，对应本节课的第1、2个学习目标。

2. 如图所示，在四幅图中，分别表示远视眼成像情况和矫正做法的是（ C ）。

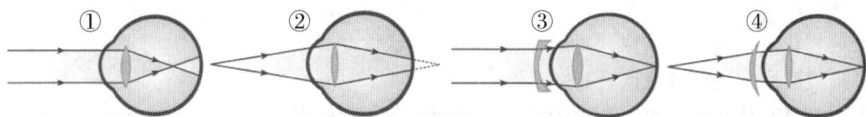

① ② ③ ④

A.①④ B.①③ C.②④ D.②③

作业设计思路：第2题以课本上的四幅插图为背景，复习了近视眼、远视眼的成因和矫正，以直观的光路图，呈现两者之间的区别和联系，也对本节课的重点知识做了总结。对应本节课的第3个学习目标。

3. 某同学为进一步了解"视力矫正"的原理，用了探究凸透镜成像规律的装置做实验，他在发光体和凸透镜之间放置不同类型的眼镜片，观察到了如下现象。

(1)将近视眼镜片放在发光体与凸透镜之间，光屏上原来清晰的像变模糊了；使光屏远离透镜，又能在光屏上看到发光体清晰的像。这说明近视眼镜对光线有 __发散__ 作用，它应该是 __凹__ 透镜。由此可知，在近视眼得到矫正之前，物体的像成在视网膜的 __前方__ （填"前方"或"后方"）。

(2)取下近视眼镜片，重新调整光屏的位置，使它上面的像再次变得清晰，然后将另一个镜片放在发光体和光屏之间，光屏上原来清晰的像又变模糊了，再使光屏靠近透镜，又可以在光屏上看到发光体清晰的像。这说明这个眼镜对光线有 __会聚__ 作用，它应该是 __凸__ 透镜，戴上这个眼镜可以矫正 __远视__ 眼。

作业设计思路：第3题以实验探究题的形式，考查了本节课的实验探究活动，加深对实验过程的印象。对应的是本节课的第3个学习目标。

(九)课后练习

实践作业：在网上搜集有关电脑视觉综合征的成因和预防的方法，以海报的形式向同学做介绍，呼吁人们用眼卫生，向近视说NO！

设计海报的注意事项：使用 A2 大小纸张，精简、吸引人的标题，易于阅读、字数小于 200，适当的插图。

实践作业旨在让学生明白，长时间注视电子产品的屏幕，不仅仅造成眼睛近视，还会出现头痛、颈痛、疲劳和头晕等症状，因此需要同学们在课下自行查阅，并制作海报。实践性作业采用小组合作的方式，共同完成整个海报的设计和制作。海报可在单元复习课时展示交流，学生以小组为单位，到讲台阐述作品的设计理念，展示海报作品。优秀的作品将作为校园文化的安全教育展品，在学校橱窗里展览。实践性作业应给学生充足的时间去完成，小组成员之间相互交流，彼此合作，海报图文并茂，文字简洁美观，发挥学生的美术才艺和创作潜能。

板书设计

眼睛和眼镜

一、眼睛的结构

二、眼睛的调节　　比较法、模型法、逆向思维法

看近处物体时，晶状体变厚；看远处物体时，晶状体变薄。

三、近视眼、远视眼的成因及矫正

近视眼：晶状体太厚，折光能力太强，眼轴太长，成像在视网膜前，用凹透镜进行矫正。

远视眼：晶状体太薄，折光能力太弱，眼轴太短，成像在视网膜后，用凸透镜进行矫正。

总结与反思

1."眼睛和眼镜"这节课是凸透镜成像规律的具体应用，将前三节课所学的知识贯穿起来，包括凸透镜、凹透镜的作用，凸透镜成像规律等知识点，因此需要站在单元的高度审视这节课的教学设计，需要对教材进一步整合和开发。

2.本节课的重点是了解近视眼、远视眼的成因及矫正原理，教材中并没有学生实验，而本节课在具体物理情境中设置有梯度的问题，逐步引导学生通过实验探究近视眼、远视眼的成因和矫正，重点得到突出，达到了很好的教学效果。本节课的难点是判断人眼看清远近不同的物体时晶状体的变化，用水透镜代替晶状体，通过改变水透镜的厚薄，直观判断晶状体的动态变化过程，从而难点得到突破，通过学生主动地实验探究，获得真实的学习体验，因此目标达成度较好。

案例 3："动物的运动"教学设计

课程名称	动物的运动		
学科/主题	初中生物学	年级	八年级
关键词	动物　运动系统		
设计者	周欢欢	课时	1
学校	郑州市郑东新区南塘初级中学		
学情分析	八年级这个年龄段的学生对生活现象充满好奇，已经有一定的生物学基础，比较容易接受新知识，有主动探究的欲望，所以教师在课堂教学的过程中应该抓住学生的心理发展特点，既兼顾课堂上的主导作用，也确保学生学习知识的自主性，并适当地渗透健康生活的理念，对于完善学生自身也具有至关重要的作用。 关于动物的运动，学生已有不少的感性认识，但对于具体关节、肌肉的结构以及运动的原理，学生并不清楚，因此，可从学生已有的知识和生活经验出发，激发学生的学习兴趣，然后积极组织学生进行观察实验，在实验过程中，引导学生大胆动手，观察后积极交流。在观察实验之前要注意给学生一定的引导和提示，帮助学生体验观察的乐趣，在动手观察中主动获取知识。		
案例概述	在本案例中，学生将学习有关运动系统的组成，骨、关节和肌肉这三部分的结构功能，骨、关节和肌肉的协调配合以及动物运动的意义。学生将以小组合作的方式观察动物的肩关节来感受关节的牢固性和灵活性的特点，并制作骨、关节和肌肉的模型，并向低年级学生解释体育课前进行热身运动的重要性。 最后的表现性任务中，学生需要为即将举行的秋季运动会制作海报。这个海报中包括：①赛前热身运动的重要性，②如何正确补充能量，③面对脱臼，我们应该怎样做。		

阶段 1——确定预期目标

所确定的目标

目标制订的依据

(一)课程标准相关要求

学生需要知道：人体的运动是在神经系统支配下，由肌肉牵拉着骨围绕关节进行的。

(二)学情分析

运动和行为对动物的生存和繁衍至关重要，学生通过对动物的主要类群的学习，已经对各种动物的运动方式以及取食、防御和繁殖等行为有了许多了解，但是对动物运动的结构基础还缺少深入探讨，也未从整体上认识动物行为的类型和意义。本章内容是在第一章基础上，引导学生在更高认知层次上深入认识动物的本质特征，从整体上了解动物如何通过各种行为来适应环境，在生物圈中生存和繁衍。

学生通过本节课学习运动系统组成的知识，揭示动物运动的本质，同时本节内容也是后面学习动物行为的基础。因此，通过本节课的学习，可以达到进一步培养学生关爱生命、追求健康生活方式的目的。

根据以上分析，确定本节的学习目标为：

1. 通过观察、交流，说出运动系统的组成。

2. 通过体验屈肘和伸肘的动作，描述骨、关节和肌肉之间如何通过协调配合完成运动。

3. 通过对运动系统各部分结构与功能统一性的分析，概述动物通过运动更好地适应复杂环境的意义。

我们需要考虑哪些基本问题？	预期的理解是什么？
1. 动物都有哪些不同的运动方式？ 2. 哺乳动物的运动系统主要由哪些部分组成？ 3. 骨、关节和肌肉有怎么样的结构及功能？ 4. 运动是怎样产生的？ 5. 只要有完整的运动系统，就能够完成运动吗？为什么？ 6. 动物运动有什么意义？	1. 动物的运动方式有蠕动、爬行、游泳、跳跃等。 2. 哺乳动物的运动系统主要由骨、关节和肌肉组成。 3. 骨与骨之间通过关节等方式相连形成骨骼，关节主要由关节囊、关节头、关节窝、关节腔、关节软骨等组成，有灵活性和牢固性的特点。肌肉包括肌腹和肌腱等。 4. 骨骼肌受神经传来的刺激收缩时，就会牵动骨绕关节活动，于是躯体的相应部位就会产生运动。 5. 运动并不是仅靠运动系统来完成的，还需要其他系统如神经系统的调节。运动所需要的能量，依靠消化系统、呼吸系统、循环系统等系统的配合。 6. 强大的运动能力，有利于动物寻觅食物、躲避敌害、争夺栖息地和繁殖后代，以适应复杂多变的环境。
作为单元学习的结果，学生将会获得哪些重要的知识和技能？	
1. 运动系统的组成。 2. 骨、关节和肌肉之间协调配合完成运动的原理。 3. 运动对动物生存的意义。	1. 阐明骨、关节和肌肉之间的协调配合完成运动的过程。 2. 制作骨、关节和肌肉的模型

阶段 2——确定合适的评估证据

什么能够用来证明学生理解了所学知识？

1. 学生制作骨、关节和肌肉的模型，向其他年级学生宣传体育课前进行热身运动的重要性。

2. 学生为即将开始的秋季运动会制作海报，海报内容包括：①赛前热身运动的重要性，②如何正确补充能量，③面对脱臼，我们应该怎样做。他们需要给负责运动会的老师写一封信，解释他们设计的海报的重要性和科学性。

根据阶段 1 的预期结果，还需要收集哪些证据？

课堂检测——判断哪个是正确的骨、关节和肌肉的模式图。

简答题——描述自己推门这个动作是怎么产生的。

技能测试——解释运动员在进行举重比赛时，肱二头肌和肱三头肌的状态。

学生的自我评价和反馈

1. 自我评估手册：设计骨、关节和肌肉的模型。

2. 自评秋季运动会海报设计。

3. 在单元学习结束时，进行单元思维导图的梳理。

评估任务计划表

通过这个任务，我们需要对哪些理解或目标进行评估？

学生自制骨、关节和肌肉的模型，阐述骨、关节和肌肉协调配合完成运动的原理。

学生工作必须呈现哪些品质才能表明他已达到了预期目标的要求？

合理的材料选择、合理的模型制作。

学生的哪些作品和表现将为预期的理解提供证据？

1. 自制骨、关节和肌肉的模型。

2. 给负责运动会的老师的信。

通过哪些标准来评估学生的作品和表现？

1. 对所设计海报的合理解释。

2. 正确的骨、关节和肌肉的连接方式。

阶段 3——设计学习体验

教学过程

一、创设情境，导入新课

1. 创设情境

(播放视频：动物世界)组织学生观看视频，并说出看到了动物的哪些行为。动物所进行的一系列有利于它们生存和繁殖后代的活动，都是动物的行为。动物的行为常常表现为各种各样的运动。(PPT 出示课题：动物的运动)。

(PPT 出示：连连看)组织学生完成连连看，回顾之前所学的不同类群动物的运动方式和运动器官。提示：用直尺和铅笔连线。出示答案，学生快速修正。

[设计意图：通过视频吸引学生的注意力，激发了学生的学习兴趣；通过连连看，让学生回顾旧知，为本节课做铺垫。]

2. 明确学习目标

(PPT 出示：想一想，议一议)动物一般都能自由运动，有人说，动物的运动本质上都依靠肌肉的收缩。你同意这种说法吗？组织学生回答，教师引导：这种说法适用于绝大多数动物，但也有例外。(PPT 出示：水母)有些低等的动物如水母是没有肌肉的，也能运动。动物的运动依赖于一定的身体结构，这节课以哺乳动物为例来探究动物的运动(PPT 出示课题：动物的运动)。出示本节课的学习目标。

[设计意图：通过想一想，议一议，引发思考，顺利进入本节内容的学习。通过展示目标，

续表

让学生明确本节课的学习重点和学习难点。]

二、探究新知、交流释疑和内化应用

(一)运动系统的组成

哺乳动物的运动系统由哪些部分组成？组织学生自学教材，思考课件上的问题。之后教师展示哺乳动物运动系统的组成(PPT出示、板书：运动系统组成)。快速思考：蚯蚓体内有肌肉，但是没有骨骼，这是它不能快速运动的原因吗？学生回答：这是它不能快速运动的一个重要原因。

[设计意图：帮助学生理解运动需要依赖一定的身体结构。]

1. 骨

组织学生两人一组，认真观察家兔的骨骼图片，对比人体的骨骼，试着在自己的上肢和下肢找找相应的骨，并完成课件上的填空。学生交流、回答：上肢骨包括肱骨、桡骨、尺骨、手骨；(PPT出示：人的下肢骨图片)下肢骨包括股骨、腓骨、胫骨，还有足骨。

[设计意图：鼓励学生积极观察，让学生更加直观地认识人体主要的骨。]

2. 关节

人体共有206块骨，是不是所有的骨连接都能活动？组织学生阅读课本小资料，学生回答。(PPT：出示骨连接图片)不活动的骨连接，比如像头部颅骨的各骨之间；半活动的骨连接，比如脊椎骨之间；活动的骨连接就是关节，比如人体最灵活的肩关节。

关节的结构包括哪些？组织学生进行观察学习(PPT出示：观察要求、注意事项)。组织学生结合大屏幕关节示意图说出关节结构名称，引导学生在自己的材料上找出各部分结构并进行描述。组织学生观察准备的动物肩关节，发现使劲拉也拉不开，说明关节具有牢固性，与外面包裹的关节囊有关。接着上下来回掰一掰，说明关节还有灵活性。光滑的关节软骨以及关节腔内的滑液，可以减少骨与骨之间的摩擦。这充分体现了结构与功能相适应的生物学观点。

引导学生思考：关节对骨的运动有什么意义？如果用房间的门打比方，它相当于门上的什么结构？学生回答：关节使骨的运动更加灵活，相当于门上的门轴。(PPT出示：人体主要的关节)引导学生结合生活经验思考：进行体育运动时，哪些关节容易受伤？怎样保护？学生回答并引起重视，运动时一定要注意自我保护。当然生活中也有提重物一不小心"掉胳膊"或者大笑合不拢嘴的情况，这是"脱臼"了，脱臼是怎么回事？学生结合本节课所学解释：脱臼是指关节头从关节窝里滑脱出来。提示：发生脱臼后，不要再活动，应立即请医生将关节复位。

[设计意图：组织学生观察动物的肩关节，调动学生观察积极性，引导学生大胆交流，肯定学生观察的结果。通过观察、交流，让学生更加直观地认识关节的结构。充分发挥学生主体性，提高学生的动手操作能力，让学生自己分析问题，提升解决问题的能力。并通过设疑，引发学生思考，联系日常生活，使学生意识到学习生物知识可以使我们生活得更健康。]

3. 肌肉

(PPT出示：人体骨骼和人体肌肉图片)骨与骨通过关节相连，肌肉是怎样附着在骨上的？

组织学生通过观察鸡翅找出答案。出示观察要求和注意事项，学生进行观察并完成课件上的填空。教师引导学生发现，骨、肌肉和关节的位置关系：骨骼肌两端的肌腱可绕过关节连在不同的骨上。

骨、关节和肌肉在结构上是相连的，它们三者是如何协调配合产生运动的呢？（PPT出示：骨、关节和肌肉的协调配合）

［设计意图：通过小组合作观察鸡翅并交流，让学生清楚认识肌肉的结构，通过问题自然地过渡到下一环节的学习。］

（二）骨、关节和肌肉的协调配合

组织学生伸直手臂，手心朝上，一只手搭在另一只手的上臂，上方肌肉为肱二头肌，下方肌肉为肱三头肌。（PPT出示：屈肘、伸肘图片）引导学生思考当屈肘、伸肘、直臂提重物和双臂自然下垂时，这两组肌肉分别是什么状态？学生两人一组，合作体验完成，并结合课件完成表格内容。组织学生回答、订正。

请学生代表展示课前自制的骨、关节和肌肉的模型，然后学生以四人小组为单位，结合自制的模型和教材，完成课件上的相应内容。组织学生回答，并得出一组骨骼肌收缩只能牵拉骨改变位置，不能复位。任何一个动作至少是由两组肌肉的协调配合来完成的。

［设计意图：学生通过亲身体验伸肘、屈肘，理解肌肉的变化特点。学生通过观察模型进一步理解骨、关节和肌肉协调配合完成运动的原理。］

有人说，"给我一个支点，我能撬起整个地球"，这个过程中需要杠杆、支点和动力。与运动过程类比，骨、关节和肌肉在运动中分别起到什么作用？学生回答：骨——杠杆；关节——支点；骨骼肌——提供动力。

［设计意图：通过类比，使学生明确骨、关节和肌肉在运动过程中的作用。］

运动仅靠运动系统来完成吗？举例分析，当剧烈运动时，身体可能会随之出现哪些变化？这说明运动不仅靠运动系统完成，还需要神经系统的调节控制，所需的能量依靠消化系统、呼吸系统和循环系统等的配合。

［设计意图：通过举例分析，使学生明确运动不仅靠运动系统来完成，也帮助学生树立生物是一个统一的整体的生物学观点。］

（三）运动对动物生存的意义

哺乳动物具有非常强大的运动能力，动物的运动对于动物来说有什么意义呢？学生自主阅读教材，进行自学。

［设计意图：培养学生自学、主动获取信息和提取信息的能力。］

三、梳理巩固

通过本节课的学习，你还有哪些收获呢？（学生畅所欲言）

［设计意图：学生根据整堂课的探究活动情况，进行梳理总结，既能夯实基础，构建知识体系，符合学生的思维特点。］

四、当堂检测

1. 地球上动物种类繁多，它们多种多样的运动方式和行为扩大了其活动范围，便于更好地生存和繁衍。下列是与动物运动有关的结构示意图，请图分析回答：

续表

(1)右图是人的关节及屈肘动作模式图，与关节的灵活性有关的结构有[　]_____（填图中数字及结构名称）和[3]中的滑液。屈肘动作的产生是当[　]_____受神经传来的刺激时，就会产生收缩，牵动骨绕着[9]活动。从动物体结构层次上看，[6]和[7]均属于_____。

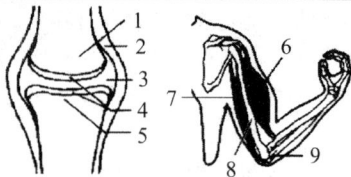

(2)右图是某同学绘制的人体骨、关节、骨骼肌关系模式图，其中正确的是_____（填字母），理由是_____。

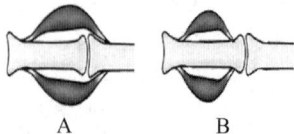

2. 2022年5月12日是第14个"全国防灾减灾日"，某中学在这一天组织学生进行了火灾逃生演习。在逃生过程中，人体的生理活动会发生一系列变化，请结合所学知识进行分析。

(1)逃生这一过程离不开运动系统，人体运动系统是由_____组成的。

(2)为保证同学们顺利逃生，某同学推开门，让后面的同学通过。他用力推门时，上臂的肱二头肌和肱三头肌的运动情况是_____。

五、实践作业

由于近期体育课学生发生崴脚的情况增多，负责秋季运动会的老师需要我们提供一份秋季运动会的安全小妙招海报，为即将举办的秋季运动会做准备。你的目标是设计一个海报，海报内容包括：①赛前热身运动的重要性，②如何正确补充能量，③面对脱臼，我们应该怎样做。除了海报外，还需要你给负责运动会的老师写一封信，解释你设计海报的重要性和科学性。

板书设计

动物的运动

1. 运动系统的组成：关节、骨、肌肉

关节的特点：牢固性和灵活性

肌肉的组成：肌腹和肌腱

2. 骨、关节、肌肉的协调配合：骨骼肌受到刺激，牵动骨绕关节活动，产生运动。

3. 运动对动物生存的意义：觅食和避敌能力加强，更加适应多变复杂的环境。

总结与反思

1. 本节内容有一定的难度，在教学中，教师应依据课程标准，抓住重点，借用多媒体手段，从而激发学生的兴趣，使学生较好地理解教学内容，达成教学目标。利用媒体资源将有效激发学生的学习积极性，利用如2008年北京奥运会中国体育健儿获得冠军的图片和视频材料等与运动相关的资料，激发学生强烈的爱国主义情感，让师生感受到运动的魅力、健康的宝贵，达到情感教育的目的。

2. 通过探究实验，亲自解剖和观察动物的关节结构，增进学生对知识的感性认识，从而有利于理性认识的建立和提升，形成"结构和功能相适应"的生物学基本观点。通过学习，使学生认同动物的运动要依赖一定结构的观点，理解运动对动物生存的重大意义，从而真正理

续表

解运动和行为的关系，为今后学习动物的行为奠定基础。

3. 通过制作模型的探究活动，学生在动手实践中体验了知识的产生过程，体现了学生的主体地位，培养了学生自主学习、勤于思考、乐于探究的科学精神，以及与人沟通、相互合作的信心和能力。

4. 本节课有一些不足之处，例如：模型制作的材料存在一定的缺陷，固定性不够好，制作过程中存在安全隐患，等等。因此，在以后的教学中，应选择更合理的材料，以达到更科学、更准确的演示水平。

案例 4："发酵技术的应用"教学设计

课程名称	发酵技术的应用		
学科/主题	生物学与社会·跨学科实践	年级	八年级
关键词	食品制作　发酵　细菌和真菌　跨学科实践		
设计者	贾乃心	课时	1
学校	郑州四中实验学校		
学情分析	在前面的学习中，学生已经认识细菌和真菌的类群、结构特征及其在自然界中的作用，了解它们生存所需要的环境条件。但是学生可能并不清楚日常生活中是如何利用发酵制作食品的。由于化学知识的缺乏，学生对于发酵作用的原理并不清楚，教师需要利用食物或课件动画帮助学生感性理解细菌和真菌在食品制作方面的应用，并进行跨学科实践，动手制作发酵食品，尝试设计方案并付诸实施，以寻求科学问题的答案或制造相关产品——即发酵技术的应用。		
案例概述	在细菌和真菌这一章的学习中，学生将学习细菌和真菌的分布、细菌和真菌在自然界中的作用，以及人类对细菌和真菌的利用这些内容。 学生将尝试利用细菌和真菌制作发酵食品，并运用跨学科知识设计方案并实践，控制发酵的条件，运用多学科知识改良发酵食品。 在最后的表现性任务中，学生将展示实验结果并提供改良后的发酵食品。包括酸奶和馒头的制作。制作成功后带给家人和同学品尝，使学生体验到动手实践的乐趣。		

阶段 1——确定预期目标

所确定的目标

培养学生在真实情境中的问题解决能力，通常需要综合运用科学、技术等领域的概念、方法和思想，设计方案并付诸实施，以寻求科学问题的答案或制造相关产品。

完成发酵食品制作类跨学科实践活动：收集当地面包酵母菌种，比较发酵效果；设计简单装置，制作酸奶和馒头。

我们需要考虑哪些基本问题？	预期的理解是什么？
• 细菌和真菌生存需要哪些条件？ • 培养细菌和真菌的一般方法是什么？ • 什么是发酵？什么是发酵食品？ • 如何控制发酵条件，制作改良发酵食品？	• 细菌和真菌的生存需要一定的条件，如水分、适宜的温度、有机物等。有的还要求某些特定条件，如有些细菌必须在无氧条件下生存。 • 培养细菌和真菌的一般方法：配置培养基、高温灭菌、冷却、接种、恒温培养。 • 发酵：实际也是微生物的培养过程。特定微生物在一定条件下，将有机物分解成人类所需物质。 • 发酵食品：利用发酵技术制作的食品。 • 酸奶制作：利用乳酸菌制作，改变乳酸菌的用量，来确定酸奶的适宜酸度。 • 馒头制作：利用酵母菌制作，使用干酵母和鲜酵母，比较不同酵母菌的发酵效果。

作为单元学习的结果，学生将会获得哪些重要的知识和技能？	
• 不同细菌和真菌生存所需的特定条件。 • 培养细菌和真菌的一般方法。 • 发酵技术应用及发酵食品制作。	• 运用控制变量的方法探究改良发酵食品的发酵效果。 • 动手制作改良发酵食品，感受动手实践的乐趣。

阶段 2——确定合适的评估证据

什么能够用来证明学生理解了所学知识？

发酵技术的应用——学生们通过改变发酵条件，尝试为家人或同学制作美味的改良发酵食品，体验到实践的乐趣。通过课上的学习，课下也可以制作发酵食品，在课外活动中进一步发展自己的实践能力。通过制作发酵食品，学习并探究日常生物技术在生活中的应用，提升对科学、技术、社会、环境相互关系的理解。

根据阶段 1 的预期结果，还需要收集哪些证据？

课堂测验——细菌和真菌在食品制作方面的应用。

简答题——以制作米酒为例，结合细菌和真菌的生存条件说明方法步骤的目的。

技能测试——尝试制作酸奶和馒头。

观察报告——探究酸奶的适宜酸度范围，探究不同酵母菌对馒头制作的影响，完成研究报告。

工作样本——面粉、酵母菌、牛奶、乳酸菌等。

学生的自我评价和反馈

1. 自我评估：研究报告和发酵食品。

2. 在单元学习结束时，反思在改良发酵食品过程中的收获（与单元学习开始时作比较）。

评估任务计划表

续表

通过这个任务，我们需要对哪些理解或目标进行评估？
学生制作发酵食品的成果。

学生必须呈现哪些品质才能表明他已达到了预期目标的要求？
• 动手制作美味的发酵食品。 • 完成探究实验的设计。 • 探究实验具有可行性。

通过什么样的真实的表现性任务来证明学生的理解？
我们日常生活中也常食用应用发酵技术制作的发酵食品，为了改良发酵食品，你需要了解相应细菌和真菌生存所需环境条件，确定实验目的，设计探究实验，制订实验计划。尝试动手制作发酵食品，通过探究实验得出不同酵母菌对馒头制作的影响，酸奶适宜的酸度范围，并将其应用于日常发酵食品制作中。

学生的哪些作品和表现将为预期的理解提供证据？
亲手制作的发酵食品。

通过哪些标准来评估学生的作品和表现？
• 健康美味的发酵食品。 • 科学可行的探究实验计划。

阶段 3——设计学习体验
教学过程
1. 以科学史引出问题："让大家喝酒而不是喝醋的人——巴斯德。" 引导学生思考：请你学习本节发酵食品的制作，思考葡萄酒制作过程中变酸是什么原因？ 2. 回顾知识：学生回顾细菌和真菌生存所需的条件，培养细菌和真菌的一般方法。（书面测试） 3. 观察演示实验——发酵现象：在一杯温开水中加入一大勺糖和一小包酵母，进行搅拌，并在瓶口套上一个瘪了的气球。 思考：观察液体会不会冒气泡，气球会不会胀大？ 让学生直观感受酵母菌使食品发生的变化，从而探究其中的原因。  4. 观看视频——制作米酒：解决课前的问题。 思考讨论：①为什么要将糯米在旺火上蒸熟？ ②为什么要将蒸熟的糯米饭用凉开水冲淋到30℃？用自来水可以吗？ ③将酒曲撒在糯米饭上，相当于培养细菌和真菌的哪一个步骤？ ④最后挖一个凹槽并密封的目的是什么？

⑤采取一定的保温措施的目的是什么？

了解发酵食品的制作，其本质上就是相应的细菌和真菌的培养过程。

5. 阅读教材，观看图片，学习馒头和酸奶等发酵食品利用了哪些细菌和真菌？需要提供什么特定的环境条件？（课堂测试）

6. 小组合作设计探究实验计划：分别探究"酸奶适宜的酸度范围""不同酵母菌对馒头制作的影响"学生小组合作准备实验材料，设计科学可行的探究实验计划。提升学生制订方案的能力。（实验报告）

7. 根据制订的实验计划进行实验，及时记录所观察到的现象，并以此改进计划。培养学生实施方案、分析证据和改进设计的能力。（实验报告）

8. 全班同学品尝大家制作的发酵食品，对实验的结论、收获与不足进行展示与交流，思考发酵技术在日常生活中的应用。提升解决真实情境问题和动手实践的能力。

9. 学生将制作的发酵食品带回家中与父母分享，增进亲子关系，体验劳动的乐趣。

10. 在学习结束时，让每个学生就发酵技术的应用谈谈对科学、技术、社会、环境相互关系的看法。

板书设计

发酵技术的应用

1. 细菌和真菌与食品制作

2. 观看制作米酒

3. 探究酸奶适宜的酸度范围

4. 探究不同酵母菌对馒头发酵的影响

总结与反思

本节内容的设计是人类对细菌和真菌的利用的第一课时，这一课时的学习与课标增设的"生物学与社会·跨学科实践"学习主题密切相关。从知识的角度来看，本课时从日常生活中的生物技术角度对学生提出了较高的要求。教师应当在知识教授的过程中更重视学生探究实践这一核心素养的培养，并且在学习的过程中要突出学生的主体地位，同时引导学生合作探究，制订并实施探究计划，最后将制作的发酵食品与同学和家长分享，在提升科学思维、动手实践能力的基础上，也体验到了劳动的乐趣。设计过程中的不足之处有：应当发挥学生的科学思维能力，尝试探究其他环境条件对发酵食品的影响，以改良发酵食品；在实验材料的选取上也需要改进，如鲜酵母的储存和计称称重等把握不够准确。总之，在此次教学设计与实施过程中，更多体会到的是学科要以育人为导向，综合培养学生，促进学生全面发展。

案例 5："用八角驱杀玉米象"教学设计

课程名称	用八角驱杀玉米象		
学科/主题	生物学/跨学科实践	年级	七年级
关键词	玉米象　香料　驱杀　实验探究		
设计者	王诺瑶	课时	3 周
学校	郑州龙门实验学校		
学情分析	小初衔接后的七年级学生，对独立的生物学学科还处于朦胧的探索期。他们思想活跃，好奇心浓厚，对生物学缺乏意识形态的架构，具有很强的可塑性和易变性。七年级的学生对于探究实践有较强的好奇心和求知欲，乐于动手，勤于思考。本案例贴近学生生活，在科技探究课程教学中具有重要性和必要性。		
案例概述	本课程以《义务教育生物学课程标准(2022 年版)》的课程目标为理论基础，基于"生物学与社会・跨学科实践"学习主题的内容要求，开展如下学习过程： 1. 学生将以小组为单位，设计并进行对照实验，探究香料是否能驱杀玉米象，体验探究实践的一般过程，在探究实践中，做到认真观察、如实记录。 2. 在学习过程中，学生将开展为期 8 天的探究实践，分析实验数据，撰写实验报告。 3. 学生在开展探究实践的基础上，通过自制短视频或者微课、绘制宣传手册等方式，向同伴、家人和教师介绍绿色的驱虫方法。		

阶段 1——确定预期目标

所确定的目标

真实情境中的问题解决，通常需要综合运用科学、技术、工程和数学等学科的概念、方法和思想，设计方案并付诸实施，以寻求科学问题的答案或制造相关产品。

我们需要考虑哪些基本问题？	预期的理解是什么？
1. 实验探究的一般步骤是什么？什么是对照实验？ 2. 储粮害虫都有哪些？ 3. 目前我国普遍采取什么驱杀储粮害虫的方法？ 4. 香料有驱虫的效果吗？	1. 实验探究的一般步骤，对照实验的定义。 2. 储粮害虫有很多，大体可以分为 3 类：甲虫类、蛾类和螨类。 3. 常见的驱杀储粮害虫的方法有很多，总体可以归为物理性防治、化学性防治和生物性防治。 4. 香料确实有驱杀害虫的作用，且八角的驱杀效果最好。

作为单元学习的结果，学生将会获得哪些重要的知识和技能？	
1. 对照实验、实验探究的一般步骤。 2. 常见储粮害虫的种类。 3. 驱杀储粮害虫的方法。 4. 实验研究报告撰写的一般要求。	1. 探究香料是否能驱杀玉米象的动手操作能力。 2. 利用信息技术来处理实验数据，让实验结果更可靠。 3. 自制短视频或者微课，向他人介绍实验结果。 4. 撰写实验研究报告。

阶段 2——确定合适的评估证据

什么能够用来证明学生理解了所学知识？

1. 实验：以小组为单位，开展实验探究，记录实验过程，完成实验报告。

2. 宣传：自制短视频或者微课、绘制宣传手册，向他人宣传自己的实验结果和驱虫小妙招。

根据阶段 1 的预期结果，还需要收集哪些证据？

1. 课堂测验——实验探究的一般步骤，对照实验的定义。

2. 简答题——常见的储粮害虫以及防治方法。

3. 技能测试——进行实验操作，记录实验过程，处理实验数据，分析实验现象，得出实验结论。

4. 实验报告——撰写实验报告。

学生的自我评价和反馈

1. 自评实验过程，思考实验步骤是否合理。

2. 自评短视频或微课的制作。

3. 经过本单元的学习，你学会了什么？

评估任务计划表

通过这个任务，我们需要对哪些理解或目标进行评估？

1. 对学生的实验过程进行评价。

2. 对学生制作的视频进行评价。

学生必须呈现哪些品质才能表明他已达到了预期目标的要求？

小组内共同完成探究实验，实验探究具有可行性和科学性，顺利得出实验结论。

通过什么样的真实的表现性任务来证明学生的理解？

河南省地貌以平原为主，小麦、玉米、水稻是主产的粮食作物，用全国 1/16 的耕地生产了全国 1/10 的粮食，粮食产量在 2021 年达 1308.84 亿斤，被誉为"中原粮仓"。但是，在粮食储存的过程中，明明是晒干的粮食，总会出现一些储粮害虫，河南人称它为"麦牛"，学名为玉米象，它以禾谷类颗粒为食，其中玉米、小麦最为突出，它在粮仓中活动会导致粮堆水分增加、温度升高，从而使粮食发热、霉变，给粮食储存带来极大的损失，我国也有很多农药可以应对玉米象，但是效果并不好，而且还会有农药残留。有一些同学在老家会见到爷爷奶奶用来驱杀玉米象的农药带有很明显的刺激性气味，这种农药不仅污染环境，还对人们的身体健康有害。有的同学想到自己家中也有一些有刺激性气味的香料，香料晒干后可以保存很多年，没有虫害，这些香料是不是像农药一样能够驱杀玉米象呢？请大家以小组为单位来研究香料是否能驱杀玉米象，并将研究结果制作成视频，向家人、朋友等介绍。

学生的哪些作品和表现将为预期的理解提供证据？

制作视频进行宣传，在实验记录单记录实验过程。

通过哪些标准来评估学生的作品和表现？

1. 对学生的实验过程进行评价。

探究实验评价量表

评价项目	评价要点	分值	自评	互评	教师评价
情感态度 （15分）	1. 积极参与实验，主动提出相关问题与建议	5分			
	2. 与他人分工合作，协同完成任务	5分			
	3. 在探究中有锲而不舍、实事求是的科学精神	5分			
提出问题 （15分）	4. 确定一个可通过实验探究解决的问题	10分			
	5. 提出可检验的假设	5分			
实验设计 （30分）	6. 提出检验假设的方法	10分			
	7. 提出可行的观察或测量的方法	10分			
	8. 清晰列出重要的实验步骤和实验材料	5分			
	9. 预测实验结果，制订观察记录表	5分			
实验实施 （30分）	10. 独立完成实验步骤	10分			
	11. 如实记录实验现象并重复收集实验数据	10分			
	12. 根据实验现象和数据归纳结论	10分			
交流评价 （10分）	13. 呈现方式科学、有特色	5分			
	14. 能对本次活动及时反思	5分			
创新加分：		总分			

2. 对学生制作的视频进行评价。

视频制作评价量表

评价项目	评价要点	分值	自评	互评	家长评价
视频内容 （50分）	1. 思想内容能紧紧围绕主题，内容充实具体，生动感人	15分			
	2. 给人以启迪并与主题契合。形式新颖，反映客观事实，体现时代精神	10分			
	3. 镜头切换是否自然，背景音乐是否符合内容	15分			
	4. 画面播放时是否清晰流畅，字幕（字体、大小）是否与画面和谐	10分			
语言表达 （35分）	5. 文字是否简洁、明了，充满吸引力	10分			
	6. 制作者讲述时，表达准确、流畅、自然	10分			
	7. 制作者讲述时是否能在一定时间内表达清楚视频内容，体现核心思想	15分			
形象风度 （3分）	8. 制作者的形象是否积极向上	3分			
综合印象 （2分）	9. 画面富有艺术感染力	2分			
效果 （10分）	10. 表达具有较强的感染力、吸引力和号召力，能引起观看者的共鸣	10分			
总分					

阶段 3——设计学习体验

教学过程

前情提要：在正式上课的前一周，教师提前向学生发布了一些与本堂课教学内容相关的小任务，例如，搜集关于储粮害虫的相关信息，这些害虫的防治方法，思考如何设计实验来进行探究。

一、激趣导入，揭示课题

教师用幻灯片向大家展示目前粮仓内出现较多的害虫图片，并展示近 10 年因害虫导致损失的粮食数量，引发学生思考储粮害虫对人类的危害，并介绍本课程的课题。

二、全班分组，代表汇报

1. 分组汇报

全班学生分成若干个小组，在上课之前根据教师布置的课前学习任务来搜集资料，选派代表在课堂上进行汇报,例如:第一组汇报储粮害虫的种类;第二组汇报储粮害虫的防治方法;第三组汇报采用香料来驱杀储粮害虫的可行性;第四组汇报实验探究的一般步骤;第五组汇报为了进行实验探究,目前可以利用的材料,以及需要注意的事项。

2. 确定实验方案

(1)在以上小组的介绍后,各小组可以展开讨论,提出问题,作出假设,确定实验方案。大家分工合作,共同制订实验方案,准备如下实验材料用具:干玉米粒(若干)、小茴香、八角、花椒、大蒜、盒子、纱布、标签纸。

(2)实验方案:从储藏粮食的仓库捉取玉米象送至实验室;准备玉米粒,每盒装 500 g 玉米粒;分组进行实验,每位学生负责研究一种香料,称量香料的重量;往装有玉米粒的盒子中放入玉米象各 20 只,并分别放入小茴香、八角、花椒和大蒜(各 1 g、3 g、5 g);再准备一个装有玉米粒的盒子,放入玉米象 20 只,不放任何香料,作为对照组;为保证实验结果的准确性,将盒子放在同样的环境中,每隔 24 小时在实验记录单上记录玉米象存活的数量。

三、小组探究,开展实验

1. 学生提前准备好实验所需材料,为实验开展做好充足的准备

捉到的玉米象

2. 准备玉米粒,每盒装 500 g 玉米粒

称量玉米粒

3. 分组进行实验,每位学生负责研究一种香料,大家一起合作准备香料

4. 分组进行实验,往装有玉米粒的盒子中放入玉米象各 20 只,并分别放入小茴香、八角、花椒和大蒜(各 1 g、3 g、5 g);再准备一个装有玉米粒的盒子,放入玉米象 20 只,不放任何香料,作为对照组。装好后,封住盒子,用解剖针在盒子上扎出针眼,供玉米象呼吸,并在盒子上贴好标签

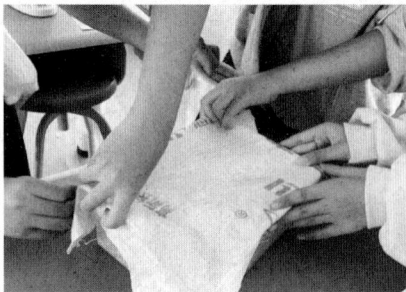

封箱

5. 为保证实验结果的准确性，将盒子放在同样的环境中，每隔 24 小时记录一次玉米象存活的数量。严格按照实验步骤进行实验，每天定时观察玉米象的数量，并挑选出已死亡的玉米象

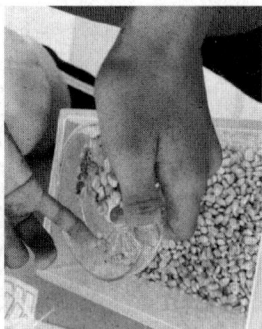

寻找玉米象

四、整理数据，得出结论

1. 整理实验数据，分析实验结果

2. 得出实验结论

将实验记录单上的数据转化为更加直观的图表，通过对比分析，我们得出以下结论：

(1) 从香料种类分析

四种香料均能起到驱杀玉米象的作用，八角杀玉米象的效果最好，玉米象在第 4、5、6 天后全部死亡；其次是花椒，玉米象在第 5、6、7 天后全部死亡；大蒜的驱杀效果最弱。

(2) 从香料的重量分析

使用 5 g 八角最先使玉米象全部死亡，且只用了短短 4 天时间，可见 5 g 八角驱杀玉米象的效果最佳。其次是 3 g 八角和 5 g 花椒，均在第 5 天使玉米象全部死亡。

五、制作视频，分享交流

将各组的实验结果在全班进行分享，同时制作视频，在网络平台宣传这一生活小妙招，让大家学以致用。

续表

板书设计
用八角驱杀玉米象 1. 储粮害虫种类 2. 常见储粮害虫的防治方法 3. 探究实验的一般步骤 (1)提出问题 (2)作出假设 (3)制订计划 (4)实施计划 (5)得出结论 (6)表达与交流 4. 自我反思、经验分享
总结与反思
本课程结合生活实际，从学生遇到的真实问题入手，结合生物学的科学研究方法——实验法，引导学生利用科学探究和科学实践，解决实际问题，让学生养成主动探究、勤于思考的习惯。学生们掌握了探究实践的一般方法，发展了提出问题、作出假设、制订计划、实施计划、动手探究、得出结论、提出建议和意见的能力，使学生认识到实际生活中存在的问题可以采用实验探究来解决，意识到科学探究的重要性，对培养学生的科学思维和科学探究的精神具有一定的促进和引导作用，提高了学生解决问题的能力。 发现问题是解决问题的基础，通过发现粮食中的害虫和农药的危害，开始思考如何用绿色的材料杀死害虫，有的学生勤于思考，想到平时晒干的大米、小麦甚至是面粉里面，都会出现这些玉米象，可是晒干的香料却很少生害虫，再联想到农药刺鼻的味道，开始深入思考，能不能用香料来驱杀玉米象，这样一个生活中常见的现象，可激发学生对生活中如何驱杀害虫的观察和分析，激起学生对科学研究的兴趣。 学生能通过发现问题，提出假设，实地探究去分析和解决问题，本身就是一种了不起的创造。教师首先要给予学生鼓励和肯定，其次对于学生的研究提供一定的引导和多样化的方法支持，这样才能有更多发现。 本研究通过定量和定性研究，利用玉米和玉米象，先在玉米中放入多只玉米象，再分别放入不同重量的小茴香、八角等香料，接着每天记录实验现象，使学生建立关于研究的思路，掌握初步的问题解决的方法。其次是关于具体研究的分工操作，学生在教师的指导下分工合作，体现了教师指导的意义。学生通过实验探究真正意识到香料具有杀虫的功效，在自己家里储存大米、小米等粮食时，可以加入少量的香料，用简单的方法来储存粮食，真正认识到节约粮食和环境保护的重要性。使学生在面对相关问题时，多一层思考和探索，在情感态度价值观方面形成正确的取向，培养科学严谨的作风。 实验的不足之处在于，只采用玉米会较为局限，实验结果存在一定程度的偏差。接下来会依据具体不足采取改进方法，尽量保证实验数据的准确性。

案例6:"寻找大象'初生地'"教学设计

课程名称	寻找大象"初生地"		
学科/主题	地理/探究地球表面奥秘	年级	七年级
关键词	大陆漂移　板块构造　地球圈层结构		
设计者	张睿媛　孙怡赛　李萌萌	课时	3周
学校	郑州四中实验学校		
学情分析	1. 七年级学生记忆力较强,但是综合思维能力和地理实践力正处于发展阶段,对于地理事物的空间感知不强。 2. 学生对于通过不同视角呈现的地理事物比较感兴趣。		
案例概述	平顶山汝州一场暴雨冲出了古象化石,河南在历史时期为什么会有大象生存?它们究竟来自哪里?大陆漂移假说或许会给我们答案。从大陆漂移到火山、地震,地球内力作用引发了一系列地理现象。地球圈层结构是赋予地球强大内力的基础,由内力作用规律,归纳出板块构造学说。伴随地球内力释放,推动形成如今地球表面的七大洲、四大洋的分布格局,引发了火山及地震。同时,该过程会形成矿物及岩石。本案例以此为依据开展大单元教学,依托河南自然博物馆地球厅和矿物厅进行研学活动,学生以小组为单位,设计并制作大陆漂移演示模型、板块构造模型、地球圈层构造模型、火山喷发模型,制作岩彩画。随着理论学习的深化,结合查阅河南历史资料,不断推演河南历史经纬度位置、气候特征及景观特征,最终每组推举一位讲解官,介绍本组模型反映的科学理论,找到河南大象的"初生地"。在整个过程中,厚植学生对家乡的情感联结,同时发扬作为中华文化源头和象征的黄河文化。		

阶段 1——确定预期目标

所确定的目标

1. 结合实例,说明海洋和陆地处于不断的运动变化之中;说出板块构造学说的基本观点,并解释世界火山、地震带的分布与板块运动的关系。
2. 阅读世界地图,描述世界海陆分布状况,说出七大洲、四大洋的分布。

我们需要考虑哪些基本问题?	预期的理解是什么?
• 搜集海陆变迁的证据、探究海陆变迁的原因、发现地球作用力对地表的影响,追溯河南自然演化史,重现黄河文明。	• 深入理解大陆漂移假说的主要内容及证据。 • 深入理解六大板块的分布特征及板块边缘的作用力类型。 • 初步认识地球内部的圈层结构。

• 依照各组制作的动态模型，在河南自然博物馆担任小导游，录制馆内科普 vlog，向低年级学生展示如何一步步复刻大象的"初生地"。	• 深入理解地球表面海陆分布特征及七大洲、四大洋位置。 • 认识全球火山、地震带的分布。 • 初步了解地球内力释放过程中形成的矿石。 • 了解河南自然演化史，了解黄河文明。

作为单元学习的结果，学生将会获得哪些重要的知识和技能？

• 大陆漂移假说的主要内容及证据。 • 六大板块的分布特征及板块边缘的作用力类型。 • 地球内部的圈层结构。 • 地球表面海陆分布特征及七大洲、四大洋位置。 • 全球火山、地震带的分布。 • 地球内力释放过程中形成的矿石。 • 河南自然演化史及黄河文明。	• 组内设计并制作大陆漂移演示模型、板块构造模型、地球圈层构造模型、火山喷发模型、地球仪模型，绘制岩彩画。 • 组间搜集河南历史资料，复刻河南自然演化史，利用各自制作的模型串联讲解核心知识，每组推举一位讲解官，担任河南自然博物馆"大象的家"讲解员。

阶段 2——确定合适的评估证据

什么能够用来证明学生理解了所学知识？

• 担任小小侦探家，搜集海陆变迁的证据；担任小小操控师及钻探工，探明海陆变迁的原因；担任小小观察家、体验师及彩绘师，发现地球作用力对地表的影响。

• 制作地球脉动动态模型，包括大陆漂移演示模型、板块构造模型、地球圈层构造模型、地球仪模型、火山喷发模型并绘制岩彩画。

• 各小组能够清晰讲解组内制作的地理动态模型所揭示的科学原理，同时组间可以结合搜集到的河南历史资料，复刻出河南历史时期自然环境，担任河南自然博物馆"大象的家"讲解员。

根据阶段 1 的预期结果，还需要收集哪些证据？

• 课堂抢答——大陆漂移学说的主要内容及证据，板块、大洲、大洋名称，地球各圈层对应名称。

• 课堂游戏——将世界典型山脉拖放至相应板块交界处，在世界地图上绘制出全球两大主要火山、地震带，将大洲分界线拖放至对应位置。

学生的自我评价和反馈

自我评估：制作地球脉动动态模型。

反馈：清晰讲解组内制作的地理动态模型所揭示的科学原理，结合搜集到的河南历史资料，复刻出河南历史时期自然环境，担任河南自然博物馆"大象的家"讲解员，录制 vlog，向低年级同学进行科普。

评估任务计划表

通过这个任务，我们需要对哪些理解或目标进行评估？

• 知识性评价：评估学生对大陆漂移学说的主要内容及证据，六大板块的分布特征及板块边缘的作用力类型，地球内部的圈层结构，地球表面海陆分布特征及七大洲、四大洋位置，全球火山、地震带的分布，地球内力释放过程中形成的矿石的掌握情况。

• 情感态度价值观评价：评估学生对河南历史文化资料的搜集，及他们对河南自然演化史的复刻。

学生必须呈现哪些品质才能表明他已达到了预期目标的要求？

• 规范制作地球脉动动态模型。

• "大象的家"科普 vlog 视频讲解清晰。

通过什么样的真实的表现性任务来证明学生的理解？

平顶山汝州一场暴雨冲出了古象化石，河南在历史时期为什么会有大象生存？它们究竟来自哪里？依据真实情境开展大单元教学，通过入馆前准备阶段、馆内研学阶段及研学后成果展示阶段，成功找到大象的"初生地"。其中，馆内研学阶段是本次活动的重点，通过搜集海陆变迁的证据、探究海陆变迁的原因、发现地球内力对地表的影响，掌握复刻河南历史自然环境的理论知识；之后组织学生搜集河南历史文化资料，复刻出河南历史自然环境，找到大象"初生地"。成果展示阶段中，学生制作地球脉动动态模型，并录制"大象的家"科普 vlog，进而评估学生的知识掌握情况。

学生的哪些作品和表现将为预期的理解提供证据？

• 地球脉动动态模型成品。

• "大象的家"vlog 视频。

通过哪些标准来评估学生的作品和表现？

• 小组模型制作材料准备的齐全。

• 小组分工明确、有组织、有合作、配合默契。

• 准确、有序利用材料制作模型，模型各部分颜色选择合理。

• 模型制作准确，能够清晰讲解模型对应的原理。

• 准确复刻河南自然环境，了解黄河文明的渊源。

阶段 3——设计学习体验

教学过程

一、入馆前准备阶段

首先向学生介绍本次研学旅行的目的是进行一次地球探秘活动，介绍教学活动总体路线和方案设计。对学生进行时间观念、安全意识、纪律等方面的培训。确定小组成员、组长及组名。向学生发放本次研学旅行学习单及河南自然博物馆场馆地图，供其自主预习。借助相关书籍或上网整理和查阅资料，提前熟悉研学内容。准备笔、纸、照相机等相关工具。

二、馆内研学阶段

通过准备阶段的预习，使学生了解平顶山汝州发现大象化石的过程。不仅如此，在郑州、安阳等其他地方都发现过大象的骨头和剑齿象的化石。之后向同学们讲解河南简称"豫"的原因。远古时期，黄河中下游地区河流纵横，森林茂密，野象众多，河南被描述为人牵象之地，是象形字"豫"的根源，因此，河南被简称为"豫"。据史料记载，大禹治水时，将天下分为了九州，而将他的首都阳城所在的地方称为豫州。在古时候，"凡大皆称豫"，在《尔雅》中也说过："豫，乐也，厌也，安也，舒也"。所以，"豫"在以前表示很尊贵的意思。根据历史记载，在《吕氏春秋》中就有"商人服象"的描述。而在安阳殷墟被发掘的过程中，还发现了刻有"其来象三"和"癸亥青象"的甲骨文。现在河南电视台的台标就是一个大象的形象。这就是河南和象的渊源。大象的生存区为热带、亚热带地区。那么大象为什么会出现在河南？让我们一起帮助大象找到属于它的"初生地"。

任务一：搜集海陆变迁的证据

活动——小小侦探家：走进河南自然博物馆，首先带领学生参观古象厅。目前的象种主要包括亚洲象、非洲森林象和非洲草原象。非洲北部轮廓与亚欧大陆南部轮廓较一致。此外，两个大洲都是大象的家乡，大象不会游泳，那么两大洲同时存在的古生物化石能说明什么问题呢？请学生提出猜想。

任务二：探究海陆变迁的原因

活动1——小小操控师：根据观察到的证据，大部分学生猜想，之前的大陆可能是连在一起的，后来经过漂移分离，才形成了今天的海陆分布格局。在这个过程中，不会游泳的动物相应地也分布到了不同大洲。带领学生走进河南自然博物馆地球厅，在地球厅入口处拍照采集七大洲、四大洋的分布格局，之后来到厅内大陆漂移模型处，引导他们亲手操控古大陆的聚合、分裂与漂移，充分调动感官，更深刻地理解大陆漂移假说。进一步讲解大陆漂移学说的提出者和主要内容，结合馆内古象厅化石，进一步强化学生心中对大陆漂移学说证据的认识。设置抢答环节，提问大陆漂移学说的提出者、证据及主要内容。

地球演变的46亿年来，大陆的形态并非一成不变，它经历了漫长的漂移分离，究竟是什么神秘力量推动了这一地理现象的呈现？

活动2——小小钻探工：带领学生参观地球圈层结构模型，深入地球内部，探明大陆漂移的内生动力。地球内部的圈层结构依据物质组成差异从外向内依次分为地壳、地幔与地核。其中地幔层又可以细分为上地幔和下地幔，上地幔中的软流层发生地幔对流，由此推动地壳的张裂或挤压，这也是板块构造学说的重要组成部分。通过上述探究及讲解，学生需明确全球六大板块的分布示意图，并探明板块边缘作用力类型。进行课堂游戏，把主要山脉及海洋拖至相应板块交界处，通过抢答板块名称检验学习成果。

任务三：发现地球作用力对地表的影响

伴随着地球内力对地壳的牵引，形成了今天地表的海陆分布特征，即今天的七大洲、四大洋，让我们一起来深入了解我们地球表面的海陆吧！

活动1——小小观察家：通过七大洲、四大洋分布照片，讲解世界海陆分布特征，七大洲、四大洋的位置及面积大小，请学生通过观察七大洲的轮廓，并讨论其跨越的自然地理特征，以及在南北半球和东西半球的分布特点。设置抢答环节和课堂游戏环节，请学生抢答所指处的大洲或大洋名称，将大洲分界线拖放至对应位置。

地球内力对地壳的牵引，还会带来令人震撼的自然灾害，如地震、火山等，让我们一起感受来自地球深处的威力吧！

活动 2——小小体验师：带领学生进入地球厅地震剧场，直观感受地震的震撼和危害，深入认识地球内部的力量。体验结束后，讲述由于板块碰撞挤压遵循一定规律，故世界上有两大火山、地震带。通过课堂游戏——在世界地图上，标出全球两大主要火山、地震带，检验学生对知识的掌握情况。

地球内力引发的激烈地质活动，其实也是成矿作用的温床，让我们一起看看这种神秘力量会造就怎样的多彩矿石世界吧！

活动 3——小小彩绘师：带领学生参观矿物厅典型样本。地球是一颗岩石星球，各种地质作用可以造就岩石。同时岩石蕴藏着关于地球的重要线索，我们能从岩石上获得很多来自偏远地区和过去的遥远时代的信息，告诉我们古代植物和动物何时、何地，以及如何在地球上生活。更有意思的是，这些地质作用还可以让岩石互相转化和循环，例如：江河湖海里的沉积作用形成沉积岩，火山下面的岩浆作用形成岩浆岩，板块边界上的变质作用形成变质岩。在这一场景里，我们将各种地质作用及其形成的岩石展现出来，可以直观地看到哪些地质作用发生在哪儿，形成了什么种类的岩石。学生形成整体印象后，进入博物馆体验室，选择喜欢的矿物研磨成矿石颜料，以小组为单位完成一幅岩彩画，并介绍其所用矿物的种类。

任务四：追溯河南历史，重现黄河文明

研学旅行结束后，结合馆内所学，自行查阅安阳殷墟出土甲骨文的记载及青铜器资料，还原历史时期河南所处的纬度位置及气候特征，帮助大象找到自己的"初生地"。在查阅资料的过程中，关注河南与黄河的关系，归纳黄河文明的发展历程，增强学生对家乡的情感联结，同时发扬作为中华文化源头和象征的黄河文化。

三、研学后成果展示阶段

以小组为单位分别制作动态大陆漂移演示模型，板块构造模型，地球圈层构造模型，标注七大洲、四大洋的地球仪模型，火山喷发模型，之后各组根据自己的模型，为大家录制科普 vlog，解读地球的脉动奥秘，还原河南文明渊源，为大象找到"初生地"，并在低年级进行科普展示。（注：此处为了方便学生理解手工成品的样子，可以先播放视频讲解注意事项之后再开展相应手工活动。）

板书设计

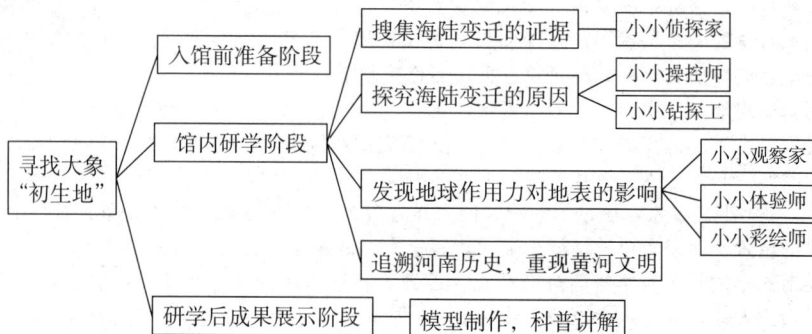

案例 7：" '果' 不其然"教学设计

课程名称	"果"不其然		
学科/主题	地理/生活小妙招	年级	八年级
关键词	水果　温度带　自然环境		
设计者	张金　秦赛赛	课时	3 周
学校	郑州四中实验学校		
案例概述	学生将学习不同温度带、不同季节下的水果种类，学会分析某地水果品质优良的原因，知道如何正确挑选水果，归纳正确保存水果的方法，积累吃水果的注意事项。 学生将设计并制作关于不同温度带或不同季节水果的介绍视频，制作不同水果名片，形成手册进行介绍。 最后的表现性任务中学生将能够做到在超市或水果店购买水果时，正确挑选适宜的水果，学会对水果进行保存，正确吃水果。		

阶段 1——确定预期目标

所确定的目标

课程标准中的要求：
主题五　认识中国
1. 认识中国全貌
运用地图和相关资料，简要归纳中国地形、气候、河湖等的特征。
借助地图和相关资料，举例描述中国农业、工业生产活动的分布。
2. 认识分区
运用地图和相关资料，说出某区域的地理位置和自然地理特征，说明自然条件对该区域经济社会发展的影响，认识因地制宜的重要性。

具体学习目标：
1. 学生能够正确分辨不同温度带、不同季节的水果；
2. 学生能够查阅不同水果主产区，以某地优势水果为例，分析使其品质优良的生长条件；
3. 学生能够结合实际生活体验及相关资料，归纳正确挑选水果的方法诀窍；
4. 学生能够结合相关资料和实验探究，归纳保存水果的正确方法。

我们需要考虑哪些基本问题？	预期的理解是什么？
• 我们天天都在吃水果，可是你知道水果的分类吗？ • 这么多的水果分别分布在哪些温度带？ • 你该如何区分应季水果？ • 不同产地产出的同类型水果为什么品质不一样？ • 你能在众多苹果中挑出甘甜香脆的那一种吗？ • 买回去的香蕉该如何保存呢？	• 不同温度带有着不同类型的水果。 • 不同季节都有应季的水果。 • 不同产地产出的水果受当地自然环境的影响比较大。 • 水果挑选有方法。 • 水果需要恰当的保存方法。

作为单元学习的结果，学生将会获得哪些重要的知识和技能？	
• 我国不同温度带的划分：热带、亚热带、暖温带、中温带、寒温带、青藏高寒区。 • 积温。 • 影响作物生长的区位因素。	• 读图，说出我国不同温度带的划分。 • 区分应季水果。 • 分析某一水果的生长条件。 • 为自己和他人挑选合适的水果。 • 保存水果的方法。

阶段 2——确定合适的评估证据

什么能够用来证明学生理解了所学知识？

水果世界——学生们制作一本图文并茂的手册，介绍水果相关知识，展示不同温度带、不同应季水果、不同优势水果产地、挑选水果的正确方法、保存水果的方法、吃水果的注意事项，或是拍摄水果介绍视频。

"果"不其然——学生们开展实践活动，进行"你挑我吃"环节，验证挑选水果方法的准确性，记录结果。

根据阶段 1 的预期结果，还需要收集哪些证据？

课堂测验——水果猜猜猜，水果温度带分类、应季水果分类。

技能测试——实践挑选不同类型的水果，评价挑选水果的水平如何。

学生的自我评价和反馈

1. 自我评估手册：水果世界。
2. 他人评价："果"不其然量表。
3. 学生自我反思平时在买水果、保存水果、吃水果过程中存在的问题。

评估任务计划表

通过这个任务，我们需要对哪些理解或目标进行评估？

• 为自己和他人挑选合适的水果。
• 能够有效保存水果。

学生必须呈现哪些品质才能表明他已达到了学习目标的要求？

• 辨认不同类型的水果。
• 表达水果口味。

通过什么样的真实的表现性任务来证明学生的理解？

学习水果相关知识后，将所学的内容总结成册，针对自己、家人、朋友口味，从水果种类、产地、特色、挑选手法、注意事项等角度进行详细介绍。在跟家人或朋友外出购买水果时，演示正确挑选水果的方法，分析水果正确的保存方法。

学生的哪些作品和表现将为预期的理解提供证据？

水果介绍手册（水果世界）。	你挑我吃试吃环节（"果"不其然）。

通过哪些标准来评估学生的作品和表现？	
• 具有指导性的介绍手册。	• 水果知识介绍科学无误。
• 挑选水果口味契合。	• 保存水果时间长。

阶段 3——设计学习体验

教学过程

1. 第 1 课时

导入(水果猜猜猜)：水果是我们常吃的美食，富含人体所需的多种营养成分。我们天天都在吃水果，可是你知道水果分类吗？有哪些水果？这些展示的水果，同学们都认识吗？

【水果种类】

全世界的水果繁多，人们比较常见、常吃的大概有 154 种水果，按照植物学分类可分为蔷薇科(梨果、核果)、葫芦科(西瓜、哈密瓜等)、芭蕉科(香蕉等)、葡萄科(葡萄、提子)等。

不同温度带的水果：

在我国，水果种类也十分可观，按照不同温度带可划分为温带、热带、亚热带水果等。这是由于我国南北跨纬度广，各地接受太阳辐射热量的多少不等。根据各地积温大小的不同，中国自北而南划分成寒温带、中温带、暖温带、亚热带、热带等温度带，以及特殊的青藏高寒区。

我们平常吃的苹果、桃、梨、柿子、葡萄等水果主要是温带水果，柑橘、橙、柚子、枇杷、杨梅等主要是亚热带水果，香蕉、椰子、芒果、菠萝、木瓜、桂圆、荔枝、莲雾、山竹等主要是热带水果。不同温度带水果的口感、保存方法有着显著差异。

不同季节的水果：

同样，不同季节也有其主产的水果。以我们所在的郑州为例：春季上市的主要水果有草莓、樱桃、菠萝、枇杷等，夏季的水果有桃、桑葚、西瓜、杨梅、木瓜等，秋季的水果有苹果、葡萄、梨、枣等，冬季的水果有甘蔗、砂糖橘、柚子等。不同季节上市的水果主要与其成熟的时间有关。当然也有反季节上市的水果，比如我们冬天依旧能够在超市见到西瓜，冬天的西瓜一般是来自大棚种植或是地下保鲜恒温库，这就涉及科技在农业方面的应用，大棚可以调节室内的温度、湿度、光照等，还有保鲜技术利于瓜果的长期保存。不排除有其他不是冬天的地方产的西瓜运输到我们这里，这其中也涉及了科技的应用，交通和保鲜技术在其中发挥着重要的作用。

【任务主题】

面对不同的水果，我们如何去挑选和保存水果呢？这是我们这一单元学习最终要完成的任务。在这一任务下，我们需要深入探究影响水果品质的自然因素有哪些，社会经济因素有哪些，从颜色、大小、软硬程度、新鲜度等角度归纳挑选某一水果的方法，针对不同类型的水果如何保存设计对比实验。在活动进行过程中，将每一环节形成的成果整理成册，最终形成关于水果介绍的知识手册或讲解视频。

【小组分工】

任务开始前，我们先设置分组，每小组 3～4 人，并进行分工，安排组长、记录员、资料收集员等；采用积分制，前期收集资料，学习阅读相关教材内容，知识抢答获取积分换取对应资金，购买合适的水果进行"果"不其然试吃环节，记录试吃结果，评比出最优秀的小组，向全班同学展示活动成果。

2. 第 2 课时

同一种水果的产区有很多，那如何在这些产区中挑选出品质比较好的水果呢？是什么因素影响了不同产地水果品质的好坏？

【活动一】影响水果品质的因素

小组合作选取某一水果，查找资料，找出其分布的产区有哪些，以某一主产区为例，查阅相关图片、文献资料等分析当地这一水果品质优良的原因有哪些？归纳影响水果生长的条件，制作相关的知识卡片。

案例 1：以河南省郑州市中牟县为例，分析其西瓜品质优良的原因有哪些？

材料一：西瓜喜高温、干燥气候。生长适宜温度 25～30℃。西瓜在生长发育过程中需要较大的昼夜温差。西瓜喜光照，生长周期长，因此需要大量养分。西瓜根系发达，入土深，以土质疏松，土层深厚，排水良好的砂质土最佳。

材料二：中牟县地处豫东冲积平原，南部以砂质土壤为主，中、北部以两合土为主，通透性好，吸热散热快，昼夜温差大。

材料三：中牟县属淮河流域，分属黄河、淮河两大水系。中牟县水资源比较丰富，全县年均降水量 616 毫米，境内大小河流 40 余条，机井 2 万眼，引黄闸门 3 个，年均引黄水量 3.01 亿立方米。

材料四：中牟县属温带季风气候，四季分明，冷热适中，气候温和，雨热同期。年平均日照 2366 小时，属日照时数多，总辐射量高的地带。

材料五：中牟西瓜有着悠久的栽培历史，据文献记载，中国中原地区种植西瓜是南宋时由洪皓引进并推广开来，种西瓜已经成为普遍的农事活动。正如南宋诗人范成大《西瓜园》诗中所云："碧蔓凌霜卧软沙，年年处处食西瓜。"

分析归纳中牟西瓜品质优良的条件：

> 自然条件：
> ①气候：温带季风气候，夏季雨热同期，光照充足，昼夜温差大。
> ②地形：位于黄淮海冲积平原地区，地形平坦。
> ③土壤：深厚、疏松、肥沃。
> ④水源：有黄河、淮河流经，灌溉水源充足。
> 社会经济条件：
> ⑤种植历史悠久，经验丰富。

案例2：

以四川省攀枝花市为例，分析与海南芒果相比，攀枝花芒果口感滑腻、味甜、芳香，集热带水果精华于一身的原因。

参考资料：

芒果属于热带水果，芒果树喜温耐旱，不耐寒霜，最适宜的生长温度为25～30℃，低于20℃生长缓慢，低于10℃叶片、花序会停止生长。在我国，芒果能正常生长成熟的产区年均温为19.8～24.1℃。

攀枝花市原来不产芒果，1996年农业专家实地考察后认为攀枝花得天独厚的亚热带干热河谷气候特征适合芒果种植，攀枝花境内雨量充沛、光照多、热量充足、空气湿度小、旱湿季明显，没有台风和梅雨的袭击，属于终年无冬的自然温室，以黏壤和砂壤为主。芒果树在攀枝花市谷地两侧的山坡上栽培成功，而攀枝花市也成为世界上纬度最高、海拔最高、成熟期最晚、品质最优的芒果生产基地，攀枝花芒果一般比海南芒果晚熟1～2个月，9～11月才成熟上市。经过多年的发展，攀枝花实行"线上（网络销售）线下（传统销售）并行"的销售路径，芒果销量逐年提升。

分析：

①攀枝花地处我国西南高山峡谷，不受台风和梅雨侵扰，芒果开花、结果期具备充足的光热条件。
②与海南相比，攀枝花昼夜温差大，利于果实中淀粉的积累和糖分的转化。
③平均气温较海南低，芒果生长周期长，果肉饱满、滑腻。
④河谷坡地，地势相对平缓，土壤肥沃。

小组合作探究后，教师引导其归纳影响水果品质的自然和社会经济因素：自然条件（气候、光照、热量、水分、地形、水源、土壤等）、社会经济条件（交通运输、优良育种、保鲜技术等）。

【活动二】正确挑选水果的方法

小组合作将活动积分兑换成资金，挑选并购买某种水果，尝试从颜色、大小、软硬程度、新鲜度等角度归纳挑选某一水果的方法，并试吃验证，最终绘制挑选水果的指导手册。

水果挑选案例：

苹果：最好选外表为条红状的（称为"条红"），而且红里面有一些黄色。这种苹果较脆、汁水多、香甜。

西瓜：西瓜底部的圈，越小越好，底部圈越大，皮越厚，越难吃；纹路整齐的、蒂头卷曲的

续表

比直线的甜；颜色最好挑青绿色；用手轻叩，"咚咚"响的，成熟度好。

香蕉：挑选色泽金黄的(可稍带青绿色)；外皮完好无损，有些许黑点不影响食用；手感比较厚实而不硬，成熟程度刚好。

赣南脐橙：挑选椭圆形，橙红色的；不要挑选毛孔特别粗大的，越粗糙的毛孔，果皮会很厚，选毛孔适中、均匀的；用手按压，如果外皮比较紧实、有弹性，说明非常新鲜。

【"果"不其然】你挑我吃试吃环节

小组在挑选并购买水果之后，小组内分工，一人讲解挑选方法，另外一人试吃，并记录试吃结果，最终形成挑选水果的指导手册。

以苹果为例，从苹果色泽、新鲜度、甜度、口感等角度评价挑选苹果的品质好坏，尽量表达清楚。在此之后，不同小组交换指导手册，互相评价对方手册指导性强弱，根据评价反馈再次进行修改。

【活动三】探究水果保存的方法

播放并讨论视频《水果保存方法》，思考影响水果保存的因素有哪些，各小组选取某一水果作为实验对象，通过设置对比实验，归纳保存这一水果的最佳方式。

对比实验：

将同一时间购买的苹果(温带水果)或香蕉(热带水果)，一个放冰箱、一个放塑料袋、一个用保鲜膜包裹，测前称重、拍照，三种方式各保存三天后再次称重、拍照，试吃对比三种保存方式的区别。尝试探究不能降温保存、容易腐烂、表皮很厚的水果保存方法有什么差异。

其他拓展活动：

学习相关卫生健康讲座，思考吃水果的注意事项。(糖尿病患者能不能吃水果？吃水果时如何预防龋齿？每天吃多少水果合适？水果应饭前吃还是饭后吃？)

3. 第3课时

【活动四】成果展示

各小组整理活动材料，完善"水果世界"知识手册，制作相关PPT或视频等，派代表上台展示本组成果，主要展示如何挑选和保存水果。

活动成果形式："水果世界"知识手册、PPT汇报、视频介绍等。

课堂上现场检测，根据所学的水果相关知识，学生们以书面形式回答水果相关知识问题。(教师收卷并评价学生对水果知识的掌握情况。)

最后，教师引导学生进行本单元学习总结，学生回顾完成的知识手册，通过对比平时挑吃水果的不同，将所学内容介绍给自己的家人或朋友，让他们从中受益。每个学生都对水果知识学习的过程进行反思评价，思考在日常生活中我们常常忽视的小问题。健康生活，从自己做起。

案例 8："基于 STEM 理念的简易净水器设计"教学设计

课程名称	基于 STEM 理念的简易净水器设计		
学科/主题	科创化学	年级	九年级
关键词	水资源　水的净化　自制净水器		
设计者	李盼　许万利　田亚楠	课时	2 周
学校	郑州一中国际航空港实验学校		
学情分析	本案例选择"水的净化"学习内容中的"自制净水器"为主要内容。初三学生已经具备了较完整的认知结构体系，思维具有一定的灵活性、创造性。智力发展也相对成熟，他们善于结合实际提出想象，具有一定的动手能力。案例内容对于他们来说难度适中、易于取材，操作性和实践性都较强。另外，他们具有很强的合作意识，可以在协作中完成此项任务。		
案例概述	1. 在本案例中，首先学生利用网络查阅资料，了解项目背景，学习相关水资源的分布和污染等情况，去自来水厂了解自来水净化过程。通过此阶段的学习将知识和原理内化，以小组协作的方式分析现有净水方法，设计出简易的净水装置。并对自己设计的净水器进行检验优化。利用数据统计、计算机数据采集等综合性科学技术手段最终制作完成一台性能良好的净水器。 2. 在表现性任务中，学生需要运用自制净水器对河水进行净化。通过专家和教师的帮助，对经过净化的水质进行检测，评估净水器的净化效果，和市面上已有的净水器进行对比，说明自制净水器有哪些创新和便于普及之处。 3. 在本课最后，不仅要考虑净水器的净化效果，还要考虑整体结构是否美观，评价经过本案例的学习和实践制作出的净水器是否有推广的价值。		

阶段 1——确定预期目标

所确定的目标

根据《义务教育化学课程标准(2022 年版)》要求，学生需要通过实践活动，初步形成化学观念和使用科学探究方法解决问题的思路，认识到在解决实际问题时，需要运用各学科知识，采用合适的方法和工具进行系统规划和实施；体会有效使用科学技术，以及合作协同解决问题的重要性。同时，学生应知道现代技术发展和应用可能会引起经济发展等相关问题。通过参与社会性科学议题的讨论，以理性、积极的态度和系统、创新的思维应对挑战。

我们需要考虑哪些基本问题？	预期的理解是什么？
1. 净水器都运用了哪些净水方法？ 2. 在进行净水器制作过程中先放什么物质？作用是什么？后放什么物质？作用是什么？为什么这样摆放？ 3. 进水口和出水口的方式怎样选择？运	1. 常用的净水方法有沉淀、过滤、吸附等。 2. 知道哪一种净水方法净化程度好，能对含有杂质的水进行依次排序净化。 3. 认识压强等因素对净水程度的影响，考虑进出水口的设置问题。

用同一个净化装置，不同方式进水哪个净水效果好？ 4. 如果净水效果不理想将如何找到根源所在，进行仪器改进？ 5. 学生获得相关信息的渠道是否广泛？	4. 运用科学技术手段对净化效果和净化水的各个环节进行检测或改进，感受科技在生活中的重要作用。 5. 知道如何从大量资源中提取有效信息，如何有效进行团队协作。

作为单元学习的结果，学生将会获得哪些重要的知识和技能？

1. 常用的净水方法都有哪些？ 2. 这些净水方法中都用到了什么物质来进行净化，都除掉了水中的哪些杂质（可溶性、不可溶性）？ 3. 净水程度按照沉淀、过滤、吸附、蒸馏依次升高。	1. 学会净化水的简单技术，评价各种净化水装置的优缺点。 2. 在真实情境中记录、探究、解决问题，并进行迭代更新，提升自身的探究能力和反思能力。 3. 通过设计方案、实施过程，以及测试优化过程在真实情境中体会跨学科学习，并运用所学知识解决实际问题。

阶段 2——确定合适的评估证据

什么能够用来证明学生理解了所学知识？

1. 学生们制作一个基本能够达到净水效果的简易净水器，正确解释其中的净水原理及操作步骤，并向大众展现化学知识如何走进社会生活，以及对健康生活的重要性。

2. 大部分学生能够想到利用生活中常见易得的材料来制作净水器，如纱布、棉花、木炭、石头等，并能解释清楚选用材料的科学依据。

3. 学生阐述在不断优化净水器的过程中所依据的知识，并解释净化后的水是否达到了生活用水的标准。

根据阶段 1 的预期结果，还需要收集哪些证据？

课堂测验：净化水的原理、基本步骤，可选材料有哪些？

探究实验：对比不同小组制作的净水器对河水净化后的净水效果，以及是否达到生活用水的标准。

项目作品：对项目作品进行汇报展示与总结反思。观察各小组是否在规定的时间内完成了简单净水器的制作；评价各小组对项目作品的汇报展示，以及能否总结反思其中的优缺点。

学生的自我评价和反馈

本次项目学习小组以六人为一组展开，组内成员自评表是用来评价自己在本次项目学习中的表现的。每位学生只需自己进行评价。评价维度从以下五方面展开：能够积极参与项目活动，能够与小组成员合作进行探究，能够积极按时完成组长分配的任务，有较强的动手实践能力，遇到困难能够通过查阅资料创造性地解决问题。待项目任务完成以后，学生之间进行评价反馈，反思净水器设计的不当之处，分享优化后的设计思路。

评估任务计划表

通过这个任务，我们需要对哪些理解或目标进行评估？

学生能设计出简易净水器的草图,能利用生活中易取得的材料,制作能够基本达到生活用水要求的简易净水器。

学生必须呈现哪些品质才能表明他已达到了预期目标的要求?

设计能够实现净水效果的方案,合理的材料选择,制作完整的简易净水器,检测净化效果,优化净水器制作方案,推广简易净水器。

通过什么样的真实的表现性任务来证明学生的理解?

任务1:调查我国水资源的现状。问题情境1:水是地球上最普遍、最常见的物质,江河湖泊中、生物体内都有水,水孕育着生命。请同学们查阅相关资料,了解我国的水资源现状。

任务2:探究自然界中的水是如何变为生活用水的。问题情境2:水是生命之源,我们的生产生活都离不开水。如以下三幅图片所示:分别是自然界中的河水,日常生活用水以及被污染的水。通过这三幅图片的对比,请同学们思考:我们看到的河水通常都是浑浊的,这样的水是如何经过处理,变成千家万户日常使用的水呢?

现如今水体污染问题成为了全世界亟须解决的难题,加上水资源浪费和污染现象严重,未来水资源的状况势必更加严峻!那么如何净化浑浊或被污染的水呢?自然界中的水是如何变为生活用水的呢?

任务3:了解净化水的方法、原理以及净水器制作过程,选取相关材料,制作简易净水器并对净水器进行检测优化。

学生的哪些作品和表现将为预期的理解提供证据?

制作符合净水原理的简易净水器,采用简易净水器对河水进行净化,检测净化后的水质是否符合家庭用水。能够完整合理地阐述净水器的净水原理。

通过哪些标准来评估学生的作品和表现?

制作的净水器完整,有一定的净水效果; 能够积极参与项目活动; 能够与小组成员合作进行探究,互帮互助; 能够积极按时完成组长分配的任务; 有较强的动手实践能力; 遇到困难能查阅资料创造性地解决问题; 课前根据教师指示,充分查找资料。	小组成员一起科学、合理地分析问题; 任务目标明确,解决方案有层次性; 制订的方案和实施难度符合实际情况; 小组成员之间充分合作,分工明确; 项目进度安排合理,按时按质完成目标; 净水器美观,有创新; 成果汇报逻辑清晰,表达顺畅。

阶段 3——设计学习体验
教学过程

1. 提出问题

(1)教师呈现非洲地区水资源短缺、污染严重的视频及图片，介绍我国及世界其他部分地区依然面临着水资源短缺问题。

(2)教师组织学生分组，就解决水资源短缺和污染严重的问题进行头脑风暴，不同小组学生提出不同的解决方案，如挖掘新的水源、排水前进行处理、净化水等。

(3)通过学生小组讨论后，教师对方案逐一评价。最后选取科学合理的净水方法。让学生进一步明确主要任务：设计一台成本低、简易且性能良好的净水器。

(4)教师让学生小组继续进行头脑风暴，要设计一台简易且性能良好的净水器需要考虑哪些问题。

(5)教师根据各小组提出的问题总结出六个主要问题：净化水的原理是什么？净化水的流程是什么？制造净水器需要什么材料？净水器是什么结构？合格净水器的标准是什么？如何检测净化后的水是否符合生活用水标准？

2. 搜集资料

(1)学生自行学习教师提供的视频资料，掌握净化水的基础知识和基本操作，并完成相关测试。

(2)学生根据上述问题，通过网络、书籍等查阅相关资料并进行整理，对不明白的地方进行记录，并向教师请教在调查时遇到的相关问题。

(3)教师组织学生进入净水厂进行现场学习，在参观过程中进行提问和记录，让学生切身体会净化水的流程。

(4)学生在小组内分享交流各自查到的相关资料和在参观学习过程中的学习内容或感受，并将资料进行整理汇总。

(5)每个小组对小组成员搜集的资料进行整合并进行简短的汇报。教师进一步总结完善，讲解净化水的原理、方法，以及检测净化后的水是否符合生活用水标准的方法等，以便学生开展下一步活动。

3. 设计方案

(1)学生自行根据整理的资料设计一份制作净水器的方案，方案需包括对上述提到的六个问题的探索，学生可以根据调查的情况进行扩展。

(2)学生根据设计方案绘制出净水器的草图，并在小组内进行讨论，小组成员分别陈述各自方案的优缺点。

(3)小组在综合各成员的设计方案后，确定最佳的设计方案。

4. 实施方案

(1)学生确定制作净水器需要的材料和技术设备，完成成本预算。

(2)教师根据学生的需求提供原材料和技术支持。制作净水器的基本材料包括纱布、蓬松棉包、活性炭、pH试纸等，并鼓励学生考虑将一些不易获取的材料换为便宜易得的材料。

(3)小组成员进行合作，根据设计方案制作一台净水器。

5. 检验优化 (1)学生根据设计的标准用 pH 试纸对净化后的水进行检测，测试净水器的净化效果如何。 (2)小组间进行交流讨论，彼此陈述各自制作的净水器的优缺点，教师和其他小组成员针对问题提出相应的改进建议。 (3)学生根据教师和其他小组成员的反馈修改方案，使净水器进一步优化。 6. 汇报总结 对本小组的项目学习过程进行整理总结，形成报告。
板书设计
提出问题：怎样解决水资源短缺及污染严重的问题？ 搜集资料： (1)网络、书籍资料 (2)参观自来水厂 (3)分享、交流、筛选资料 设计方案：水的净化 (1)个人初步设计方案 (2)绘制方案草图 (3)分享、交流、筛选最佳方案 实施方案： (1)确定材料，完成预算 (2)搜集所需材料 (3)制作简易净水器 检测优化： (1)使用相关技术检测净化后的水 (2)交流讨论结果 (3)反思总结，优化方案 (4)多次检测达到最优 汇报总结：整理项目学习过程，形成报告
总结与反思
(1)本案例采用了基于 STEM 理念的项目学习进行教学，这种新型的学习模式引起了学生极大的兴趣，大部分学生能够积极主动地参与到实践探究的过程中来。 (2)这种新型的教学模式不仅提高了学生实践探究和理论联系实际解决问题的能力，还培养了学生互帮互助，团结协作的素养，这对其后续的学习将产生有利的影响。 (3)基于 STEM 理念的化学教学还培养了学生运用跨学科知识解决生活中的化学问题的思维习惯。 (4)开展项目学习实践的时间有限。由于化学是初三才学习的科目，且初三学生学习任务重时间紧迫，受实际情况和教学时间安排的影响，开展项目学习实践的时间非常有限。 (5)所有班级只开展了一次项目学习，实施项目学习实践可利用的资源有限。

案例9："测定空气中氧气的含量"教学设计

课程名称	测定空气中氧气的含量		
学科/主题	化学	年级	九年级
关键词	空气　氧气　压强		
设计者	孙迪迪	课时	2课时
学校	郑州市郑东新区南塘初级中学		
学情分析	本案例是在已有知识基础上的再探究，所以该阶段的学生对空气已经有了一定的认识，并能说出空气的主要成分，对教材演示实验的原理也有一定的了解。学生在能力水平方面具有一定的观察、分析、解决问题的能力。在心理状况方面鉴于九年级学生正处在善于发问、质疑的阶段，在教学中，通过教材实验与个人改进实验的对比，对学生的思维产生强烈冲击，引发求知欲。 在学生的意识里，认为只要有充足的可燃物，燃烧就一定可以将氧气耗尽，对用红磷测定空气中氧气含量的实验也不陌生。本节课的学习将与学生的这些认识产生冲突。		
案例概述	本案例是在已有知识的基础上，对于测定空气中氧气含量的实验进行深度挖掘。先让学生通过分组实验，进一步体会测定空气中氧气含量的实验原理和对药品选择的要求。再借助数字化仪器，直观展示出用红磷燃烧的方式测定空气中氧气含量的不足之处，同时也让学生体验到实验过程的可视化和数据采集的智能化，不仅提高了实验的准确性、科学性，还增加了学生的学习兴趣，有助于培养学生的信息意识，适应社会信息化趋势。最后再引导学生不拘泥于教材的学习，让学生充分认识到"化学是一门以实验为基础的科学"，并进行单元之间的融合，借助暖宝宝中铁粉生锈的原理改进实验，与生活结合起来，学生们有极大的兴趣参与其中，有助于学生养成批判性思维。通过创新实验，不仅有助于提高学生的创造性思维和设计探究性实验的能力，还能让学生体会到科技发展对科学研究起到的推动作用。		

阶段1——确定预期目标

所确定的目标

1. 通过分组实验，能够推理归纳测定空气中氧气含量实验成功的必要条件。

2. 通过数字化实验仪器的使用，对用药品燃烧法测定空气中氧气含量实验的误差提出质疑并进行改进，体验实验过程的可视化和数据采集的智能化。

3. 通过实验再探究，设计和实施新的实验方案，经历科技创新实验的过程，展示勇于质疑和严谨求实的科学态度。

我们需要考虑哪些基本问题？	预期的理解是什么？
• 科学家是怎样研究空气成分的？ • 探究空气成分实验成功的必备条件有哪些？ • 采用教材中的实验装置和所给药品进行实验，哪些因素会引起实验结果的误差？哪些因素是相对不可控的？ • 针对原实验方案的相对不可控因素，如何优化实验，尽可能减少误差？	• 拉瓦锡研究空气成分的原理。 • 测定气体含量的装置气密性一定要好，选用药品和空气成分中的某种成分充分反应，选用液体表征空气成分的消耗。 • 药品的选择与用量、装置的气密性、液体倒吸的时机控制、燃着药品放入集气瓶中时空气的逸出、冷却到室温后导管中残存的液体等因素都会影响实验结果的精确性。其中，燃烧不能将氧气消耗完，这个因素是相对不可控的。 • 优化改进原实验方案的相对不可控因素。

作为单元学习的结果，学生将会获得哪些重要的知识和技能？	
• 空气中含有多种气体。 • 温度越高，压强越大；气体越少，压强越小。 • 燃烧需要可燃物、氧气、温度达到可燃物的着火点才可以继续。 • 铁生锈是铁与氧气和水同时接触的反应。	• 能说出空气中的主要成分之一氧气的性质。 • 能够通过燃烧消耗氧气的方法测定空气中氧气的含量。 • 分析暖宝宝的成分及其发热原理。

阶段 2——确定合适的评估证据

什么能够用来证明学生理解了所学知识？

装置设计——学生们制作一个测定空气中氧气含量的传统装置，并尝试用镁条、蜡烛、木炭等测定空气中氧气的含量，并记录数据。通过几组实验的对比，分析测定空气中氧气含量对可燃物的要求，为后续选择用现代科技手段测定空气中氧气含量提供理论参考。

实验准备	实验前的体积		实验后的体积
集气瓶的体积	集气瓶内空气 V	烧杯内蒸馏水 V_1	烧杯内剩余蒸馏水 V_2
加入水的体积			

科技的可视化——用氧气浓度传感器和二氧化碳浓度传感器，通过呼气的方式让传感器探头位置的氧气和二氧化碳浓度发生变化，绘制出氧气浓度和二氧化碳浓度的变化曲线。绘制出暖宝宝发热过程周围空气中氧气浓度的变化曲线。感受科技的可视化和数据采集的智能化。

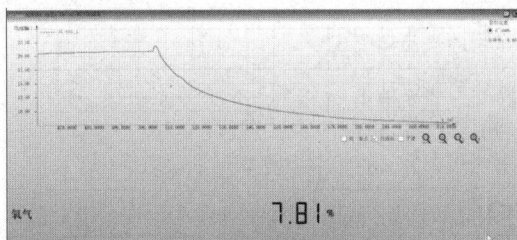

根据阶段 1 的预期结果，还需要收集哪些证据？
课堂测验——胶头滴管的使用原理，其原理和压强的关系。 工作样本——用不同的可燃物测定空气中氧气含量结果有差别的原因，并解释为何会偏大或偏小。 观察报告——让传感器探头分别接触到呼出气体和暖宝宝发热过程中周围的空气后，解释氧气和二氧化碳浓度变化曲线的变化趋势。
学生的自我评价和反馈
1. 自我评估装置：不同药品测定空气中氧气含量的差异。 2. 自评传感器图像：氧气和二氧化碳浓度变化。 3. 在本课学习结束时，反思测定空气中氧气含量药品的选择。
评估任务计划表
通过这个任务，我们需要对哪些理解或目标进行评估？
学生将找出除了可燃物之外可以测定空气中氧气含量的物品。
学生必须呈现哪些品质才能表明他已达到了预期目标的要求？
• 该实验中可燃物的选择要求。 • 暖宝宝发热的原理。
通过什么样的真实的表现性任务来证明学生的理解？
1774 年，法国化学家拉瓦锡第一次用实验证明了空气中有氧气（O_2）和氮气（N_2），其中氧气约占空气总体积的 1/5。在拉瓦锡实验的基础上选择红磷测定空气中氧气的含量，用其他的可燃物如镁条、木炭、蜡烛等是否可以完成测定呢？如果测定结果并不尽如人意，可以从哪个角度再来选择呢？你需要回顾已学的知识，设计一个新的方案测定空气中氧气的含量。通过氧气浓度传感器测定红磷燃烧过程中氧气浓度的变化，换一种原理，用冬天经常用的暖宝宝来设计实验测定空气中氧气的含量，并解释为何这样测定结果会更加准确。
学生的哪些作品和表现将为预期的理解提供证据？
• 用其他可燃物测定空气中氧气含量的结果。 • 红磷燃烧过程中装置内氧气浓度变化的曲线。 • 暖宝宝的发热原理。
通过哪些标准来评估学生的作品和表现？
• 用镁条、木炭、蜡烛等的测定结果。 • 红磷熄灭后装置中的氧气浓度。 • 用暖宝宝测定空气中氧气含量过程中装置中氧气浓度的变化。
阶段 3——设计学习体验
教学过程

【经典赏析】拉瓦锡用定量的方法研究空气的成分。

【实验回顾】实验室用红磷燃烧的方法测定空气中氧气的含量。

介绍基本问题：(1)空气中都有哪些成分？(2)测定气体的含量对装置有何要求？(3)哪些因素会导致装置中压强的变化？

【分组实验】

用镁条/蜡烛/木炭测定空气中氧气含量。

1. 用量筒量取 10 mL 红色的蒸馏水倒入集气瓶中(吸收热量和吸收有毒物质)；

2. 检查确保弹簧夹夹紧；

3. 取足量的镁条、蜡烛或木炭于燃烧匙内(镁条用砂纸打磨，用细铁丝系在燃烧匙上，蜡烛和木炭可直接放入燃烧匙)；

4. 点燃酒精灯，引燃燃烧匙中的可燃物后立即放入集气瓶中并塞紧瓶塞；

5. 用量筒量取红色的蒸馏水倒入烧杯中备用(镁条组量取 300 mL，蜡烛和木炭组量取 100 mL)；

6. 待装置彻底冷却后打开弹簧夹观察现象；

7. 待水不再回流时，撤走集气瓶，用量筒测出剩余红色蒸馏水的体积。

【实验记录】

实验准备		实验前的体积		实验后的体积
集气瓶的体积		集气瓶内空气 V	烧杯内蒸馏水 V_1	烧杯内剩余蒸馏水 V_2
加入水的体积				

[思考总结]

该实验对可燃物有什么要求？

[讨论交流]

测定结果会大于还是小于1/5？

[提出问题]

可燃物燃烧能否将集气瓶中的氧气全部耗尽？

[进行猜想]

可燃物不再燃烧时，装置内氧气有剩余。

[实验与交流]

在教师的指导下，用测定氧气浓度的传感器测定红磷燃烧过程中装置中氧的含量变化。

[原理解释]

其实所有的燃烧，随着燃烧过程中氧气浓度的降低，反应速率减小，燃烧释放的热量一旦不足以维持可燃物燃烧所需的着火点以上的温度时，燃烧便停止，无法除尽氧气。

[实验再探究]

根据铁生锈的原理测定空气中氧气的含量。

[查阅资料]

铁生锈，表面是疏松多孔的，所以铁生锈的过程可以一直进行下去，直到氧气耗尽。暖宝宝里的主要成分是铁粉、活性炭和氯化钠，活性炭是载体，可以使铁粉更疏松透气，氯化钠

续表

可以加快铁生锈的反应速率，利用铁粉、炭粉、氯化钠的混合物可以在较短时间内消耗装置中的氧气。

[实验再探究]

用测定氧气浓度的传感器测定铁生锈过程中装置中氧气的含量变化。

代入数据计算空气中氧气的含量 $= \dfrac{V_1 - V_2}{V}$，结果较理想。

[交流与反思]

交流讨论与红磷燃烧的方法相比，用铁生锈的方法测定空气中氧气含量的主要优点。

实验准备		实验前的体积			实验后的体积
集气瓶的体积	560 mL	集气瓶内空气 V	烧杯内蒸馏水 V_1		烧杯内剩余蒸馏水 V_2
加入水的体积	10 mL	550 mL	200 mL		98 mL

板书设计

测定空气中氧气的含量

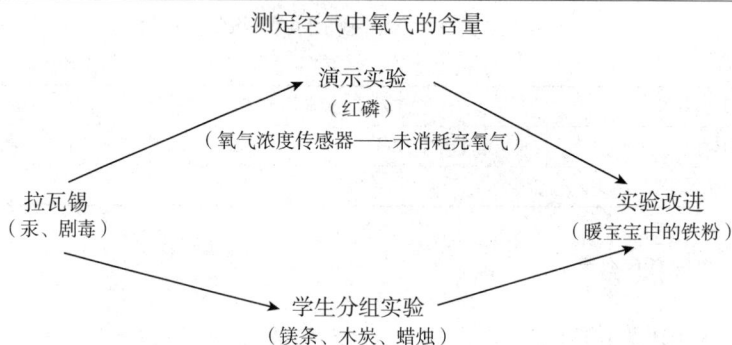

总结与反思

本节课结合现代科技手段与生活实际，进行了单元间的整合：

①在已有知识的基础上，对测定空气中氧气含量的实验进行深度挖掘，使学生对实验探究的一般思路和方法有清晰的认识。通过创新实验，培养学生的创造性思维，提高设计探究实验的能力。

②引导学生不拘泥于教材的学习，让学生充分认识到"化学是一门以实验为基础的科学"，有助于学生养成批判性思维。

③借助数字化仪器，不仅提高了实验的准确性、科学性，还增加了学生的学习兴趣，更是让学生切身体会到科技发展对科学研究起到的推动作用。

案例 10："指尖玩转中国古代科技"教学设计

课程名称	指尖玩转中国古代科技		
学科/主题	跨学科：物理、历史、工程技术	年级	八年级
关键词	中国古代科技　模型制作　物理原理		
设计者	姚梦娜　凌玉龙　周春晓	课时	7 课时
学校	郑州市第 73 中学		
学情分析	1. 学生不了解中国古代科技的发展进程及对人类社会发展的作用。 2. 学生热爱手工制作，但对手捻钻、钢锯、刻刀等工具的使用不熟练。		
案例概述	《义务教育物理课程标准（2022 年版）》明确提出，学生应了解我国古代的技术应用案例，体会我国古代科技对人类文明发展的促进作用，树立科技强国的远大理想。 初中物理涉及很多古代科技，例如投石机（杠杆）、诸葛连弩（能量转换）、杆秤（杠杆）、孔明灯（密度与浮力）、走马灯（内能）等。因此我们设计了主题为"指尖玩转中国古代科技"的课程，将中华优秀传统文化这一重大主题教育有机融入课程，增强文化自信。 我国是世界上机械发展最早的国家之一，机械技术曾长期保持世界领先，是中华文明的重要组成部分。我国古代不只有四大发明，在机械方面也有许多发明创造，如投石机、诸葛连弩等。学生从日常生活中取材，利用可回收物进行创意改造，制作我国古代科技模型，在重温历史典故的同时，也实践了初中物理知识，真正做到学以致用。		

阶段 1——确定预期目标

所确定的目标

1. 学生能说出我国古人使用的一些机械，如杆秤、桔槔、辘轳、龙骨水车、筒车等；了解机械的使用对社会发展的作用。

2. 学生知道机械能，能制作诸葛连弩、投石机模型，并说明它们在使用时能量的相互转化。

3. 学生知道内能，能制作孔明灯、走马灯模型，说明它们在使用时能量的相互转化，了解内能的利用在人类社会发展中的重要意义。

4. 学生能树立民族自信，对我国历史、科技史、文化，产生更多的理解。

我们需要考虑哪些基本问题？	预期的理解是什么？
1. 制作哪些古代科技模型？ 2. 模型制作需要使用哪些工具？ 3. 模型制作需要选定哪些生活材料？ 4. 我国古代科技蕴含的物理知识有哪些？	1. 冷兵器系列：弓箭、诸葛连弩、投石机。 飞行器系列：竹蜻蜓、鸢、孔明灯、走马灯。 测量工具系列：杆秤。 2. 切割、打磨、拼接模型时需要使用剪刀、刻刀、酒精灯、老虎钳、手捻钻、乳胶等。 3. 废弃 A4 纸、塑料瓶、塑料袋、筷子、一次性纸杯、金属丝、绳子、蜡烛、橡皮筋等。 4. 简单机械，内能、机械能及其转化。

续表

作为单元学习的结果，学生将会获得哪些重要的知识和技能？	
1. 简单机械：杠杆、滑轮、轮轴、斜面。 2. 内能、机械能，以及它们之间的相互转化。	1. 讲述我国古代科技的历史进程，参观现存的我国古代科技遗迹。 2. 取材于生活，通过废物改造，制作我国古代科技模型。 3. 向他人讲述我国古代科技及其原理。

阶段 2——确定合适的评估证据

什么能够用来证明学生理解了所学知识？

1. 举办校园"科学坊"社团招新活动，鼓励学生制作古代科技模型。

入团条件：从以下项目中选择，制作一项古代科技的模型。模型贴合历史背景原型，手工精良，方可入选，每个项目限 3 人（保证每个模型都有学生制作）。

冷兵器系列：弓箭、诸葛连弩、投石机。

飞行器系列：竹蜻蜓、鸢、孔明灯、走马灯。

测量工具系列：杆秤。

2. 举办关于我国古代科技发明的作品展览，巩固物理和历史知识。

科学坊社团成员为所有古代科技模型制作讲解便签（卡片），摆放在模型旁边，向低年级学生宣传相关历史典故和物理原理，例如：投石机最早出现于我国战国时期，是官渡之战的秘密武器，助力曹军击败袁绍军队，它用到了杠杆原理，将重力势能转化为动能。

根据阶段 1 的预期结果，还需要收集哪些证据？

1. 拍摄模型制作的教程视频——教会更多中小学生制作古代科技模型。宣扬中华文化，提升文化自信。同时学习物理知识，温故知新，学以致用。

2. 为古代科技模型制作精美的讲解便签（卡片）——向低年级学生宣传相关历史典故和物理原理。

3. 游览博物馆，寻觅我国古代科技——学生利用周末或假期参观博物馆，在模型、文物、古籍、绘画中寻找我国古代科技。

学生的自我评价和反馈

关注活动的过程，学生是过程性评价的主体。通过"中国古代科技模型作品展览"活动，学生给予自我鼓励或批评（自评），并相互借鉴其他学生的制作方法（互评），使学生逐步掌握正确的模型制作方法，培养积极主动的学习动机。

评估任务计划表

通过这个任务，我们需要对哪些理解或目标进行评估？

学生从日常生活中取材，制作古代科技模型，讲解相关历史典故和物理原理。

续表

学生必须呈现哪些品质才能表明他已达到了预期目标的要求？
知道榫卯结构、三角形稳定性原理、杠杆平衡条件及杠杆分类、能量（内能和机械能）及其转化等知识。
通过什么样的真实的表现性任务来证明学生的理解？
1. 能取材于生活，改造生活可回收垃圾，把它们制作成古代科技模型，且这些模型贴合历史原型，能正常使用。 用废弃的 A4 纸卷成柱状，可以增大纸的承重力，管子之间可以嵌套，相当于古代榫卯技术，用柱状 A4 纸拼装冷兵器系列模型（弓箭、诸葛连弩、投石机）；用雪糕棍制作竹蜻蜓；用家用塑料垃圾袋模拟孔明灯，用竹签、塑料袋制作鸢，用一次性纸杯、铁丝、蜡烛制作走马灯；用筷子、塑料瓶盖、绳子制作杆秤。 2. 能用流利的语言讲解与我国古代科技相关历史典故和物理原理。如诸葛连弩：《三国志》记载诸葛亮改进传统弩箭，能 10 支连发，射王双，箭张郃，数次让蜀军化险为夷。它的原理是将弹性势能转化为动能。
学生的哪些作品和表现将为预期的理解提供证据？
古代科技模型、古代科技模型讲解便签（卡片）
通过哪些标准来评估学生的作品和表现？
1. 取材于生活（用生活可回收垃圾），制作古代科技模型，做到低碳环保。 2. 模型外观符合历史原型，且能多次展览，结实耐用。 3. 古代科技模型讲解便签（卡片）的外观简洁美观，文字精简且点明历史背景与物理原理。
阶段 3——设计学习体验
教学过程

课堂引入	观看中国古代科技发展的视频
古代科技中的机械	农业机械：犁、耧、桔槔、龙骨水车、筒车、磨、碾等 手工业机械：钻、冶金鼓风机械、陶瓷、纺车、印刷、指南针等 运输起重机械：木牛流马、绞车等 战争机械：弓、弩、火炮等 自动机械：记里鼓车等

一、历史篇——我国古代科技的历史进程

讲解相关历史典故	①弓箭：《事物纪原》："即弩之始，出于楚琴氏也。" ②诸葛连弩：《三国志》记载诸葛亮改进传统弩箭，能 10 支连发，射王双，箭张郃，数次让蜀军化险为夷。 ③投石机：投石机最早出现于我国战国时期，是官渡之战的秘密武器，助力曹军击败袁绍军队。
	①竹蜻蜓：春秋时期，中国人发明了竹蜻蜓。18 世纪，竹蜻蜓传到欧洲，被称为"中国飞陀螺"。 ②鸢：风筝，古人称之为鸢。据唐代《独异志》记载，梁武帝曾利用风筝作军事用途，来传递消息。 ③孔明灯：唐宋时已被成功运用到军事领域。
	杆秤：各种衡器中历史最悠久的一种。秦始皇统一六国后，添加"福禄寿"三星，改成 16 两一斤，后颁布统一度量衡。
	走马灯："走马灯，灯走马，灯熄马停步；飞虎旗，旗飞虎，旗卷虎藏身"，这副对联出自王安石之手。

二、科学篇——制作古代科技模型

(一)冷兵器系列(2 课时)

	材料准备	作品展示	原理
弓箭			弹性势能转化为动能
诸葛连弩	收集废弃 A4 纸、竹签、皮筋、胶水、剪刀、刻刀、刻度尺。		弹性势能转化为动能
投石机			弹性势能转化为动能、杠杆原理、滑轮、轮轴

(二)飞行器系列

	材料准备	作品展示	原理
竹蜻蜓	雪糕棍、塑料袋、竹签、绳子、酒精灯、剪刀、刻刀、乳胶		相互作用力
鸢			相互作用力、风阻
孔明灯			浮力、密度
走马灯	一次性纸杯、蜡烛、金属丝、老虎钳		密度、相互作用力、热能转化为动能

(三)测量工具系列

	材料准备	作品展示	原理
杆秤	废弃筷子、塑料瓶盖、废弃金属、绳子、刻刀		杠杆原理

续表

三、文化篇——博物馆寻找我国古代科技的足迹

参观博物馆，在模型、文物、古籍、绘画中寻找我国古代科技。

博物馆内寻觅我国古代科技	模型	此处指的是复原模型，有了它们，才能形成古代科技的轮廓，直观显示古代科技的作用。
	文物	文物的实物常常是博物馆的镇馆之宝，文物少之又少，因此格外珍贵。
	古籍	古代的科技著作是科技成果的重要总结，这些书籍更能显示我国的辉煌历史。
	绘画	古代绘画中常有反映古代科技的部分。观看此类画作，观众既能欣赏到俊秀精美，又能感觉新奇有趣。

板书设计

一、历史篇——我国古代科技神秘的历史进程
二、科学篇——制作古代科技模型
三、文化篇——博物馆寻找中国古代科技的足迹

总结与反思

在这次跨学科的学习过程中，师生将中华优秀传统文化与劳动实践相结合，参与其中的学生都受益匪浅。

1. 引导学生增强文化自信

了解我国古代的技术应用案例，体会我国古代科技对人类文明发展的促进作用，树立科技强国的远大理想。这次活动使我们更加坚信中华民族的伟大，对我国历史、科技史、文化，产生更多的理解和自信，激励我们在现代科技中不断创新。

2. 融入数学与技术

剪裁时要用刻度尺测量物体的长、宽、高，计算物体的面积与体积，以及称量物体的质量。切割、打磨、拼接教具时需要使用剪刀、刻刀、酒精灯、老虎钳、手捻钻、乳胶等工具。

3. 学习物理知识，熏陶历史人文

教师把这些作品引入课堂，学生自然而然地就把物理引入了生活，使学生在生活中遇到问题，会去研究其物理原理，从而完成"从生活走向物理，从物理走向生活"的转变过程，也使学生明白，物理实验不一定是在物理实验室内完成的，也可以在生活中很好地体验。制作中国古代科技模型有利于形象地反映古代科技发展的历史盛况，挽救濒临失传的古代技艺，传承中华优秀传统文化，是培养科技人才的重要方法。

4. 践行低碳生活，养成节能环保的意识

用可回收垃圾制作教具，启迪学生进行废物利用，动手动脑进行劳动创造。

　　本章在理论基础上，提供了丰富的教学案例，这些案例展示了实际教学中的实践过程。这些案例不仅展示了如何有效地将探究式学习方法应用于不同的科学主题中，增强学生的动手能力和科学素养，还通过具体的实例帮助教师解决实际教学中的难题，为教师提供了可操作的指导和参考。

第五章　青少年科技运动会项目课程化

青少年科技运动会项目课程化是在科技探究项目学习课程开发和教学设计的基础上，进一步探讨如何进行表现性评价以及如何将项目课程化，它是科技探究项目学习的实际应用。本章通过具体科技运动会项目的设计和实施，展示了项目学习的实施效果和表现性评价方法的使用。通过科技运动会项目课程化，推动了科技教育的深入发展，并为科学教师提供了具体的项目课程案例和评价反馈的机制，进一步完善了科技探究项目学习的教学体系。

青少年科技运动会是罗星凯教授牵头研发创立的一系列有科技含量和探究空间的真实问题解决竞赛活动。作为一种新型科技体育活动，青少年科技运动会有着"标准客观，路径开放，手脑并用"的特点，并以趣味性、普及性和探究性作为比赛项目设计的总体思路，是科技探究项目学习的典型案例。在本次中学科学教育质量改进提升项目中，青少年科技运动会既作为教师培训的重要内容，为理科教师提供亲历科技探究的的体验；又作为教师在教学实践中开展科技活动课程的基础和载体。

表现性评价通过学生在真实情境中创造、制作和动手完成项目的过程，对学生进行评价。课堂内外的表现性评价不仅能服务于教师的教学，更重要的是通过情境中任务的解决和利用评分规则引导学生进行自我主导的学习，促进深度学习的发生和表现的改善。在过去，由于表现性评价人力物力需求较大，往往难以实施。

本次改进将结合科技运动会进行。罗星凯教授带领团队多年来致力于将科技运动会打造为青少年科技素养的表现性评价实验平台。科技运动会通过有科技含量和探究空间的趣味性项目竞赛，使参赛选手在比赛过程中不仅可以充分展示其科技素养，而且可以通过一定的规则被客观、准确地量化记录和评价。青少年科技运动会源于对科技素养评价难题的长期攻坚努力，旨在普及科技探究实践活动，提高全民科学技术素养。科技运动会现在共设有水火箭比高、气弓箭打靶、铁丝陀螺比久、抛石机攻城、纸桥承重、落体缓降、鸡蛋撞地球比轻、自制小车竞速8个比赛项目。这些项目不仅能很好地考查学生的科技素养，更是经典的STEM教育课程，可以作为科技探究项目学习校本课程开设的蓝本。

一、项目简介

青少年科技运动会秉承着"标准客观，路径开放，手脑并用"的比赛项目开发与设置基本原则，以趣味性、普及性和探究性作为比赛项目设计的总体思路，开发出了一系列有科技含量和探究空间的真实问题解决竞赛活动。目前正式使用的比赛项目有8个，分别为：水火箭比高、气弓箭打靶、铁丝陀螺比久、抛石机攻城、纸桥承重、落体缓降、鸡蛋撞地球比轻、自制小车竞速。青少年科技运动会的比赛内容和规则每年都会更新调整，表5-1-1为各项目的概述。

表5-1-1　青少年科技运动项目概述

项目名称	项目概述
水火箭比高	参赛选手须在120分钟内现场制作水火箭，所需工具及材料自备。在制作区完成水火箭制作后到发射区进行比赛，成绩以水火箭飞行的高度顺序排名。
气弓箭打靶	参赛选手使用铜版纸制作一个箭体，安装在气弓箭发射器上，由于发射器内充有一定加压气体，能在瞬间把箭体发射出去。选手将气弓箭打到指定距离的靶环上，以3次发射命中靶环的总环数为总成绩。
铁丝陀螺比久	参赛选手在规定时间内使用组委会指定材料（固定长度的铁丝）做成陀螺，记陀螺在一次徒手启动后持续旋转的总时间为成绩，旋转时间越长比赛成绩越好。
抛石机攻城	参赛选手在90分钟内用一次性竹筷等材料现场搭建一台重力式抛石机并进行"攻城"比赛。比赛主要比拼的是投射精准度。
纸桥承重	参赛选手自带工具使用组委会所提供的材料，在100分钟内现场制作一座纸桥，在完成纸桥制作后，进行承重比赛。比赛成绩按测重车完全通过纸桥，其所承载的最大重量为最终成绩。

项目名称	项目概述
落体缓降	给定材料组：用给定材料现场制作一个作品，让钢球从测试仪起点处落下后在作品上滚动，直至到达指定位置，用时长者为胜。 自带材料组：用自带材料现场制作一个作品，让钢球从测试仪起点处落下后在作品上滚动，直至到达指定位置，用时接近标准时间者为胜。
鸡蛋撞地球比轻	参赛选手须在 90 分钟内现场制作一个保护鸡蛋的装置，选手将装有鸡蛋的装置从 6 米高处掉落到正下方直径 3 米的指定区域，通过内置传感器测算鸡蛋所受的冲击力来判断装置保护鸡蛋的效果，冲击力越小成绩越好。
自制小车竞速	参赛选手在 90 分钟内根据要求现场制作一辆尺寸不超过 200 mm×200 mm×200 mm 的螺旋桨反冲小车或原电池小车，并按规则完成小车直线竞速比赛。

二、项目特点

针对在学校教育及评价中有效落实"创新精神和实践能力"的难题，罗星凯教授带领团队研发创立了青少年科技运动会活动。青少年科技运动会活动具有重要的实践育人价值，为推动学校科学与技术类课程的实施，关注学生创新精神和实践能力的培养提供了有力支持。在科技类竞赛众多的情况下，青少年科技运动会短期内能够成为普及的活动，源于其如下与众不同的特点。

1. 比赛结果令人信服

科技运动会的每一个项目，都开发了适当的评价标准，既适合学生现场表现，也适合客观公正地评分，让学生的科技素养不仅得以充分展现，而且能被客观、准确和实时地记录和评价，使比赛结果令人信服，避免了常见的因主观评价而导致的不公平。

2. 课程针对性强

科技运动会定位为基于真实问题解决的现场竞赛活动，基本理念和顶层设计直指科技素养教育评价难点和痛点，从科学与技术类国家课程标准出发选择比赛项目内容和技术开发方向，避免了为竞赛而竞赛的误区。

3. 群众性和普及性强

活动设计秉承低成本、高智慧和高教育价值的理念，比赛项目取材容易、成本低廉，易于推广普及。加上富有创意的挑战性活动设计，让活动变得引人入胜、让人着迷，且老少皆宜，是一项普及程度很高的群众性科技活动。

4. 探究性突出

活动所选项目，基于项目组长期进行的科技教育研究和创新实践，既有丰富的科学与技术内涵，又给了学生足够的探究空间，加上活动设计理念高度契合科学、技术、工程等学科（STEM）融合教育的国际趋势，为科技类课程综合性、实践性和探究性特色的实现，提供了生动有效的样板。

5. 技术先进性显著

科技运动会项目在技术创新方面处于领先地位，如自主研发的水火箭实时测高系统，具有创新设计和先进技术路线。该系统的核心部件——水火箭实时测高器已获得实用新型专利，成功解决了水火箭飞行过程中实时测高的技术难题。

三、项目开展情况

青少年科技运动会自 2015 年起，已逐年展开并逐步扩大其影响范围，成为促进青少年科学学习兴趣和探究实践能力发展的重要平台。截至 2023 年，多地区、多级别的科技竞赛系列活动不仅覆盖了广西、桂林、珠海、深圳等多个地区，还扩展到了东盟国家，体现了其日益国际化的趋势。

随着这些年的发展，活动形式也日趋多样化，从早期的综合性科技运动会到后来专门针对中小学生的 STEM 大赛，以及线上科技运动会，既有面向国内学生的赛事，也有面向国际青少年的交流平台。这些赛事不仅为青少年提供了展示自己在科技领域才华的机会，更是激发了他们探索科学、追求创新的热情。

活动地点选择也颇具特色，既有地方性的中学、大学，也有区域性的科技馆和国际会展中心，不仅方便了参赛者的参与，也使科技运动会成为了连接各地青少年、促进科技教育交流的桥梁。中国—东盟青少年线上科技运动会的举办，不仅突破了地理限制，促进了跨文化的科技教育交流，还展示了科技运动会在新时代背景下的创新与发展。

总体而言，青少年科技运动项目通过多年的精心策划和持续推进，不仅成为了青少年科学教育的重要组成部分，更是成为推动科技创新、培育未来创新人才的重要平台。它不仅提升了青少年的科学探索和实践能力，还加深了他们对科学精神的理解和认同，为培养新时代青少年的创新思维和国际视野奠定了坚实的基础。

四、项目课程化

青少年科技运动会项目课程化旨在将科技运动会的竞赛模式有机融入科学课程，通过项目学习和探究性活动，系统提升学生的科学素养和综合实践能力。项目课程化的核心在于将竞赛中的真实问题解决任务转化为日常教学活动，使学生在完成项目任务的过程中，发展科学探究能力、团队合作精神和创新思维。通过建立科学的评价体系，对学生在项目中的表现进行全面评估，教师能够获得具体的数据反馈和改进建议，从而不断优化教学设计和实施效果。项目课程化不仅丰富了科学教育的内容和形式，还提供了一个动态的、情境化的学习环境，激发了学生的学习兴趣和主动性，有助于实现教育目标的多元化和科学教育质量的持续提升。

科技运动会项目课程化的主要教学内容是基于 8 大科技运动会活动项目（表5-1-1）。每个项目均旨在通过具体的动手操作实践，帮助学生理解和掌握科学原理及其应用，从而提升他们的科学素养和创新能力。

接下来，将展示 8 个优秀的科技教学活动方案设计，这些方案是根据具体的评价指标（表 5-4-2）从 56 个案例中挑选出来的，目的是展示如何通过具体的活动设计，将科学理论知识与探究实践有效结合。每个教学设计都详细说明了活动目的、实施步骤，以及预期成果，确保教师能够根据学生的具体需要，灵活调整和实施。

表 5-4-2　科技教学活动方案设计评价指标

指标	指标描述	分值
教学目标	(1)立足学生核心素养的发展，体现核心素养导向 (2)教学目标陈述清晰、明确具体，具有可操作性 (3)教学目标符合学生认知发展的规律 (4)教学重难点突出	15 分
教学内容	(1)符合课程标准要求 (2)内容的设计和组织应基于科技运动会项目并基于实际问题，符合学生实际 (3)考虑学生的认知水平，按照学习进阶设计教学内容 (4)注重知识学习与现实生活、社会实践之间的联系	15 分

续表

指标	指标描述	分值
教学结构	(1)关注知识结构，符合学生认知脉络，体现学科知识，并将学科知识与工程技术结合起来 (2)教学结构完整、紧凑，课时安排合理，对制作与知识讲解简洁、清晰、有重点	15分
教学过程	(1)教学环节紧凑，层次清晰，过程流畅 (2)教学方法使用得当，能够合理运用教学媒体 (3)教学策略行之有效，能够合理运用启发式、情境式等教学策略	15分
教学活动	(1)选择合适的情境素材，运用观察、实验、调查、制作等活动创设教学情境 (2)根据探究问题引导学生自主设计方案，明确探究任务，让学生亲历有效的探究和实践过程 (3)激发学生在探究和实践过程中的思维活动，鼓励学生通过自主与合作的方式开展活动 (4)体现项目学习优势，教学活动设计具有创新性并与教学目标契合 (5)教学活动演示直观、操作规范，确保学生安全	30分
教学反思	(1)反思自己的教学设计/知识讲解 (2)总结反思：指导学生对学习过程和结果进行总结和反思 (3)应用迁移：组织学生运用所学知识和方法解决问题，实现知识的应用和迁移	10分

1."水火箭比高"案例

项目名称	水火箭比高		
学科/主题	科技与手工	年级	九年级
关键词	水火箭 气压 反作用力		
设计者	张璐	课时	3周
学校	郑州市第八十二中学		
学情分析	学生在了解我国航空航天事业的迅猛进步后，内心充满了对祖国的自豪，对科技活动也有更浓厚的兴趣。水火箭的制作过程相对简易，且材料易于获取。通过参与水火箭比高这一科学活动，参与者能够吸收丰富的科学知识，从而提升自身的科学素养。		

案例概述	在本次水火箭比高活动中，学生将掌握水火箭的制作方法，深入理解其发射原理，并领会其中涉及的科学知识，特别是牛顿第三定律：相互作用的两个物体之间的作用力和反作用力总是大小相等、方向相反，并作用在同一条直线上。通过研究水火箭的制作和发射原理，学生将养成严密的科学思考习惯和探索未知的勇气。在设计和制作水火箭的过程中，学生将探究影响水火箭发射高度的各种因素。在最终的表现性任务中，学生将利用水火箭发射装置发射水火箭，并探究如何使水火箭飞得更高。

阶段1——确定预期目标

所确定的目标

- 掌握牛顿第三定律的实际应用。
- 在活动过程中培养学生的动手能力及创新思维。
- 提高学生的观察能力及对相关理论的实际应用能力。
- 培养学生的小组合作能力。

我们需要考虑哪些基本问题？	预期的理解是什么？
1. 什么是水火箭？ 2. 如何制作水火箭？ 3. 水火箭的工作原理是什么？ 4. 影响水火箭飞行的因素有哪些？	1. 水火箭，又称气压式喷水火箭或水推进火箭，是将废弃的饮料瓶改造成具备动力舱的箭体、箭头和尾翼等结构的玩具。它依据反冲作用的原理设计。 2. 水火箭主要由整流罩、导流板、箭体（动力舱）等部分组成。 3. 发射前，首先在动力舱中加入适量的水并按要求放置，然后利用充气泵向动力舱内部充气，当动力舱内部气压足够大的时候，启动发射装置，制动装置释放，动力舱内的水被竖直向下高速喷出，同时，水火箭在反作用力下开始竖直向上飞行。在发射过程中，通过向装有水的动力舱（塑料瓶）中注入气体来增加仓内的气压，然后在一瞬间释放，使得气体迅速膨胀并挤压出瓶中的水，高速向下喷出的水对箭体产生反作用力，从而向上飞向天空。 4. 影响水火箭发射高度的因素包括：动力舱内部气压和水量、动力舱（塑料瓶）的尺寸规格与动力舱的容量大小（两两连接的塑料瓶数量）、动力舱气密性。

作为单元学习的结果，学生将会获得哪些重要的知识和技能？	
1. 了解火箭的惊人力量以及我国航天事业的发展历程，学会水火箭的制作方法和发射技巧，激发学生的爱国之情。 2. 通过活动让学生了解水火箭也能用废弃物来制作，启发学生寻找周围材料制作火箭模型。	学生能够做到小组交流合作，制作水火箭： 1. 制作箭体。可选择 1 个或多个塑料瓶来制作箭体，选择多个塑料时，需要将它们两两连接在一起，可以用胶水粘接、空心螺栓扭紧、空心铆环铆合等。 2. 制作整流罩。取与箭体同样规格的塑料瓶，用刀截下瓶身中部均匀的部分，保证切口平整、不倾斜，再垂直安装在瓶口与瓶口的连接处，让推进器呈现出流线型。 3. 制作导流尾翼。选用较硬的 PVC 塑料板，用美工刀裁切 4 片形状相同的塑料片作为导流尾翼。 4. 固定导流尾翼。用双面胶和电工胶，将 4 片导流尾翼固定在动力舱尾部，确保尾翼 4 片尾翼均匀分布，上下位置一致。 5. 学生能够成功发射水火箭，能够使用仪器记录数据，探究出影响水火箭发射高度的因素。

阶段 2——确定合适的评估证据

什么能够用来证明学生理解了所学知识？

1. 制作水火箭。
2. 成功发射水火箭。
3. 不断调整方案策略，记录数据，探究影响水火箭发射高度的因素。
4. 探究水火箭的发射原理，认真总结，形成文字报告。

根据阶段 1 的预期结果，还需要收集哪些证据？

1. 调整气压后，对比水火箭发射高度。
2. 改变火箭动力舱的容量（塑料瓶个数）、水火箭箭体大小、瓶子连接处气密性和连接处口径大小、水火箭箭体外形、导流尾翼的形状，分别记录水火箭发射高度数据。

学生的自我评价和反馈

1. 常见的水火箭可以通过控制塑料瓶的连接数量来改变动力舱的容量。实验后，分析数据得出：动力舱容量并不是越大越好，动力舱越大的水火箭，也越难保持竖直向上飞行。
2. 目前常用来制作水火箭的饮料瓶主要有 600 ml、1.5 L、2 L 三个规格，经过多次实验发现，只有在塑料瓶的尺寸和连接数量得到恰当的控制时，才能实现最佳的效果，单一的瓶身尺寸因素并不能完全决定实验结果。
3. 在用烧红的铁钉给塑料瓶底部开孔时，底部的塑料会因为高温迅速熔化成不规律的形状，导致开孔边缘不平整。在这种情况下，两个瓶子连接的气密性就会受到影响。当开孔是在瓶底正中央的时候，水火箭不容易偏移原来的飞行轨迹。开口孔径不宜过大，否则也会影响气密性，从而影响发射高度。

4. 在挑选材料时应选择前后直径差不多的塑料瓶。像两边粗中间细的这类塑料瓶在制作多级水火箭时工序会更加复杂，就不能作为合适的原材料。

5. 尾翼导流尾翼的设计。使用硬塑料片加工起来比较容易，选用光盘的话，加工和打磨麻烦，容易开裂。

6. 头部用石头配重以后，重心不容易控制更容易翻滚。

7. 多次实验发现：直角梯形尾翼是目前发挥最好的导流板。

评估任务计划表
通过这个任务，我们需要对哪些理解或目标进行评估？
1. 学生能够通过小组合作制作出水火箭，并且顺利发射水火箭。 2. 学生通过改善装置将水火箭发射得更高。 3. 学生在改善装置过程中，了解到影响水火箭发射高度的因素。 4. 学生通过记录数据，具备数据分析和整理能力。
学生必须呈现哪些品质才能表明他已达到了预期目标的要求？
1. 制作导流尾翼时，选用较硬的 PVC 塑料板。 2. 固定尾翼导流尾翼时，一定要保持 4 片尾翼上下位置一致，以及空间上的对称。同时要注意尾翼的方向，要确保箭身的流线型。 3. 连接瓶体时，将空心螺栓插入两瓶底的洞口，扭紧螺栓，通过打气来检查气密性。将内螺纹直通螺杆拧紧在瓶口，保证塑料瓶子间的气密性连接。 4. 制作整流罩时，取同样规格的塑料瓶，用记号笔记好瓶身中部均匀的部分，保证同样的高度，接着用美工刀切下标记的部分装在瓶口与瓶口的连接处，粘好边缘处再压紧，让水火箭整体呈现出流线型。
通过什么样的真实的表现性任务来证明学生的理解？
1. 通过小组合作能制作出水火箭。 2. 水火箭发射时方向不偏移。 3. 水火箭的气密性较好，发射高度较高。 4. 在改进以后，水火箭发射得越来越高。 5. 能够总结归纳出影响水火箭发射高度的因素。
学生的哪些作品和表现将为预期的理解提供证据？
1. 学生通过学习，能够制作出水火箭成品。 2. 调整气压后，记录水火箭发射高度，与之前的数据作对比分析，探究气压对高度的影响。 3. 改变火箭级数，记录水火箭发射高度，与之前的数据作对比分析，探究水火箭级数对高度的影响。 4. 调整水火箭瓶体大小，记录水火箭发射高度，与之前的数据作对比分析，探究水火箭瓶体大小对高度的影响。

5. 改变开孔位置及大小，记录水火箭发射高度，与之前的数据作对比分析，探究开孔位置及大小对高度的影响。

6. 改变水火箭箭体流线型，记录水火箭发射高度，与之前的数据作对比分析，探究水火箭箭体流线型对高度的影响。

7. 改变尾翼的形状，记录水火箭发射高度，与之前的数据作对比分析，探究水火箭尾翼的形状对高度的影响。

通过哪些标准来评估学生的作品和表现？

1. 水火箭制作成功，并且能够发射。

2. 通过调整材料以及瓶体制作标准，知道影响水火箭发射的因素。

3. 调整以后，水火箭比之前发射得更高，知道发射的原理。

4. 能够说出水火箭与火箭的区别。

阶段 3——设计学习体验

教学过程

一、视频引入，激发兴趣

展示视频 1：有关我国航空航天成就的视频，让同学们感受祖国的强大和科技的发展，激发学生的爱国情怀。

展示视频 2：一个水火箭的发射视频，让我们体会到科技在身边，我们也可以尝试制作水火箭。

问题：大家想不想自己动手做出一个水火箭呢？

挑战：我们比一比哪位同学发射得更高吧！

二、水火箭的制作

1. 制作箭体。用钳子将一颗铁钉的尖端用酒精灯加热，等到尖端温度足够高时，将铁钉插入瓶底正中心，扎穿后取出。再用扩孔器扩大到空心螺栓大小，用美工刀修理熔化后的塑料粒。将空心螺栓插入两瓶底的洞口，进行连接，检查气密性。将内螺纹直通拧紧在瓶口，达成二级和三级的气密性连接。

2. 制作整流罩。取同样规格的塑料瓶，利用记号笔标记好瓶身中部均匀的部分，要保证同样的高度，接着用美工刀切下标记的部分装在瓶与瓶口的连接处，粘好边缘处再压紧，让推进器呈现出流线型。

3. 制作导流尾翼。选用较硬的 PVC 塑料板，用铅笔在 PVC 塑料板上画出 4 个规格一样大小的梯形，利用美工刀沿着铅笔线条把导流板切下，在尾翼下边缘每隔 1.5 cm 垂直剪一条 1 cm 的缝隙，得到的形状交替往左右折下，再贴上泡沫双面胶。

4. 固定导流尾翼。先在瓶身上均匀位置处粘好全部的尾翼，粘贴时一定要保持 4 片尾翼上下位置一致，以及空间上的对称。同时要注意尾翼的方向，要确保流线型。然后再用电工胶布围绕尾翼连接处的边缘粘接，用力压紧即可，保证该尾翼不掉落。

5. 分享环节：各小组展示制作的水火箭。

三、水火箭的发射演示

1. 注水。将水注入推进器三分之一处。

2. 充气。将推进器的进气口连接到气泵上，打开气泵开关，给水火箭充气，达到 5～8 个大气压即可。

四、探究水火箭的飞行过程分为几个阶段。

问题：根据我们所学的知识，你能说说水火箭上升过程有几个阶段吗？

小组讨论、分享。

水火箭飞行分为两个阶段：

1. 初级喷水阶段。推进器内空气压强大于外界大气压使推进器内的水不断喷出，水火箭因此受到反冲作用而获得推力，并在短时间内获得较大的运动速度。

2. 后期惯性飞行阶段。在此阶段，火箭停止喷水，在只受重力和空气阻力的作用下继续上升一段距离，最后到达最高点。

五、探究影响水火箭发射高度的因素。

问：你能通过调整水火箭的结构，说说影响水火箭飞行的因素有哪些吗？

（分组探究，数据记录员记录数据）

小组 1：调整气压

小组 2：水火箭规格尺寸及动力舱容量。

常见的水火箭动力舱可以使用 1 个或多个塑料瓶来制作。多个塑料瓶的动力舱，就是将几个相同规格的塑料瓶组合在一起。

小组 3：调整水火箭瓶体大小。

小组 4：改变瓶口开孔大小。

小组 5：改变水火箭流体线形。

小组 6：改变水火箭尾翼的形状。

记录分析数据，做对比分析。

分析数据，总结结论，并分析原理。

小组 1：气压越大，相对来说飞行越高，但是气压会受气密性影响。

小组 2：水火箭的级数越高，不代表就能飞得越高。

实验后得出结论：在三级以上，越高级的火箭越容易偏移，原因是推进器的加高导致重心变高，水火箭无法保持朝同一方向飞行不偏移。

小组 3：不是水火箭的瓶越大，就能飞得更高。

目前常用来制作水火箭的饮料瓶主要有 600 mL、1.5 L、2 L，尺寸越大的水火箭可以装更多的水，也可以打入更多的气体。经过多次实验发现，只有在尺寸和级数得到恰当的控制下，才能实现更佳的效果，单一的尺寸因素并不能完全决定实验结果。

小组 4：瓶身连接处气密性以及洞口内壁的平整度会影响水火箭飞行的高度。在用烧红的铁钉给塑料瓶底部开孔时，底部的塑料会因为高温迅速熔化成不规律的形状，开孔周围就会非常不平整。在这种情况下气密性就会受到影响。

由于整个过程都是人工操作，所以能否精准地在瓶口正中心开孔就显得尤为重要。只有当开孔是在瓶底正中心的时候，气体释放时才会保持左右均匀，避免发射水火箭时偏移原来的轨迹。开孔处内壁的平整也是为了让气体膨胀的时候能均匀受力，使气体的压力尽可能用于向下的冲击。

开口处不能过大，否则就算有胶布在连接处做密封，也不能完全地控制气密性。

水火箭的气密性是最重要的一个因素，气密性不好，充气就不能顺利地进行。瓶内没有足

续表

够的气压，水火箭是无法成功发射的，并且上升过程中，飞行轨迹也会产生巨大的偏移。

小组 5：水火箭箭体流线型，会影响水火箭飞行的高速。

要做到这一点首先是选择合适材料来制作，在挑选材料时应选择前后直径差不多的塑料瓶。两边粗中间细的这类就不能作为原材料，在组装多级水火箭的过程中工序就会更加复杂。

小组 6：尾翼的设计，会影响水火箭飞行的高度。

建议使用硬塑料片，有足够的强度和一定的弯折性，加工起来比较容易。选用光盘的话，加工和打磨麻烦，容易开裂。如果尾翼不协调，很可能出问题。头部不建议用石头加重，石头不规则，重心不容易控制，更容易翻滚。可以将导流板制作成自己喜欢的形状。为了在火箭飞行时具有较好的稳定性，尾翼必须具有较高的硬度从而不容易变形。

多次实验发现：直角梯形尾翼是目前发挥最好的。

六、比一比，赛一赛。

各小组给水火箭成品加装推进装置，在户外进行测评。看看哪个小组飞得高？

七、拓展延伸

调查资料，深入研究水火箭飞行和火箭的区别。

小组分享：火箭的燃料是越多就越好，可以飞行得更远，但是考虑燃料的重量等因素，火箭只带够一定的燃料即可。

而水火箭不一样，在瓶内高压的作用下，水从瓶口高速喷出，瓶内气体体积迅速增大，压强就减小，之后水对瓶体的反冲作用就减小了。在瓶体体积不变的情况下，过多的注水量在压强差逐渐变为零的时候，未喷出的水就会变成飞行的负担。但如果减少的注水量过多时，虽然可避免有余水，但质量比偏小，对箭体飞行不利。所以，无论是过多的注水量还是过少的注水量，都会影响水火箭的发射高度。只有结合箭体自身的质量，通过精密计算，才能得出适合该装置的最佳注水量。

板书设计

水火箭比高

1. 水火箭的制作

2. 水火箭试发射，记录高度

3. 影响水火箭飞行高度的因素：气压、规格尺寸与级数、瓶体大小、开孔大小、瓶体流体线型、尾翼形状

4. 飞行原理

5. 水火箭与火箭的区别

总结与反思

本节是实践活动课，同学们表现出极大的兴趣，体现了学生的科学探索精神与研究热情。在制作环节，学生一开始没有经验，略显杂乱。进行合作分工以后，学生变得井然有序，通过这个实践活动，学生的小组合作能力得到很大锻炼。在后期探究影响水火箭飞行高度因素的阶段，学生的制作水平有限，因此会有些许的误差，但是总体来说整场活动进行得比较顺利。

2."气弓箭打靶"案例

项目名称	气弓箭打靶		
学科/主题	科技类综合实践活动	年级	初中
关键词	气弓箭　能量转化		
设计者	赵艳　郑德长　杨金金	课时	1周
学校	郑州经济技术开发区九龙中学		
学情分析	初中学生思维活跃、知识面较广、追求趣味性，且具有一定的生活经验，同时具备了自主学习、合作探究、总结反思等能力。		
案例概述	制作气弓箭的科技类综合实践活动，不仅能锻炼学生的动手能力，还能培养学生对身边世界的好奇心，培养他们对真实问题的探究意识、兴趣和能力，发展学生与他人沟通、合作的意识和能力等。学生以小组合作的方式设计并制作气弓箭模型，并不断进行调试，能及时对探索过程进行反思改进，探索出解决问题的办法，增强解决实际问题的能力。最后的表现性任务中，学生将手持发射器进行打靶比赛，掌握发射器等工具的操作方法与技巧，将创意付诸实践，形成在实践中学习的意识。学生在活动中能学会如何与队友合作、与对手相处，学会如何面对得失成败，成为一个身心健康的学习者。		

阶段 1——确定预期目标

所确定的目标

- 学生将基于对气弓箭的理解，设计并制作箭筒、箭头、尾翼。
- 学生将分析设计好的气弓箭模型，以便对其进行改进。
- 学生将了解并掌握发射器的正确使用方法，包括充气、发射等。
- 通过比赛发展学生的规则意识，形成正确的竞争意识。

我们需要考虑哪些基本问题？	预期的理解是什么？
• 气弓箭的实验原理？ • 如何制作箭筒、箭头和尾翼？ • 如何发射才能射得又远又准？	• 将压缩的气体转变为箭飞行的动能。 • 箭头要制作得坚硬，方便打靶；尾翼要安装得对称，使箭体飞行时保持平衡。 • 发射器充气越多，箭体的气密性越好，射得越远；射击时要瞄准靶心，并保持发射器稳定。

作为单元学习的结果，学生将会获得哪些重要的知识和技能？

• 气弓箭的原理是能量的转化。 • 气弓箭的主要构造是箭筒、箭头和尾翼。 • 气弓箭结构的匀称性、大小比例以及气密性将影响射程与精准度。	• 合理使用材料设计并制作气弓箭模型。 • 分析其他气弓箭设计的合理与不足之处，并提出合理化建议。 • 对发射器充气，使用发射器发射气弓箭，在比赛过程中把握规则，采取合适的技巧取胜。

续表

阶段 2——确定合适的评估证据
什么能够用来证明学生理解了所学知识？
学生在活动中能够自己动手设计并制作气弓箭模型，并能为他人制作气弓箭出谋划策。会利用发射器等工具进行打靶比赛，按照比赛规则，采取合适的技巧取得好成绩。
根据阶段 1 的预期结果，还需要收集哪些证据？
简答题——当箭头与箭筒连接处气密性不好时，描述其结构，并解释如何避免该类问题。 技能测试——能准确利用发射器进行气弓箭打靶比赛。
学生的自我评价和反馈
1. 自我评估：气弓箭模型是否能准确打靶。 2. 在活动结束时，反思你的气弓箭模型（与活动开始时作比较）。
评估任务计划表
通过这个任务，我们需要对哪些理解或目标进行评估？
• 学生将设计并制作可以打靶的气弓箭。
学生必须呈现哪些品质才能表明他已达到了预期目标的要求？
• 结构与外观的平衡（匀称的箭体结构制作、尾翼形状以及比例的选择、合理的材料选择）。 • 合作、创新与问题解决能力。 • 可行性。 • 竞技精神。
通过什么样的真实的表现性任务来证明学生的理解？
根据学习的有关力学的知识，学校要求设计并制作气弓箭模型，为接下来参加科技运动会气弓箭打靶比赛做准备。气弓箭是在吹箭基础上改进，通过发射器加压气体，将箭体发射出去，如同传统弓箭将存储的弹性势能通过弓弦让箭加速一样，顾命名为气弓箭。学生需要使用所提供的材料在 100 分钟的时间内现场制作弓箭模型套在相应的发射器上。目标是通过手持发射器进行打靶比赛，做到气弓箭射得又远又准。
学生的哪些作品和表现将为预期的理解提供证据？
• 气弓箭成品。 • 打靶效果。

续表

通过哪些标准来评估学生的作品和表现？
• 符合科技运动会要求的气弓箭。 • 箭体结构的气密性良好、完整、匀称。 • 设计具有创意。 • 团队分工明确。 • 打靶又远又准。 • 正确使用发射器。

阶段 3——设计学习体验

教学过程

1. 以一个视频(气弓箭打靶)切入，激发学生设计制作气弓箭的兴趣。

2. 介绍基本任务，讨论最终的表现性任务——气弓箭打靶。

3. 通过各种学习活动和表现性任务，根据需要介绍主要的结构。学生讨论箭筒、箭头、尾翼等结构以及比例的选择，设计有创意的模型以支持学习活动和任务。

4. 学生以小组为单位，教师为每组提供卡纸、双面胶、透明胶、剪刀，各组分别制作一个气弓箭模型。

5. 分析气弓箭射得不准的原因(结构不匀称、气密性不好、有破损、粘贴不到位)，给出改善结构的建议。在此期间，教师观察并为学生提供相应的指导。

6. 每个小组分享他们关于气弓箭的分析，然后在全班范围内讨论。教师收集和点评这些关于气弓箭的分析，并及时给予指导。

7. 结合分析与讨论，小组合作对制作的气弓箭模型进行调试。

8. 各小组内学生相互交换气弓箭模型并进行互评。允许学生根据评价反馈进行修改。

9. 教师示范如何使用发射器，并介绍使用的注意事项。

10. 学生练习正确充气、发射。

11. 进行打靶练习之后，反复对气弓箭模型进行调试。

12. 学生了解比赛规则，调整心态，采取合适的技巧取胜。

13. 进行班内气弓箭打靶比赛。

14. 活动结束时，让学生都对设计的气弓箭进行自我评估与反思，并绘制"气弓箭打靶"注意事项卡。

15. 收集性能较好的气弓箭模型公开展示。

总结与反思

通过组建团队、引入主题、明确要求、学习技术、合作设计、动手实践、练习调试、比赛竞技、分享交流、整理工具、点评总结等环节，激发学生积极参与气弓箭打靶活动的热情，掌握发射器等工具的操作方法与技巧，将创意付诸实践，形成在实践中学习的意识，提高综合解决问题的能力，增强创意设计、动手操作、技术应用和物化能力。在活动中学会如何与对手相处、与队友合作，学会如何面对得失成败，成为一个身心健康的学习者。

3."铁丝陀螺比久"案例

项目名称	铁丝陀螺比久		
学科/主题	工程设计与物化	年级	八年级
关键词	陀螺　转动　平衡		
设计者	于福丹	课时	1 周
学校	郑州市郑东新区外国语学校		
学情分析	初中学生对科技知识和比赛竞技活动都有一定的了解，且具有一定的生活经验，同时具备了自主学习、合作探究、回顾反思等能力。但尚未对科技类知识进行深入研究和系统总结，更缺乏对创新科技的深入探讨。 科技探究通过富有创意的挑战性活动设计，实现学习活动的游戏化，增强中学生的责任意识，通过比赛发展规则意识，形成正确的竞争意识。		
案例概述	在这个关于工程设计课程的单元中，学生将学习铁丝陀螺、平衡、重心等问题。学生将设计并利用一根长约 20 cm 的铁丝制作成铁丝陀螺，以小组合作的方式分析影响陀螺旋转的因素，提出改进陀螺形状的建议，对陀螺旋转持久的问题进行研究。 最后的表现性任务中学生将做到制作旋转时间较久的铁丝陀螺，并对陀螺的类型进行改进和探究，总结出支持平衡的条件，并举出相似原理在生产生活中的实际应用。		

阶段 1——确定预期目标

所确定的目标

根据《义务教育科学课程标准（2022 年版）》要求，在本案例中，学生将基于对平衡、重心、支点和转动的理解，设计一个简单的铁丝陀螺。

学生将深入理解平衡的原理和影响因素，对制作的陀螺进行改进，并进行比赛。

我们需要考虑哪些基本问题？	预期的理解是什么？
• 什么是铁丝陀螺？ • 影响陀螺旋转时间的因素有哪些？怎样让一个陀螺旋转得更久？ • 转动、平衡、重心在生产生活中有哪些应用？	• 如何制作铁丝陀螺。 • 影响陀螺旋转的因素。 • 转动、平衡和重心等在生产生活中的应用。
作为单元学习的结果，学生将会获得哪些重要的知识和技能？	
• 铁丝陀螺的类型。 • 如何调节平衡。	• 解决生活中的平衡问题。 • 制作多种类型的铁丝陀螺。 • 分析影响平衡的因素，会调节平衡。

阶段 2——确定合适的评估证据
什么能够用来证明学生理解了所学知识？
1. 通过观看图片和教师引导，能设计一个简单的铁丝陀螺，向同学展示设计的原理和设想，能说出平衡原理在生产生活中的应用。 2. 通过教师引导、讨论交流，知道如何调整铁丝陀螺的平衡和支点，知道重心高低及影响陀螺转动时长的因素。能简单建构平衡的模型，制作不同的铁丝陀螺。
根据阶段 1 的预期结果，还需要收集哪些证据？
课堂测试——谁是"陀螺王"，比赛谁的铁丝陀螺转动时间最长。 简答题——描述影响铁丝陀螺旋转时间的因素，并展示如何调节。 简答题——描述不同形状的陀螺重心的位置，并展示如何调节平衡。 观察报告——列举转动在生产生活中有哪些应用。
学生的自我评价和反馈
1. 自我评估：铁丝陀螺转动时间及改进措施。 2. 自评本组：本组铁丝陀螺的优缺点及改进措施。 3. 在单元学习结束时，反思平衡、支点及转动的原理和其在生产生活中的应用。
评估任务计划表
通过这个任务，我们需要对哪些理解或目标进行评估？
学生将设计并制作可以转动相当久的铁丝陀螺。
学生必须呈现哪些品质才能表明他已达到了预期目标的要求？
支点高低的调节。 重心的高低。 陀螺的半径。 陀螺的类型。
通过什么样的真实的表现性任务来证明学生的理解？
利用所给材料和提供的工具，设计并制作一个铁丝陀螺，先组内选出"陀螺王"，再进行调整、修正，班级内选出此次比赛的"陀螺王"。
学生的哪些作品和表现将为预期的理解提供证据？
陀螺成品、转动时长。 学生阐释自己的设计理念。 学生描述制作过程中调节重心和平衡的方法。

通过哪些标准来评估学生的作品和表现？
制作的陀螺类型和转动的时长。 对比自制陀螺与他人陀螺的优缺点，并提出评价、改进措施。 举例陀螺旋转原理在生产生活中的应用。

阶段 3——设计学习体验

教学过程
1. 以一个导入问题(说说你玩过或见过的陀螺)帮助学生迅速进入学习状态，对新知识产生亲切感，激发探究兴趣及学习热情。 2. 介绍基本问题，讨论单元的最终表现性任务(制作铁丝陀螺和开展陀螺比久比赛)。 3. 注意：在各种学习活动和表现性任务中，根据需要介绍主要的术语。引导学生研读和讨论比赛规则，以支持学习活动和任务。作为一个工程设计活动，学生要将他们的设计记录下来，以便后期检验和评估。 4. 展示关于制作陀螺所用到的工具及使用注意事项，然后让学生进行练习使用。 5. 小组合作，设计制作属于自己的陀螺。在此期间，教师观察并为学生提供相应的指导。 6. 小组内交流讨论影响陀螺旋转时间长短的原因，然后在全班范围内讨论。(注意：教师收集和点评这些关于影响陀螺转动的分析，并找出需要指导的错误理解。) 7. 调整自己的陀螺，并在组内进行比赛，选出参与班级比赛的陀螺。 8. 进入班级比赛，依据规则，选出班级"陀螺王"。 9. 播放其他地区青少年科技运动会关于铁丝陀螺的比赛视频片段，讨论陀螺形状及转动时间的问题。 10. 展示国际上关于铁丝陀螺的研究。 11. 分析讨论陀螺旋转原理在生产生活中的应用。 12. 在单元总结时，学生回顾他们制作的陀螺，并自评自己陀螺的优缺点，以及在本活动中的收获。 13. 课后找一个转动在生活中应用的实例，并画出草图。

板书设计

铁丝陀螺比久

↓

铁丝陀螺

↙ ↘

规则研读　　陀螺制作

总结与反思

科学与我们的生活息息相关，来源于生活又服务于生活的理念，在本节课得到了最直接的应用与最充分的体现。平衡原理对于中学生来说已不陌生，所以在整节课的教学活动中，以学生为主，充分体现了学生的主动性和自主性。通过本节活动，让学生理解了一枚优秀的铁丝陀螺应具备的特征：①重心与支点重合；②重心要尽量低；③转动半径大；④支点圆滑，摩擦阻力小。同时，学生也了解了转动原理在生产生活中的应用。

学生亲自动手设计、修正成品、进行比赛、总结得失，体会了科学探究的过程，培养了学生收集信息和处理信息，以及发现问题、分析问题、解决问题的能力。进一步激发了学生学习科学的热情，增强了学生的动手能力，培养了学生团队合作的良好品质，完成了预定的学习目标，收到了较好的学习效果。

4."抛石机攻城"案例

项目名称	抛石机		
学科/主题	物理与科技	年级	九年级
关键词	抛石机　杠杆　弹力		
设计者	王静　万杨	课时	4
学校	新郑市龙湖镇第一初级中学		
学情分析	抛石机的制作包含很丰富的物理学知识和制作技术，是一项值得在中学阶段开展探究的项目。九年级的学生物理知识相对比较丰富，已学过杠杆知识，动手能力相对较强，也具备实验探究的各方面素质，学生很乐意参与这样的实践活动，教师在设计时要关注学生的心理，关注学生的情感态度，及时疏导，为活动开展做准备。		
案例概述	在本节课中，学生将学习杠杆平衡时的条件，探究影响抛石机投射的因素，组间交流讨论分享经验，进而将设计抛石机方案并制作抛石机模型。 最后的表现性任务中，学生将通过探究实验提高抛石机投射的射程，通过组间比赛提高课堂兴趣，把课程推向高潮。学生能够做到通过比赛相互学习、相互交流，能够从他人的作品中看到别人的闪光点。		

阶段 1——确定预期目标

所确定的目标

- 认识冷兵器时代工具的发展，感受古代劳动人民的智慧。
- 认识到我们总是在解决问题中不断完善和改进，体现科学的探索是不间断的。
- 学生通过了解抛石机的来源和应用，设计抛石机制作方案。
- 学生通过对杠杆知识的学习，为抛石机的制作打下坚实的理论基础。
- 经历抛石机投射的活动体验，发现影响抛石机投射射程的因素。
- 在调整改进抛石机的过程中，培养学生探究的意识、动手操作能力与分析概括能力。

我们需要考虑哪些基本问题？	预期的理解是什么？
• 杠杆平衡的条件是什么？ • 如何改变弹力的大小？ • 抛石机的分类、结构。 • 制作需要的器材。 • 制作中需要注意的安全问题。 • 如何提高抛石机射程？	抛石机在战争中的作用。 制作抛石机的关键。 影响抛石机射程的因素。

作为单元学习的结果，学生将会获得哪些重要的知识和技能？

• 关键术语：杠杆、力臂、阻力、动力、弹力、射程。 • 抛石机主要工作原理：杠杆平衡。 • 力臂的大小、弹力的大小都会影响射程的远近。 • 投射的角度将影响射程。	• 设计并绘制抛石机图纸。 • 根据方案制作抛石机。 • 调整并改进抛石机。

阶段 2——确定合适的评估证据

什么能够用来证明学生理解了所学知识？

• 绘制抛石机方案：能够根据查阅的资料，绘制抛石机设计方案，并讲解其优势、制作要点、预期的效果。

• 小组对决：小组间比赛，相互学习、相互交流、取长补短。

根据阶段 1 的预期结果，还需要收集哪些证据？

1. 抛石机模型：直观清楚地接触抛石机。

2. 制作抛石机：在过程中发现问题。

3. 抛石机比赛：认识到抛石机射程的影响因素。

学生的自我评价和反馈

1. 自我评估：抛石机的制作过程，抛石机的工作效果存在哪些需要注意的问题。

2. 在单元学习结束时，反思抛石机涉及的物理知识。

3. 如何更好地改良抛石机，更加精准地打到目标。

4. 在制作和使用抛石机的过程中，学会将科学知识运用于生活实践中。

评估任务计划表

通过这个任务，我们需要对哪些理解或目标进行评估？

• 学生将设计并制作可以"攻城"的抛石机。

• 通过实验探究，合理有效地优化抛石机。

• 通过抛石机比赛，体现抛石机设计的优越性。

学生必须呈现哪些品质才能表明他已达到了预期目标的要求？

1. 抛石机结构的稳定性。
2. 材料选择的合理性与成品的美观程度。
3. 杠杆比例的选择。
4. 橡皮筋的个数与位置的固定。
5. 转轴的高度。

通过什么样的真实的表现性任务来证明学生的理解？

1. 任务的真实情境叙述：①介绍抛石机的制作过程；②抛石机"攻城"效果。
2. 评价标准与要求描述：①抛石机制作过程中的注意事项；②如何提高"攻城"效果。

学生的哪些作品和表现将为预期的理解提供证据？

1. 设计抛石机的图纸。
2. 抛石机说明书的规范与详尽程度。
3. 探究实验的操作过程和数据分析。
4. 抛石机争夺赛的成绩。

通过哪些标准来评估学生的作品和表现？

1. 抛石机的稳定性与美观程度。
2. 探究实验的操作过程和数据分析。
3. 抛石机的射程。

阶段 3——设计学习体验

教学过程

第一课时　认识并设计抛石机

一、认识抛石机

播放视频《穿越古代战场的抛石机》片段（视频中涉及抛石机的原理，旨在让学生对古代抛石机有初步认识）

图片展示：西方古代抛石机图片，我国古代抛石机图片，中国象棋中的"砲"。（这个砲字的来源就是抛石机，以前的投掷物都是石头，故这个砲就是石字旁。）

小结：抛石机主要分为人力抛石机、扭力抛石机、重力抛石机。

二、工作原理

人力抛石机：利用人力的抛石机，是用人力在远离投石器的地方牵拉连在横杆上的梢（炮梢）。梢架在木架上，一端用绳索拴住容纳石弹的皮套，另一端系上许多条绳索让人力拉拽而将石弹抛出，梢分单梢和多梢，最多的有七个梢装在一个炮架，需 250 人施放。

扭力抛石机：弹射杆平时是直立的，杆的顶端是装弹丸的"勺子"或皮弹袋，杆的下端插在一根扭绞得很紧的水平绳索里。弹射时，先用绞盘将弹射杆拉至接近水平，在"勺子"或皮弹袋里放进弹丸。松开绞盘绳索时，弹射杆恢复到垂直位置将弹丸射出。

重力抛石机：弹射杆一端装有重物，而另一端装有待发射的石弹，发射前须先将放置弹药的一端用绞盘、滑轮或人力拉下，而附有重物的另一端也在此时上升，放好石弹后放开或砍断绳索，让重物的一端落下，石弹也顺势抛出。

归纳总结：无论是西方的抛石机还是我国古代的抛石机，无论是人力抛石机、扭力抛石机还是重力抛石机，尽管外形上有些差异，但大同小异，它们的原理都是一样的，都需要一个杠杆，将投掷物投射出去。

三、课堂任务

【任务讲解】本次主题课的任务是以小组为单位设计和制作一台抛石机。

【材料说明】材料清单如下：

一次性筷子：数量若干，规格为 220 mm 长、约 5.5 mm 粗，这是制作抛石机的基本原料，包括整个抛石机支架以及杠杆结构都可以由一次性筷子构成。

M8 螺母：M 指的是毫米制，M8 就是内径为 8 mm 的螺母，若干颗，一颗作为投掷物，其余可作为配重。

空心笔杆：用于制作转轴。

勺子：用于制作投射盘。（强调说明：这与古代抛石机不一样，古代抛石机用的是布料。）

细绳：用于勺子与一次性筷子的连接。

特别提醒：若还需要其他材料，请自行准备。

【规则讲解】我们要比的是抛射的距离，这个距离就是从转轴到落地点的水平距离。

【讨论与设计】大家讨论设计方案，并将讨论的结果以设计图纸的方式呈现出来。（教师巡视进行指导。）

设计过程中需要思考的问题：

(1)对于抛石机的整体架构，采用何种方式，是四边形还是三角形？

(2)杠杆的转轴效果如何实现？

(3)如何在材料有限的情况下将抛石机搭建得尽量高？

(4)杠杆的支点设在哪里最为合适？

(5)能不能综合扭力抛石机、人力抛石机和重力抛石机的优势于一身？

第二课时　抛石机的制作

一、制作抛石机的材料和工具

1. 材料：以上节课提供的为主，如需其他材料请自备。

2. 工具：美工刀、热熔枪、钢锯、钻机、锉刀、尖嘴钳、斜口钳、笔、草稿纸、打火机、刻度尺、剪刀等。（教师针对每个工具使用方法做详细的说明和演示，强调注意事项）

二、制作过程（关键步骤示范引领）

三、书写抛石机说明书

说明书包括：作品名称、作品构件、技术指标、使用方法、注意事项。

四、现场制作

学生进行现场制作，要求学生根据自己之前的设计图纸进行制作，如果遇到问题可以向教师寻求帮助。（教师巡堂指导）

【提醒1】如何利用现有的材料进行方案优化，既不能够超过限定的筷子数又尽量使做出来的抛石机抛得更远。

【提醒2】影响抛石机射程的因素有哪些？

预测：

a. 抛石机投掷高度

b. 动力臂和阻力臂的比例关系

c. 投掷物和配重的比重关系

d. 结构的稳定性

第三课时　探究影响抛石机投射射程的因素

一、测试投射距离

【规则说明】我们测试投掷距离是以转轴的位置开始算起，到达第一落地点，这两点之间的水平距离就是抛石机的射程，每个小组总共有三次测试的机会，最后我们会取最高成绩作为最后的成绩。

【小组测试】每个小组发一把卷尺，组内测试抛石机抛射最远距离，并记录下来。（教师巡堂，做好相应记录。）

二、明确影响射程的因素

探究影响因素，每个小组都做了一轮测试，每个小组测试的距离有近有远。

组织学生讨论，影响射程的因素有哪些。

（预测：会提到转轴的高度、动力臂和阻力臂的比例关系、弹力的大小。）

【实验1】转轴的高度是毋庸置疑的。生活经验告诉我们，当物体被抛出的速度一定时，出射点位置越高则其飞行时间就越久，其抛射距离自然就越远。我们通过以下实验进行验证：将某台抛石机放置于地面进行投掷，记录其第一着地点的位置，用卷尺测量转轴到着地点的距离，记为 S_1。将同一台抛石机放置于铺垫有书本的地面上进行投掷，同样记录转轴到第一着地点的距离，记为 S_2。比较 S_1 和 S_2 的大小，得出相应结论：转轴高度越高，意味着投掷点越高，相应的射程就越大。

【实验2】我们现在来看一下动力臂和阻力臂的长度关系到底会不会对射程造成影响，老师做了一个可以随时方便调节杠杆比例的装置，我们在不同的位置进行实验，看看哪个位置是最为合理的。以下为实验过程：

(1)测量整个杠杆力臂的总长度(即投掷物到达配重的水平距离)，记为 S，相应地计算出按照动力臂与阻力臂比例为1∶1、1∶2、1∶3、1∶4、1∶5时动力臂离转轴的距离(实际上事先已经标好位置1、2、3、4、5)。

(2)分别按照动力臂与阻力臂比例为1∶1、1∶2、、1∶3、1∶4、1∶5时做实验，记录相应的投射距离。

(3)将实验数据记录到如下表格

动力臂∶阻力臂	1∶1	1∶2	1∶3	1∶4	1∶5
投射距离/m					

对表格数据进行分析可以得到，当比例在1∶2到1∶3时会出现一个最大值，所以最佳的比例应该是动力臂与阻力臂之比为1∶2到1∶3。

进一步实验：找出最大值的位置，引导学生们一起去做。

【实验3】结合扭力抛石机的工作原理，我们在原有基础上再增大弹力，看一下弹力增大时投射距离会不会发生改变。以下为实验过程：

在阻力臂一端固定位置系上橡皮筋，将橡皮筋拉到固定长度，记录投射射程。增加橡皮筋数量，重复上述实验，将实验数据记录到表格里。

橡皮筋数量	1	2	3	4	5
投射射程/m					

归纳总结：弹力越大，投射射程越大。

如果改变橡皮筋的位置，投射射程会不会改变？（有余力的学生可以继续探究。）

三、优化和调整抛石机

组织学生根据影响射程的因素进行修改，修改完成之后再进行测试，看看射程在原来的基础上是否有所增加。

第四课时　抛石机争夺赛

1. 各个小组发射 3 发子弹，记录射程最远的一次作为最后的比赛成绩。

2. 教师作为裁判，记录各组成绩。根据成绩宣布比赛结果。

小组	1	2	3	4	5	6	7	8	9	10
成绩/m										

【经验分享】现在我们已经做完了测试，那么我们现在请射程最远的两个小组对他们的抛石机进行分析，把你们成功的经验告诉大家，让大家认识到如何才能使抛石机的射程达到最大。

总结与反思

本节课以抛石机引领课堂，教学设计以学生为中心，教师作为引导者；每节课都有明确的主题，以实物呈现，再以实验探究为主导，进一步优化抛石机，能让学生在实验中发现问题、解决问题，培养学生科学探究的能力。最后通过抛石机争夺赛把本节课推向高潮，做中学，玩中学，使学生能在比赛中有效地与他人交流设计想法和成果，并学习更多知识。

5."纸桥承重"案例

项目名称	纸桥承重		
学科/主题	物理	年级	八年级
关键词	探究活动　纸桥制作		
设计者	张格	课时	4 周
学校	郑州市第五十四中学		
学情分析	学生在八年级刚接触物理，对力学知识掌握得不深，所以本次活动以学生兴趣为主，培养学生主动搜集资料、小组合作探究的能力和意识，让学生带着兴趣与热情去探索新知。		

案例概述	在纸桥承重这个项目中，学生将学习桥的组成部分，并利用网络搜集关于桥梁的信息，尝试挑战绘制桥梁模型草图并通过小组合作制作纸桥，最后进行承重测试，根据纸桥变形情况进行设计的改进与反思。 学生将设计不同形状的纸桥模型，并按照模型制作出相对应形状的纸桥成品。 最后的表现性任务中学生将做到在规定时间内利用 A4 纸和胶水制作一个结构完整美观的纸桥，并可以让 10 kg 的测试小车从桥面上通过。

阶段 1——确定预期目标

所确定的目标

• 认识桥是由桥面和桥墩组成的。

• 改变纸的形状，可以改变纸的抗弯曲能力；通过动手实验比较三角形纸筒、四边形纸筒、六边形纸筒和圆形纸筒的承重能力大小。

• 通过观察、比较不同结构的桥梁，描述和评价其特点、原理。

• 基于前面掌握的桥梁知识和生活经验，运用科学的语言表述自己的想法；能够画出桥梁设计图。

• 让学生经历设计、制作、介绍、交流的过程，体会设计的重要性；能够使用尖嘴钳、剪刀等简单工具进行纸桥制作；能够根据制作过程中出现的实际问题调整解决方案。

• 通过承重测试，学生能够对出现的问题提出有效的解决策略。

我们需要考虑哪些基本问题？	预期的理解是什么？
1. 桥是由什么组成的？ 2. A4 纸可以承重吗？怎样可以承重更多？ 3. 哪些形状可以增加抗弯曲能力？ 4. 桥梁的构造只能是单一结构吗？	1. 桥由桥面和桥墩组成。 2. 将 A4 纸卷成拱形，能增加承重。 3. 学生进行猜想，波浪形、三角形、圆形等。 4. 桥梁可以是复合结构。

作为单元学习的结果，学生将会获得哪些重要的知识和技能？	
• 拱形结构及其受力形式。 • 桥梁根据实际需要可有多种结构与功能。 • 改变纸的形状，可以提升其抗弯曲能力。 • 欣赏桥梁的形状结构之美。	• 理解桥的组成部分及各部分作用。 • 绘制并分享桥梁模型草图。

阶段 2——确定合适的评估证据

什么能够用来证明学生理解了所学知识？

• 将纸张折成高度相同的圆形纸筒、三角形纸筒、四边形纸筒和六边形纸筒，进行探究实验，填写实验记录单。学生汇报实验数据和发现，尝试总结纸张形状与抗弯曲能力的规律。

• 设计出纸桥模型并利用相关材料完成制作。

根据阶段 1 的预期结果，还需要收集哪些证据？
• 思考并回答本次设计所用材料的优缺点？如何有效地利用有限的材料？如果要使纸桥承重最多，需要设计什么元素？要使纸桥的连接处较牢固，你认为可以怎么连接？
学生的自我评价和反馈
• 影响纸桥承重力的因素可能有：桥的结构、桥墩的位置、连接处是否牢固、桥面高度等。 • 工程作品不是一次就能成功，需要不断地测试与改进。
评估任务计划表
通过这个任务，我们需要对哪些理解或目标进行评估？
• 学生将设计桥梁模型，并用 A4 纸和胶水进行桥梁的制作，最终的成品需让测试小车完整通过。
学生必须呈现哪些品质才能表明他已达到了预期目标的要求？
• 通过动手实验比较三角形纸筒、四边形纸筒、六边形纸筒和圆形纸筒的抗弯曲能力，并把探究的结果与预设作比较。 • 通过观察，比较不同结构的桥梁，描述和评价其特点、原理。 • 基于前面掌握的桥梁知识和生活经验，运用科学的语言表述自己的想法。 • 能够画出桥梁设计图，能够使用尖嘴钳、剪刀等简单工具进行纸桥制作。 • 能够根据制作过程中出现的实际问题调整解决方案。
通过什么样的真实的表现性任务来证明学生的理解？
• 将纸张折成高度相同的圆形纸筒、三角形纸筒、四边形纸筒和六边形纸筒，进行探究实验，填写实验记录单。分析四种形状纸筒的抗弯曲能力。 • 请小组展示自己的设计图，讲述设计理念、制作的可行性、需要多少张纸，并猜测能够承重多少。 • 检查模型是否符合规定，组织小组进行承重测试。
学生的哪些作品和表现将为预期的理解提供证据？
1. 分析不同形状纸张的抗弯曲能力并总结、对比、记录。 2. 动手操作并用承重小车进行验证。
通过哪些标准来评估学生的作品和表现？
• 搜集的信息包括以下四方面：(1)桥梁的历史发展；(2)桥梁与社会发展的联系；(3)搜集的信息具有权威性；(4)能说明信息的出处。 • 设计图应针对问题，或符合设计约束；能讲出设计的合理性且能说服组内其他成员。 • 知道常用工具的使用方法，根据设计要求选择合适工具，根据设计图规划制作流程，主动参与组内模型的制作。 • 观察并记录纸桥变化，记录真实承重数据。 • 能对纸桥变形处进行维修或改进。

续表

阶段 3——设计学习体验

教学过程

1. PPT 展示各种桥梁图片,讲解桥是由桥面和桥墩组成的。

2. 以拱桥为例,用 A4 纸模拟拱形,探究其抗弯曲能力,引导学生总结拱桥的受力特点——拱形会把自身所受的压力向相邻方向传递,传递到拱足时会变成平行方向的推力,抵住拱足会有良好的抗弯曲能力。

3. 用 A4 纸模拟探究其他桥的抗弯曲性。提出问题:还有哪些形状可以增加抗弯曲能力?

4. 根据学生猜想,通过实验探究不同形状纸筒的承受力大小。探究过程分为三个部分:折一折、预测、试一试。探究过程注重引导学生控制实验变量(承重测试时纸筒的高度和重物等无关变量应保持一致),并将预测以及实验结果记录在实验报告单上。

5. 学生汇报实验数据和发现,尝试总结纸张形状与承受力的规律。

6. 以小组为单位分享搜集到的关于桥梁的信息,小组自愿上台分享。

7. 对学生展示内容予以总结,回顾拱形结构及其受力形式,讲解条形结构、框架结构和钢索结构桥梁的发展、使用场景和受力形式。讲解组合桥,说明桥梁不一定只是单一的某种结构,也可以是多种结构的复合,桥的形状和结构与它的功能是相适应的。

8. 以小组为单位讨论并思考本次挑战所用材料的优缺点?如何有效利用有限的材料?如果要使纸桥承重最多,需要设计什么元素?要使纸桥的连接处较牢固,你认为可以怎么连接?

9. 点评学生的分享,并展示三种纸桥连接方式。

10. 请同学们讨论并绘制小组所认为的承重能力最好的桥梁设计图,并估算最多使用多少材料。

11. 请几个小组展示自己的设计图,讲述设计理念、制作的可行性、需要多少张纸,并猜测能够承重多少。学生在展示的过程中教师和其他学生应对汇报小组的设计图提出改进意见或建议,以提高其后续制作的成功率。

12. 分发材料,小组制作纸桥。

13. 检查模型是否符合挑战要求,组织小组进行承重测试,对作品进行评比,测试过程中提醒学生观察纸桥变形情况,记录数据,以便有针对性地思考改进策略。

14. 全部测试结束后,请同学们交流讨论,总结影响纸桥承重力的因素。

板书设计

一、桥梁的组成与结构
二、不同形状纸张的抗弯曲能力
三、纸桥设计
四、动手设计并测试
五、总结

总结与反思

本次活动一共经历了 7 个过程,分别是:了解桥梁设计——绘制设计图——设计图分享——建造——测试——改进——交流与总结。这就是"工程设计过程"。本次活动的目的就是让学生以工程师的身份经历一个完整的工程师设计流程,从了解桥梁到设计、制作、改进和经验分享,同学们都表现得非常优异,相信经历过这样一个课程之后,同学们能够理解工程师的工作顺序和逻辑,如果以后我们想要解决一个生活中的问题,就可以通过这样的流程去设计制作一个实物来验证或解决这个问题。

6."落体缓降"案例

项目名称	落体缓降		
学科/主题	物理	年级	八年级
关键词	落体缓降　合作探究		
设计者	李振芳　吴柳乐	课时	6
学校	郑州经济技术开发区第五中学		
学情分析	八年级的学生已经具有运动和力等相关知识，知道利用斜面可以减慢速度，具备一定的动手操作能力和分析推理能力。学生富有好奇心，乐于尝试和探索新鲜事物。该阶段学生处于青春期，遇到问题时会求助同学朋友，愿意进行小组合作。		
案例概述	落体缓降装置的设计原理是：在有限的空间内通过采取斜面等结构设法增大小球运动的路程，减慢小球的运动时间。 在"落体缓降"的项目中，学生学习有关影响物体降落快慢的因素和结构稳定性的相关知识，并对质量、力、碰撞、能量、速度、缓冲、重心、结构稳定性、横梁受力特征等科学概念有初步了解。 学生将通过小组合作设计并制作出落体缓降装置。通过多次重复实验，发现问题，不断改进，使小球在装置内的运动时间尽可能地延长。 在最后的表现性任务中，学生将在指定平台上摆放并调试制作的落体缓降装置，最后再自由释放小球，记录小球的运动时间，进行评比。		

阶段1——确定预期目标

所确定的目标

1. 学生将了解有关影响落体降落快慢的因素和结构稳定性等相关知识。

2. 学生将通过小组合作实践改进，制作出结构较为稳定的落体缓降装置。

我们需要考虑哪些基本问题？	预期的理解是什么？
1. 什么是落体缓降？ 2. 你知道有哪些方法可以使物体下落时间延长？ 3. 你知道降落伞的作用吗？ 4. 如何选择装置的结构？ 5. 如何让装置的结构更加稳定牢固？	1. 落体缓降是指使下落的物体缓慢降落，比较下落过程用时。 2. 通过减慢落体的下降速度或延长小球下落的路程。 3. 降落伞用比较大的伞面来增加落体下降时的阻力，从而降低下降时的速度。 4. 查阅资料并设计几种结构进行交流讨论，必要时可以制作模型进行实验探究。 5. 可以增加横梁支撑，降低重心，增大底面积。

作为单元学习的结果，学生将会获得哪些重要的知识和技能？	
1. 可以通过增加路程长度、降低坡度、增加路障等方法增大阻力，从而减缓落体下落的速度。 2. 知道质量、力、碰撞、能量、速度、缓冲、重心、结构稳定性、横梁等科学概念。 3. 知道设计和探究实验的步骤和方法。 4. 可以通过增加横梁、降低重心、增大底面积来增加装置的稳定性。	1. 收集资料并设计装置结构图纸。 2. 熟练使用测量、裁剪、打孔等工具，会根据结构要求和材料的特性，选择合适材料制作装置。 3. 用控制变量法进行探究实验，不断改进，找出最佳方案。 4. 在小组合作时，和平沟通，合理分工，共同完成作品。

阶段 2——确定合适的评估证据

什么能够用来证明学生理解了所学知识？

【实践出真知】学生自由组成三人团队，根据提供的材料设计并制作一个长、宽、高都限制在 60 cm 以内的装置，让直径 25 mm 的玻璃小球在装置上自由滚动，直至下落到桌面。

要求：小球在装置上的运动时间至少为 20 s，时间长者为佳。小球下落期间，任何人不得触碰小球和装置，若小球在装置某处停留超过 10 s，或装置倾倒，则宣告任务失败。

根据阶段 1 的预期结果，还需要收集哪些证据？

问答题——描述两个影响小球下落快慢的因素并解释。

观察报告——通过实验分析不同结构对延长小球下落时间的影响，并确定一种最优结构。

技能测试——(1)制作工具(剪刀、裁纸刀、直尺、打孔器)和常见胶体(透明胶、双面胶、固体胶、热熔胶)的安全正确使用，(2)绘制设计图纸，(3)将提供的卡纸、塑料板、纸箱等材料加工成需要的形状。

工作计划——制订计划，明确不同时间节点应完成的制作进度。

学生的自我评价和反馈

1. 总结制作缓降装置的注意事项、遇到的问题及处理方式。

2. 自评缓降装置，包括装置稳定性和小球下落过程两方面。

3. 在活动结束时，总结在"落体缓降"活动中的收获和成长(与活动开始时做比较)。

评估任务计划表

通过这个任务，我们需要对哪些理解或目标进行评估？

学生设计并制作出结构稳定的"落体缓降"装置，使玻璃球在装置上的运动时间至少为 20 s。

学生必须呈现哪些品质才能表明他已达到了预期目标的要求？

1. 用科学探究的方式进行实验，选择合适结构，设计制作并改进装置。

2. 恰当的小组分工，成员共同完成探究和制作过程。

通过什么样的真实的表现性任务来证明学生的理解？

学生自由组队，在前 5 课时学习相关知识，并根据所提供的指定材料，利用剪刀、胶带等工具，制作出一个落体缓降装置(要求长、宽、高均不超过 60 cm)。第 6 课时进行评比。

评比时，中间设置展台，各小组依次将本组装置放置在展台上，测量确定装置长、宽、高符合要求。小组短暂调试后，确保装置结构稳定，能够不借助外物独立支撑。自由释放指定玻璃小球(直径为 25 mm)，小球在装置上的运动过程持续时间至少为 20 s。

小球下落期间，任何人不得触碰小球和装置，或人为制造干扰。若小球在装置某处停留超过 10 s，或装置倾倒，则宣告任务失败。

除了制作装置之外，还需要学生说明自己的设计思路和理念，介绍具体用了哪些方法来实现缓降的目的，又通过什么途径增加了系统的稳定性。在制作过程中做了哪些尝试和改进，制作装置有哪些注意事项等。

学生的哪些作品和表现将为预期的理解提供证据？

落体缓降装置现场演示。	装置稳定且小球能够顺利下落，运动时长符合要求，能简要地介绍设计理念。

通过哪些标准来评估学生的作品和表现？

•尺寸符合规定。 •装置稳定。 •小球在装置上的运动时长。 •设计的创新性。	•对所制作的缓降装置进行科学性介绍说明。 •规范的实际操作。

阶段 3——设计学习体验

教学过程

1. 问题导入：你知道降落伞吗？你知道它的工作原理吗？引入落体缓降主题。

2. 介绍什么是落体缓降，讨论最终表现性任务(制作出结构稳定的落体缓降装置，并能成功操作)。

3. 教师讲解相关科学概念，分发参考资料。然后给定时间，自由分组，每组三人，确定组长。提出问题：影响小球下落快慢的因素有哪些？你知道有哪些方法可以使物体下落时间延长？小组讨论，完成问答。

4. 介绍落体缓降的相关案例，给学生提供素材，让学生们进一步理解"落体缓降"意义。

5. 介绍制作装置的相关工具及安全使用要求、装置的制作要求(对装置的尺寸、制作材料、黏合材料及其他工具的使用)。

6. 明确完成最终表现性任务时的制作时间和操作要求，小组制订计划，明确不同时间节点应完成的制作进度。

7. 设计方案：明确控制变量的实验研究方法，尝试用材料简单制作，寻找缓降效果好的材料和结构。实验并分析不同结构延长小球下落时间的原因，选择一种主要结构并形成观察报告。

8. 确定方案：全班一起依据观察报告进行头脑风暴，然后各小组讨论设计自己小组的制作方案，绘制设计图纸，鼓励学生大胆创新。

9. 开始制作：小组明确分工，开始制作装置。在制作过程中，教师及时给学生明确、详尽的反馈，并引导学生监督自己的进度，进行经常性的检查。通过各种学习活动和表现性任务，让学生将他们的尝试和想法记录下来，以便后期检验和评估。

10. 个别指导：巡视发现学生的问题，提出适当的建议。

11. 交流合作：每个小组分享他们作品的设计思想，然后在全班范围内讨论。（注意：教师应收集和点评这些分析，并找出需要指导的错误理解。）这个过程中会有很多实际问题出现，例如：结构不稳定；实验一次就变形；小球下落时间过短，没有很好地实现缓降的目标。

12. 解决问题：查找资料，联系生活。讨论：如何增强结构的稳定性？可以通过哪些途径来延长小球的运动时间？你做了哪些尝试？效果如何？

13. 改进装置：根据得到的改进意见，回顾和讨论自己的制作思路，开始改进装置，并反复测试，确定最终方案，进行设计和组装。

14. 评估交流：展示作品，进行互评。允许学生根据评价反馈进行二次修改。

15. 比赛：各小组利用最终装置展示缓降效果，测量小球下落时间。小组需介绍自己的设计思路和理念，介绍具体用了哪些方法来实现缓降的目的，又通过什么途径增加了系统的稳定性。比赛之后所有学生利用量表进行自评和互评。

16. 在项目总结时，学生回顾他们制作装置的过程，在组装和设计时需要注意哪些问题？通过这项活动，自己有哪些收获？

7. "鸡蛋撞地球比轻"案例

项目名称	鸡蛋撞地球比轻		
学科/主题	物理	年级	八、九年级
关键词	缓冲　运动和力		
设计者	周筱妍	课时	3 周
学校	郑州市第五十四中学		
学情分析	八、九年级的学生对运动和力有了初步的认识，有一定的力学基础，对未知事物有着好奇心，乐于参与并动手实验。鸡蛋撞地球比轻这个项目涉及冲量的概念，虽然初中学生没有接触过相关概念，但根据生活经验他们可以有一些具体有效的方法，乐于动手，在不断改进装置和实验的过程中锻炼自己。		
案例概述	学生将学习减速、缓冲、保护的相关知识。此活动为学生设计了一次创造性解决问题的经历，让学生在亲身经历的过程中，通过讨论、选材、设计、改良、制作等环节，促进学生核心素养的发展。最后的表现性任务中学生能做到设计并制作保护鸡蛋不破碎，且能降落到指定区域的装置，同时能不断改进制作出功能性好，外观美观的作品。在活动中能学习变速直线运动，鸡蛋保护器在空中相对"减速"，落地"缓冲"的相关知识。		

续表

阶段 1——确定预期目标	
所确定的目标	
1. 培养学生进行科学探究的兴趣，使学生体验探究的乐趣，发展学生的创新和创造能力。 2. 初步培养学生将所学的知识运用于实践的能力，设计的实验方案能与实际材料相结合，能选择合适的实验方案进行实验探究。 3. 培养团队合作、协调配合的精神。 4. 初步培养学生书写探究报告的能力。	
我们需要考虑哪些基本问题？	**预期的理解是什么？**
• 如何让鸡蛋完好不破碎？ • 如何减小鸡蛋下落的速度？ • 如何让鸡蛋尽量落在指定区域？ • 如何尽量让你的装置质量更小？	• 简单地了解冲量的相关知识。 • 了解缓冲减震装置在航天工程方面的应用。 • 学生在优化装置的过程中离不开数学计算和工程改进，能增强学生多学科的整合能力。
作为单元学习的结果，学生将会获得哪些重要的知识和技能？	
• 关键术语——缓冲、减震、冲量。 • 泡沫、气球、降落伞等不同装置的优缺点。 • 缓冲减震装置在航天工程方面的应用。	• 制作出简易的缓冲装置。 • 改进自己的作品，调整落点。
阶段 2——确定合适的评估证据	
什么能够用来证明学生理解了所学知识？	
保护鸡蛋——学生能够制作出减震装置，保护鸡蛋不破碎。 精准落点——学生们能够制作出在空中相对"减速"、落地"缓冲"并落在指定区域的鸡蛋保护器。	
根据阶段 1 的预期结果，还需要哪些证据？	
课堂测验——能够说出航天器外壳所具备的特质。 手工制作——能够利用手边简易器材制作降落伞。 技能测试——口头解释减速、减震的原理。	
学生的自我评价和反馈	
1. 自评鸡蛋保护器。 2. 在单元学习结束时，反思你对运动和力以及压强的理解（与单元学习开始时做比较）。	
评估任务计划表	
通过这个任务，我们需要对哪些理解或目标进行评估？	
学生们能够制作出保护鸡蛋不破碎并在空中相对"减速"、落地"缓冲"落在指定区域的鸡蛋保护器。	

续表

学生必须呈现哪些品质才能表明他已达到了预期目标的要求？
稳定的支架结构制作、落在指定区域的表现、降落伞抵抗风力的效果、环保材料的选择等。

通过什么样的真实的表现性任务来证明学生的理解？
宇航员乘坐太空舱返回地球的过程是一个高速的、不断和大气摩擦的惊险历程。若宇航员从太空带回了第一手的科研资料现在要乘坐太空舱安全返回地球，在太空舱的设计上我们需要考虑哪些问题？说一说你的科学依据是什么？现在我们以鸡蛋为保护对象，请同学们设计一个装置，参照太空舱的设计要求，保护鸡蛋安全着陆在指定区域。

学生的哪些作品和表现将为预期的理解提供证据？
制作出不仅能保护鸡蛋而且能够落在指定区域的缓冲减震装置。

通过哪些标准来评估学生的作品和表现？
1. 鸡蛋是否完好无损。 2. 装置必须落在指定区域。 3. 质量越小的作品成绩越高。 4. 对使用环保材料、方法创新、创意独特、造型美观的作品予以加分。

阶段 3——设计学习体验
教学过程
一、巧设情境，引入课题 截取电影片段，宇航员乘坐太空舱返回地球，让学生直观感受到这是一个高速的、不断和大气摩擦的惊险历程。接下来展示宇航员返回地球的照片，增强代入感，抛出问题：宇航员从太空带回了第一手的科研资料现在要乘坐太空舱安全返回地球，在太空舱的设计上我们需要考虑哪些问题？说一说你的科学依据是什么？学生根据已有知识可能会回答材料要耐高温、够厚，太空舱速度尽量慢些，需要加保护装置等。 教师引导：我国的宇航员在着陆时，对落点有什么要求？我们现在大力提倡节约环保，在太空舱的制作上需要注意些什么？ 学生马上领悟，落地点要在无人区，太空舱最好可回收利用，在保障安全的情况下耗材要少。 教师归纳后提出项目要求：今天我们用一个生鸡蛋来模拟宇航员，请各小组合作，设计一个保护装置模拟太空舱，材料不限，要求装置从 2 楼抛下，鸡蛋不破，距离落点越近（直径1 m 的圆），装置轻者获胜。 生活中的问题，熟悉的情境，真实的问题最能引发学生的兴趣。通过再现生活中真实发生的、能引起学生共鸣的场景，把学生引导到太空舱设计的项目上，再以问题为导向，让学生自发提出项目需要满足的要求，使学生参与度大大提高。 二、设计方案，制作装置 平时的科学探究是基于已有的知识和经验，在教师的引导下，学生提出问题，建立假设、设计方案、收集证据、得出结论、评价交流。整个活动以问题驱动和实验设计为核心，学生动手动脑合作完成实验。本次实验由项目驱动，以学生自主学习为主，通过体验来学习，

续表

要求有明确的结果，生产出成品。

鸡蛋撞地球比轻活动涉及冲量的概念，初中生对此比较陌生，但学生根据生活经验，比如水果外面包裹塑料网防撞伤，联想到给鸡蛋包裹防撞材料，或者给鸡蛋加降落伞让速度减慢。教师要充分肯定学生从生活中学习到的智慧，即使学生并不明白背后蕴含的科学原理。教师需要告知他们，减速和缓冲两条思路都是正确的，这里用到了冲量的科学原理，大家可以去查阅相关资料。具体方法多种多样，比如裹塑料泡沫可以增强缓冲能力，那么还能用别的材料，或者别的形状来提高缓冲能力吗？

经过不断的改进和摸索，历时2～3周，学生们最终制作出自己的作品。

三、进行比赛，总结收获

在学校统一规定的时间内完成比赛。每个小组有三次机会，取成绩最高的一次，学生们能在比赛的过程中反思改进自己的装置并在下一次的机会中提高成绩。最后进行科学性评价，学生交流作品，教师评估成绩。

总结与反思

总结：实验设计之初，我们以去掉鸡蛋再测量整个装置的质量取成绩，但取下鸡蛋时，容易将很多作品损坏，无法展示，最后采用鸡蛋和包装材料一起测量的方案来计量成绩。这引起部分学生抗议：鸡蛋的质量有大小之分，对成绩影响较大。实验中学生还提出不同鸡蛋抗压能力对实验结果的影响、鸡蛋生或熟、用鸡蛋做实验好还是鸭蛋做实验好等问题。这一方面需要我们在今后的实验中要设计得更完善，另一方面说明学生在探究过程中，能够采用控制变量法等科学方法来思考问题，也善于发现问题，这些正是我们在科学教育中最希望学生拥有的能力。

比赛中，学生已经懂得保护自己的知识产权。作品是他们经过很多次探究而得出的，对他人的模仿存在反感情绪，说明他们对自己作品的保护意识，这提醒我们在以后的实验探究中要善于处理创新与模仿的冲突，既要鼓励全体学生进行实验探究，也要恰当地保护各层次学生的创新和创造成果。

实验探究活动中，学生经受失败打击的能力增强了。有的同学反映，实验中，为了找到合适的方法，摔破了六个鸡蛋，通过改进实验方法来进行实验，最终选取一个自己认为比较好的方案来进行比赛，取得了好成绩。

鸡蛋撞地球，高空坠蛋而不破，通过怀疑、尝试，越来越多的学生加入到探究活动中来，将看似不可能的事情经过实验探究变成现实，能用科学的手段解决类似问题。活动培养了学生学习物理和科学探究的兴趣，培养了学生科学探究的能力，进一步使学生明白：物理来源于生活，从生活中学习物理，让物理知识应用于生活中，我们的生活会越来越美好。

反思：在鸡蛋撞地球比轻的活动中，评价方式应该更开放，更具个性化。要将学习者作为一个自主的人，对他的真实学习活动进行描述，随时记录下活动过程中的突发状况，以及复杂的环境对个人评估的影响。学生的科学精神、创新能力和合作能力应是重点考核指标。评价的方式可以是口头点评、活动记录表、研究日志、作品展览等，既有过程性评价，又有总结性评价，还有发展性评价，将一个全面而系统的评价体系贯穿整个教学过程。

8.“自制小车竞速”案例

项目名称	自制小车竞速		
学科/主题	物理	年级	八年级
关键词	反冲力　气体反冲　螺旋桨		
设计者	李敏　王颖　金飒	课时	1周
学校	新郑市龙湖镇第三初级中学		
学情分析	初中学生初步具备观察能力、实验能力和探究的能力，掌握了通过构建物理模型探究物理现象的方法。这些初始能力为本节的学习奠定了基础。但是要注意的是部分学生动手能力还不够强，需要提供必要的指导和相关的材料，帮助学生完成学习任务。		
案例概述	完成"力的作用是相互"的教学内容，是促进学生对力的概念形成整体认识的重要环节，也是本节教学的难点之一，为了更好地突破这一教学难点，设计本教学案例。 基于学情，分小组制作一辆螺旋桨反冲小车，在教学中以学生自主探究为主，通过观察螺旋桨反冲小车的运动进行分析，初步感受反作用力、力的作用效果等。在这个活动中培养学生的科学探究精神。		

阶段1——确定预期目标

所确定的目标

1. 学生将理解力的作用是相互的。
2. 学生将利用手中器材，制作螺旋桨反冲小车。
3. 解释小车的运动。

我们需要考虑哪些基本问题？	预期的理解是什么？
• 怎么让小车运动起来？ • 小车受到哪些力？	• 力的作用是相互的。 • 小车受到反作用力。

学生将会获得哪些重要的知识和技能？

• 力的作用是相互的。 • 螺旋桨反冲小车的组装步骤。	• 经历安装螺旋桨反冲小车的活动，锻炼动手能力，进一步感受力的作用是相互的。 • 体验合作的重要性和形成不怕困难的积极的学习态度。

阶段2——确定合适的评估证据

什么能够用来证明学生理解了所学知识？

1. 能描述螺旋桨对空气的力和空气对螺旋桨的力是一对相互作用力。
2. 知道小车受到反作用力而运动起来。

根据阶段1的预期结果，还需要收集哪些证据？

分析描述：小车受到几个力的作用。

学生的自我评价和反馈
实验反思：怎样让小车跑得更快？
评估任务计划表
通过这个任务，我们需要对哪些理解或目标进行评估？
学生能自己制作螺旋桨反冲小车。
学生必须呈现哪些品质才能表明他已达到了预期目标的要求？
知道都有哪些利用反冲力的生活实例。
通过什么样的真实的表现性任务来证明学生的理解？
能解释生活中利用反冲力的生活实例。
学生的哪些作品和表现将为预期的理解提供证据？
学生能自己制作螺旋桨反冲小车。
通过哪些标准来评估学生的作品和表现？
学生制作的螺旋桨反冲小车能运动。
阶段 3——设计学习体验
教学过程
一、引入课题 1. 播放嫦娥三号发射视频，引入反冲力知识。 这是我国成功发射的嫦娥三号卫星，同学们知道是靠什么作用发射出去的吗？ 2. 提问： (1)你们见过螺旋桨吗？ (2)在小车上安装一个螺旋桨，螺旋桨旋转可以使小车运动起来吗？ 二、探究过程 1. 制作螺旋桨小车 每个小组利用手中的器材制作螺旋桨反冲小车。 2. 螺旋桨转动，让小车运动起来 (1)提问：螺旋桨的转动能使小车运动吗？ (2)提问：小车运动的方向如何？ (3)小组成员相互合作，共同实验。(教师根据每个小组的具体情况进行引导) (4)各小组进行交流、分享实验探究结果。 进一步追问：小车是怎样运动起来的？ 螺旋桨的转动为什么能推动小车？ 改变螺旋桨转动的方向，观察这时小车运动的方向有什么变化？ (5)归纳：小车是靠螺旋桨转动时空气的反冲力运动的。 3. 走进生活，了解反冲力的应用

续表

（1）提问：你们还知道哪些物体是靠反冲力运动的？

举例：

①喷气式飞机。喷气发动机里的汽油或煤油燃烧时产生大量气体，气体从发动机的喷气口快速向后喷出，飞机受反冲力作用快速向前飞行。

②火箭发射。火箭是我国最早发明的。现代火箭用高能物质作燃料，燃烧后产生大量的高温气体，连续不断地向后喷出，使火箭高速飞行。

③还有导弹发射、火箭炮、航天飞机发射、节日燃放的烟花等。

（2）竞赛展示：怎样让小车跑得更快？小组讨论方案，再进行比赛展示。

让学生用自己制作的螺旋桨反冲小车进行比赛，看看谁的小车跑得最快，进行小组评价。

4.小结

总结：通过这节活动课的探究学习，同学们理解并应用了反冲力，且又学会了一项小技能，希望大家多多学习科学知识，多动手实践，以后去设计制作更加先进的交通工具，方便我们的生活。

板书设计

螺旋桨反冲小车的制作

（一）制作原理：利用反冲力推动

（二）制作材料：螺旋桨，瓶盖四个，木板，吸管等

其他制作工具：锥子、剪刀、螺丝刀、钳子等

（三）反冲力的应用

（四）小结

总结与反思

通过本节课的教学，能够发现学生在探究过程中存在的问题，鼓励学生进行分析和讨论，从而培养学生发现、分析及解决问题的能力，活跃思想，激发学习兴趣，开阔视野。

本节课立足于学生的认知特点，充分体现以学生为主的指导思想，大胆启发学生思维，打破常规思维，让学生亲自动手，自己总结，相信本节课会给学生的科学学习带来更多的乐趣。

但是，本节课的不足之处还有很多，应当为学生提供更多的实验器材，让学生思路更开阔；另外在学生展示环节，应当鼓励更多的学生参与，比如让学生质疑、解惑等，让学生在语言的交流中、思维的碰撞中产生更多的火花！

本章为了确保教学效果的可评估性，引入了科技运动会项目课程化的概念。通过将科技运动会与教学内容紧密结合，学生在参与活动的过程中能够直观地应用所学知识，提升了学习的趣味性和参与度。通过详细介绍具体项目的设计和实施步骤，使教师可以根据学生在项目学习中的表现进行全面的评价，及时发现教学中的不足并进行改进。这种评价机制不仅关注学生的知识掌握情况，还注重学生的能力发展和科学素养的提升。

下　篇

聚焦科技探究项目学习的
教学改进效果

下篇主要呈现了郑东新区参加本次教学改进的效果。在两年的项目中，聚焦改进主题，项目组对教师进行了系列培训和实践指导。培训课程包括：汇聚国内外顶尖师资的"科技素养教育大课堂"，理论与实践结合的"科技探究培训课程"，体验青少年科技运动会项目的系列工作坊；共读经典文献《追求理解的教学设计》等。项目组专家还进入实验学校对教师进行科技运动会项目课程化的实践指导，与教师共同进行教学案例设计和打磨，从师资、课程资源和评价等方面提供支持，共同对学生科技作品做赏析和点评。

第六章主要展示经过两年的改进提升，郑东新区的实验学校科技教育氛围变得更加浓厚，教师的观念有了较大改变，学生科学学习兴趣和科技活动参与度大幅提升。实验学校取得的成果通过开展科技运动会、分享与交流优秀案例等方式，不断扩大影响，吸引了更多学校和科学教师参与到科技教育的创新实践中来。

第七章分两个部分，第一部分是教育行政部门、校长、教师对本次教学改进的反馈和评价。第二部分是学生在项目学习中的作品和课堂现场展示。

第六章 教师科技素养培训课程及培训成效

一、教师科技素养培训课程

项目组基于长期研究和前期调研确定的项目推进思路是：以科技素养教育为杠杆，以经过检验证明切实可行的创新实践行动为支点，撬动学校教育质量提升，形成中学科学质量提升教学改进模型，并将科学教师科技素养教育意识和创新实践能力提升，作为项目工作的重点。

(一)课程设计依据

在历年的教师问卷调查中发现，教师的科学本质观水平与教师在课堂上落实科学本质观的养成教育之间，存在理念与教学行为脱节的问题。因此，为了引导教师改变传统的教学模式，积极采用"科学探究"的方式教学，提升教师的科技探究实践能力和研究能力。本项目组基于已积累的大量关于科学教师科技素养培养的课程、案例和实践经验，围绕科技探究、创新实践和科技运动会三个维度，构建了促进中学科学教师在资源开发、课程实施及多元评价等方面专业发展的培训方案与资源体系。为此，项目组设计并开展了一系列课程与活动，其中包括"科技素养教育大课堂""科技探究培训课程""科学教育研究与文献选读"，以及《追求理解的教学设计》解读培训课程。同时，项目组还开设了"教师科技素养教育能力提升专题研修班"，并组织了"青少年科技运动会"的培训与比赛观摩活动。这些课程和活动以跨时空、多平台的深度融合为特色，全面助力教师科技素养的提升与教育实践能力的增强。

(二)课程目标

各项培训课程针对教师的不同需求，设定了具体而明确的培训目标，以期通过专业化、多样化的培训，促进科学教育教学质量的整体提升。"科技素养教育大课堂"主要为了提高教师的科学素养和科学学科整体理解能力，包括对科学教育目标、科学课程体系和科学教育前沿的理解。"科技探究培训课程""教师科技素养教育能力提升专题研修班""青少年科技运动会"培训和比赛观摩的开展是为了培养教师的探究实践教学能力，包括科学探究教学、技术与工程实践教学、科学实验教学设计和跨学科主题教学。"科学教育研究与文献选读"培训课程的实施促进了教师科学教学研究能力的发展，包括研究的问题意识、研究过程和方法，以及如何以研究促进教学。《追求理解的教学设计》的解读培训课程主要为了培养科学教师的科学学科教学知识能力，包括科学学习者知识和科学教学策略知识。

"科技素养教育大课堂"侧重于培养教师对科技素养的全面理解和重视，通过具体教学案例和策略分享，指导教师如何在课堂教学中有效融入科技教育，强调科技教育在培养学生科学素养中的核心作用。

"科技探究培训课程"强调通过科技探究创新教学示范，使教师不仅学习理论，更通过亲身参与"科技探究"的全过程，深刻理解科技教育的本质。这个过程不仅激发了教师对科技探究的热情，还促进了其教学方法的革新，使得"科技探究"的理念得以在日常教学中得到有效实践。

"教师科技素养教育能力提升专题研修班"的举办不仅提升了教师的科学探究能力和组织科技运动会活动的能力，而且能促进学生科学素养的发展。研修班的培训让教师们深刻地体验和掌握了设计、组织真实科技体育活动的方法。同时，教师进一步认识到发展学生核心素养的重要性，并积极表达了将这些培训项目融入学校课程的意愿，以期通过动手实践，全面提升学生的科学探究能力、技术创新意识及实际操作技能。

"青少年科技运动会"培训和比赛观摩，通过培训和观摩学习各地区青少年科技运动会比赛现场，让教师对科技运动会比赛项目的规则和比赛的形式有了更深刻的理解，进一步培养教师筹备和组织青少年科技运动会的能力。

"科学教育研究与文献选读"课程专注于提升教师的学术研究能力，包括如何高效检索、阅读和评价科学教育领域的学术文献，以及如何将研究成果应用于实际教学中。课程通过案例分析、研究方法讲解和实践活动，引导教师深入了解科学教育的最新发展趋势和研究热点，鼓励他们基于个人教学实践提出研究问题，开展小规模研究项目。

《追求理解的教学设计》的解读培训课程加深了教师对大概念、课程设计、逆向设计、课程标准等内容的认识与理解，使教师进一步明晰如何选择合适的教学目的与手段，如何合理设计教学过程，基本掌握开发基于大概念前后衔接的课程技巧和方法，进而提升教师的教学设计和教育研究能力。

(三)培训方式

教师培训分为线上培训和线下培训两种方式。

1. 线上培训

线上培训课程通过网络平台进行同步直播，云端教学使课程资源分布更广，也使得大量初中科学与技术教育类教师同步参与培训。网络直播结束后具有回看功能，既可以给未观看直播的教师提供课后回看课程的机会，也可以给直播中没有理解透彻的教师提供回放，加深他们对课上内容的理解。通过对教师在线学习视频的时长与回放时长等观看数据深入的分析，可为后期遴选优秀教师学员提供数据支撑。

2. 线下培训

线下培训主要包括"教师科技素养教育能力提升专题研修班"，目的是落实"以青少年科技运动会为载体的表现性评价"，提升教师科技素养教育能力，郑东新区教研室负责学员选派、组织、部分器材准备、场地提供和学员后勤保障；项目组承担培训课程计划和组织实施，培训项目有水火箭比高、气弓箭打靶、铁丝陀螺比久、抛石机攻城、纸桥承重、落体缓降、鸡蛋撞地球比轻、自制小车竞速8个比赛项目，以下是教师参与培训剪影(见图 6-1-1 至图 6-1-8)。

图 6-1-1 教师参与研修班之"水火箭"培训

图 6-1-2 教师参与研修班之"气弓箭"培训

图 6-1-3 教师参与研修班之"铁丝陀螺"培训

图 6-1-4 教师参与研修班之"抛石机"培训

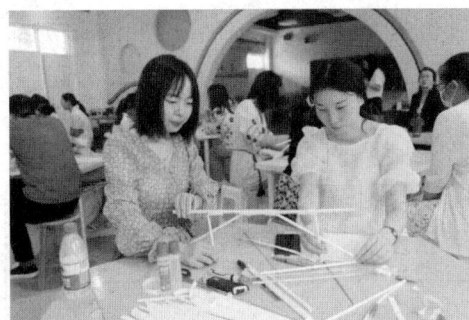

图 6-1-5 教师参与研修班之"纸桥承重"培训

图 6-1-6 教师参与研修班之"落体缓降"培训

图 6-1-7 教师参与研修班之"鸡蛋撞地球"培训　图 6-1-8 教师参与研修班之"自制小车"培训

(四)课程内容

项目组将科学(含理化生地)教师科技素养教育意识和创新实践能力提升作为第一年培训课程的工作重点。

1. 第一年第一学期培训课程

第一年第一学期共开展了 23 次活动,共 69 课时。具体包括理论与实验融通、思维与实践结合的"科技探究培训课程"(10 次)(表 6-1-1)和汇聚国内外顶尖师资,打造跨时空和平台的"科技素养教育大课堂"(13 次)(表 6-1-2)。"科技素养教育大课堂"特邀 12 名国内外教学名师主讲。通过本学期的培训,培训教师的科学探究教学实施、STEM 教学案例开发、探究教学设计、信息技术应用等能力都有所提升。

表 6-1-1 "科技探究培训课程"

序号	课程名称
1	课程导论
2	古怪的浮沉子
3	科学探究之 PBL
4	让科学探究走向教学实际
5	"水火箭比高"项目研发与实施
6	"创制最能转的陀螺"——一个微型工程实践项目中的 STEM 建模
7	科学概念教学之探究——以密度定义的引入为例

续表

序号	课程名称
8	科学规律教学之探究——以杠杆平衡条件探究为例
9	强化创意和合作交流的项目学习案例分享会——以合作探究学习小组 logo 设计为例
10	"人口增长建模"——基于一个游戏活动的探究学习设计

表 6-1-2 "科技素养教育大课堂"

序号	课程名称
1	做让学生崇拜的教师
2	移动互联网时代科学教师的专业发展
3	什么是科学(家)——兼谈科学的教与学
4	理科教学中信息技术应用探讨
5	中学教师的教育教学研究
6	初中理科国培科学课程的育人功能探索
7	双新背景下科学教育创新之路
8	促进核心素养融合发展的项目教学
9	启发思维,加强实践
10	第五届广西青少年科技运动会
11	恐龙真相与恐龙幻象龙骨拼图
12	STEM 教学论:基于项目的探究学习
13	基于核心素养理念的物理实验功能深层开发

2. 第一年第二学期培训课程

第一年第二学期开展了 22 次活动,共 58 课时。具体包括汇聚顶尖师资的"科学教育研究与文献选读"线上培训课程(表 6-1-3)和"教师科技素养教育能力提升专题研修班"线下培训课程。

(1)"科学教育研究与文献选读"线上培训课程

"科学教育研究与文献选读"线上课程特邀 6 名国内外教学名师主讲。本课程开设的目的是让教师们意识到新时代科学教育的新挑战与新机遇,能对科学教育进行思考与创新实践,同时还计划提高教师们的文献选读与科研的能力。

表 6-1-3　"科学教育研究与文献选读"线上培训课程

序号	课程名称
1	科学与学科的教育思考与战略选择
2	以探究和设计为核心的科技教育：背景与行动
3	是什么影响了学生的科学抱负？
4	PISA 2024 Strategic Vision and Direction for Science 共读
5	基于大规模测评数据挖掘的科学教育研究
6	国际物理教育研究(PER)的主要研究领域
7	科学课堂研究
8	课堂科学辩论
9	国际科学教育研究领域的形成与发展
10	国际科学教育研究论文的写作与发表
11	理科课程研究：内容分析法

(2)"教师科技素养教育能力提升专题研修班"(第 1 期)

"教师科技素养教育能力提升专题研修班"(第 1 期)包括 2 场专家讲座和 5 场青少年科技运动会培训课程(表 6-1-4)。通过专业培训，教师们深刻地体验和掌握了设计、组织真实科技体育活动的方法，他们创作的灵感在这场活动中得到了释放，思维的火花发生了碰撞，创新实践的动力在生根发芽，也让他们充分认识了培养学生核心素养的重要性。

表 6-1-4　"教师科技素养教育能力提升专题研修班"(第 1 期)培训课程

序号	课程名称
1	项目学习的教育学意义
2	青少年科技运动会——内嵌评价的项目助力项目学习落地
3	"铁丝陀螺比久"项目培训
4	"气弓箭打靶"项目培训
5	"水火箭比高"项目培训
6	"抛石机攻城"项目培训
7	"鸡蛋撞地球比轻"项目培训

（3）"教师科技素养教育能力提升专题研修班"（第 2 期）

"教师科技素养教育能力提升专题研修班"（第 2 期）包括 3 场青少年科技运动会培训课程和 1 场科技体育活动组织交流（表 6-1-5）。通过培训，教师们深刻地体验和掌握了设计、组织新型科技体育活动的方法，并纷纷表示迫不及待将这些培训项目带到学校课程中，让学生在动手实践中提高科学探究、技术创造的意识和能力。

表 6-1-5 "教师科技素养教育能力提升专题研修班"（第 2 期）培训课程

序号	课程名称
1	"纸桥承重"项目培训
2	"落体缓降"项目培训
3	"自制小车竞速"项目培训
4	新型科技体育活动组织交流

通过本学期的培训，教师的科技探究校本课程开发能力和科技运动会的策划与组织能力都有所提升，培训效果均好于预期。本学期开展的"教师科技素养教育能力提升专题研修班"线下培训，参与规模不断扩大，从 35 名核心教师增加到 120 余名培训教师，从 16 所中学增加到 87 所学校（中学 22 所，小学 65 所）。郑东新区的培训教师参加了专题研修班后，均能初步掌握科技运动会项目的制作方法和比赛流程，他们将成为郑州市举办首届青少年科技运动会的骨干力量。

3. 第二年第一学期培训课程

第二年第一学期开展了 10 次活动，共 48 个课时（表 6-1-6）。具体包括理论与实验融通、思维与实践结合的科技探究项目学习培训课程和青少年科技运动会的培训和比赛观摩，加深了教师对科技素养教育的认识与理解，掌握开发科技探究课程与举办青少年科技运动会的技巧和方法，进而提升教师的科技探究实践能力和研究能力。

表 6-1-6　第二年第一学期培训课程

序号	课程名称
1	青少年科技运动会赛事组织和教学骨干培训
2	手脑并用的创意科学教学
3	第四届桂林市青少年科技运动会
4	柳州市科技运动会
5	第六届广西青少年科技运动会
6	"棉花糖机制作活动"教学设计
7	"射箭游戏"里的科技探究
8	科学实验探究硬件创制与学生科技创新活动指导心得分享与方法传授
9	新型科技体育项目研发理念、思路与案例分享
10	科技素养测评的基础知识与创新实践

4. 第二年第二学期培训课程

第二年第二学期开展了 10 次活动，共 50 课时（表 6-1-7）。基于《追求理解的教学设计》[①]一书进行讲解与研讨，加深教师对大概念、课程设计、逆向设计、课程标准等内容的认识与理解，使教师对选择合适的教学目的与手段、合理设计教学过程进一步明晰，基本掌握开发基于大概念的前后衔接课程的技巧和方法，进而提升教师的教学设计和教育研究能力。本学期第一轮改进活动，通过对《追求理解的教学设计》前六章的讲解与研讨，核心教师不仅加深了对教学中的误区、逆向设计的三个阶段、理解的六个侧面、基本问题、架构理解等内容的认识与理解，而且在教学实施和教学设计等方面有所启发，但是如何将所学所悟用于真实的课堂教学还需要经过探索与练习。本学期第二轮改进活动，通过对《追求理解的教学设计》后七章的讲解与研讨，让教师进一步深入洞悉课堂教学设计的内部逻辑，并在课程标准、大概念、逆向设计、基本问题、核心任务、表现性评价等内容主题下探讨具体相关概念的认识、理解与应用。逆向设计是成熟的课程设计

---

① 威金斯，麦克泰格. 追求理解的教学设计[M]. 第二版. 上海：华东师范大学出版社，2016.

理论，有可参考的具体方法和模式，通过本次培训活动帮助教师在教学设计的实践中，增强融入逆向设计的意识，从而提升教师的教学能力和优化教学设计的能力。通过本学期的培训活动，教师们对教学设计、基本问题、理解程度、评价标准有了更加深刻的认识，有助于教学设计和评价方式的改进，真正地指导启发教学实践。

表 6-1-7　第二年第二学期培训课程

序号	内容
1	研读《追求理解的教学设计》第 1～4 章
2	用科技素养教育创新实践撬动学校教育质量提升方式转型升级
3	研读《追求理解的教学设计》第 5～6 章
4	研读《追求理解的教学设计》第 7 章
5	研读《追求理解的教学设计》第 8～9 章
6	汇聚全社会力量，助力科技教育创新
7	研读《追求理解的教学设计》第 10～13 章
8	创新导向下，科学教育理念的中美比较
9	科创筑梦，助力"双减"
10	基于 SCAMPER 方法思考抛石机的创意

(五)课程评价

1. 第一年培训课程的评价

通过比对第一年第一学期和第二学期教师调查问卷，发现经过第二学期的教师培训活动，参与教师对改进项目的满意度和学习投入情况都有所提高，对改进活动总体效果评估全部是"达到预期"，甚至有 25% 教师认为改进活动总体效果"超出预期"。

(1)教师满意度

教师满意度主要包括：课程安排与改进主题的契合度、改进活动的内容、改进活动的开展方式、授课专家团队的专业水平、专家团队的反馈、改进活动的实施效果 6 个维度。在这 6 个维度上，第二学期教师的满意度较第一学期均有大幅度提高，满意度(包括"满意"与"较满意"两个选项)均提高到100％，不太满意的比例降低至0(图6-1-9)。可见这学期安排的课程与活动都符合教师的需求，提升了教师对改进活动的满意度。

比较两个学期教师选择"满意"的人数比例(图6-1-10)，发现第二学期的比例较第一学期有较大提升，其中在"改进活动的开展方式"上提升幅度最大，这说明教师对本学期开展的"教师科技素养教育能力提升专题研修班"的线下培训方式非常满意。

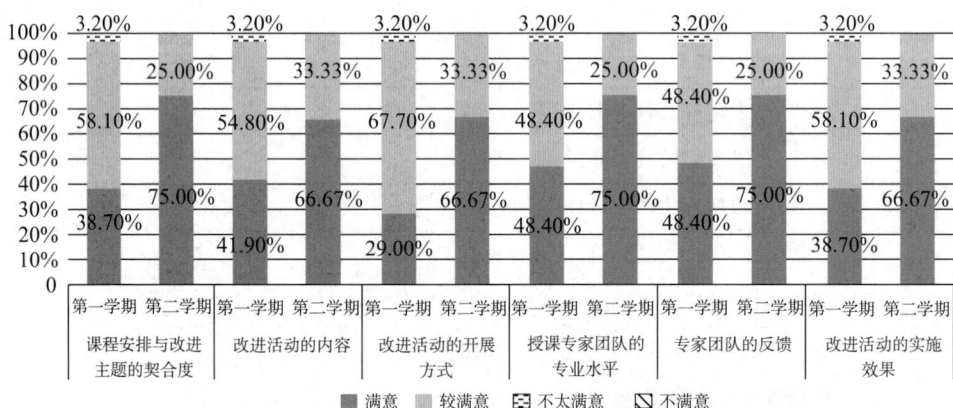

图 6-1-9　参与教师对改进活动的满意度

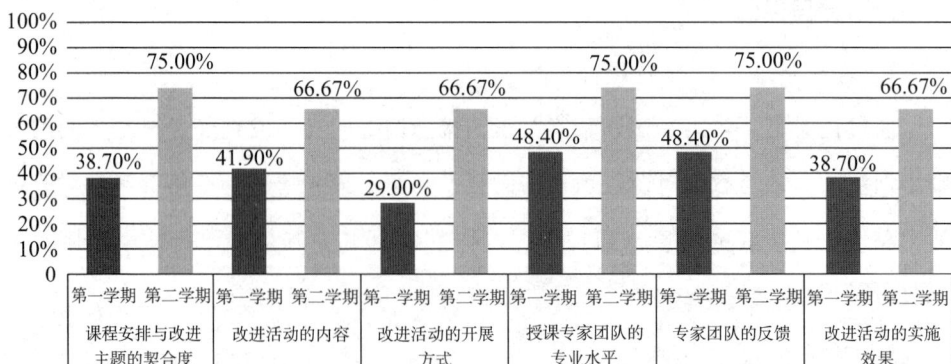

图 6-1-10　两学期参与教师对改进活动"满意"程度的对比

（2）教师投入程度

通过比对两个学期教师对改进活动的投入程度，发现第二学期教师的投入程度在"很大"的占比有较大提高；在"一般"的占比大幅度降低，从45.16％降到4.17％。而且这学期没有教师选择"较少"和"很少"的投入程度（图6-1-11）。可见，第二学期的改进活动增强了教师的体验感，教师的投入程度得到很大提高。

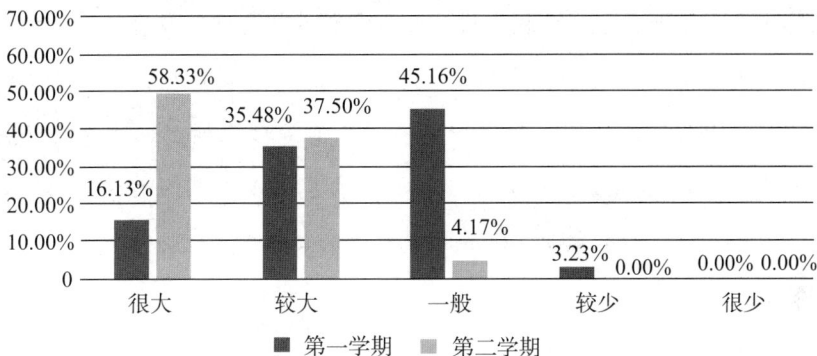

图 6-1-11　参与教师对改进活动的投入程度

（3）教师对改进活动总体效果评估

通过比对两个学期教师对改进活动总体效果的评估，发现第二学期全部教师对改进活动总体效果的评价均是"达到预期"（包括"超出预期"与"达到预期"两个选项），有25％的教师认为改进活动总体效果"超出预期"（图6-1-12）。可见，这学期的改进活动总体效果达到了教师前期参与培训的预期，同时也增强了项目组继续开展改进工作的信心。

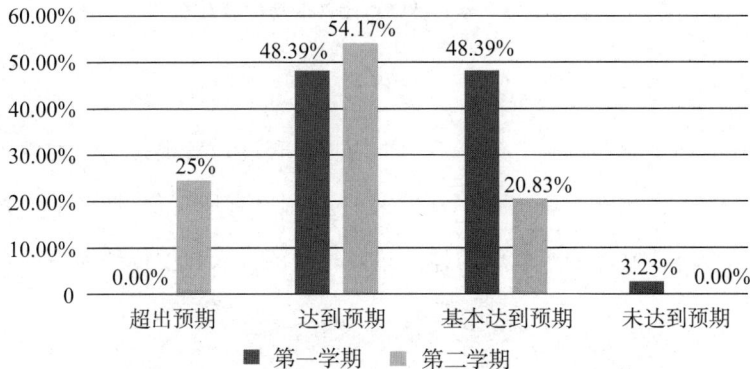

图 6-1-12　参与教师对改进活动总体效果评估统计

2. 第二年培训课程的评价

通过比对第二年第一学期和第二学期的教师调查问卷数据，发现经过教师培训活动，参与教师对改进项目的满意度和学习投入情况都非常高，对改进活动总体效果评价全部为达到预期，有 21％教师认为改进活动总体效果"超出预期"。

（1）教师满意度

教师满意度主要包括：课程安排与改进主题的契合度、改进活动的内容、改进活动的开展方式、授课专家团队的专业水平、专家团队的反馈、改进活动的实施效果以及线上改进活动的效果 7 个维度。在前 6 个维度上，满意度（包括"满意"与"较满意"两个选项）均达到 100％，即教师们对本学期的活动全部持满意态度（图 6-1-13）。可见，本学期安排的课程与活动大都符合教师的需求，教师对改进活动的满意度较高。

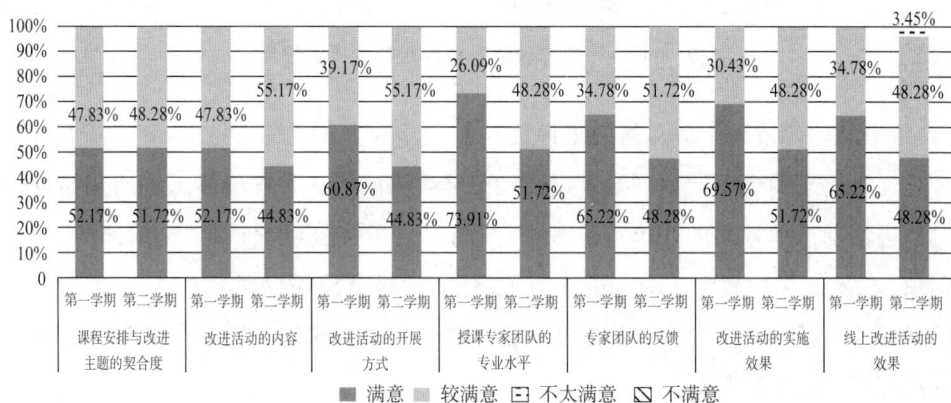

图 6-1-13　参与教师对改进活动的满意度

（2）教师投入程度

通过比对两个学期教师对改进活动中的投入程度，发现第二学期教师的投入程度在"较大"上占比有大幅提高，在"一般"上占比有所降低（图 6-1-14）。可见，第二学期的改进活动增强了教师的体验感，教师的投入程度得到提高。

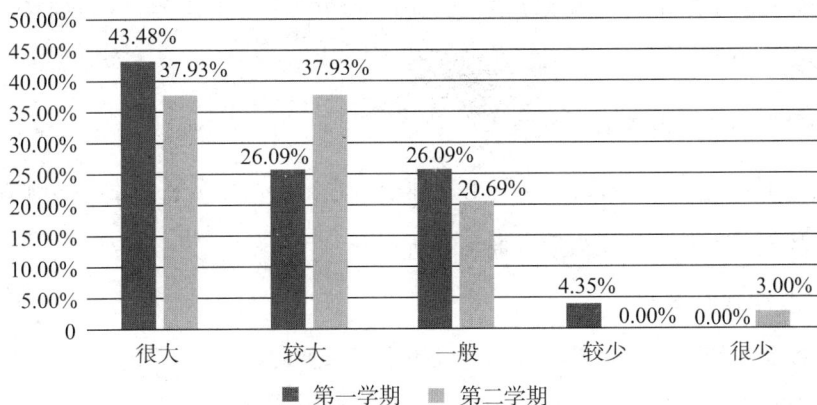

图 6-1-14　参与教师对改进活动中的投入程度

（3）教师对改进活动总体效果评估

通过比对两个学期教师对改进活动总体效果的评估，发现全部教师对改进活动总体效果的评价均在"基本达到预期"以上，没有"未达到预期"的（图 6-1-15）。可见，改进活动总体效果达到了教师参与培训的预期。

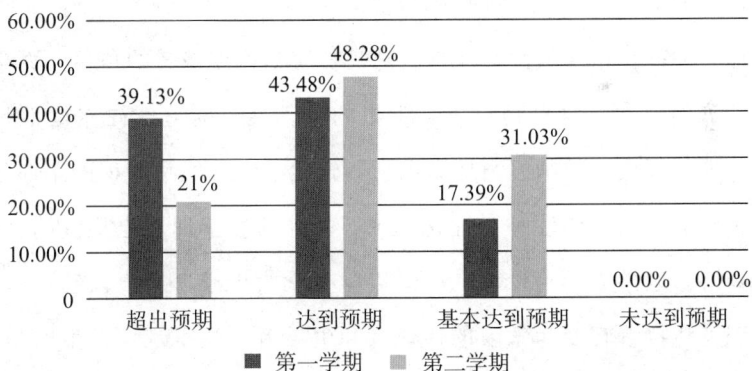

图 6-1-15　参与教师对改进活动总体效果评估统计

二、培训成效

通过以上科技素养教育相关课程的培训，郑东新区的教师专业素养得到发展，学生科学学习兴趣和科技活动参与度大大提升，学校科技教育氛围变得浓

217

厚，区域影响不断扩大，吸引了更多其他地区的学校和科学教师参与到科技教育的创新实践中来。

（一）教师专业素养得到发展

项目组收集了参与教师的培训心得体会，进行了质性分析，发现教师在教学理念、教学行为和教研能力等方面均有所提升。

1. 教学理念变化

教师参加培训后，在教学理念上经历了一系列的变化。通过培训，教师们纷纷表示了解了前沿的教育教学研究动态，还学到了先进的教学理念，这对他们原有的教育理念进行了洗礼，对科学本质有了更深刻和全新的理解，教学观念也发生了三大变化，一是从"以教师教为中心"转向"以学生学为中心"，二是从"以教师讲授为中心"转向"以科学探究为核心"，三是从"科学本质观念"转向"科学本质教学"。这些变化不仅影响教师个人的教学风格和方法，还对学生的学习过程和成效产生深远影响。

（1）从"以教师教为中心"转向"以学生学为中心"

在参加培训前，很多教师在课堂上都是扮演知识传授者的角色，而学生则是被动接受知识的对象。这种情况下，学生的主动性、创造性往往得不到充分发挥。随着培训的开展，教师逐渐地意识到：教学不应仅仅是知识的单向传递，而应更多地关注学生的主体性和个性化需求。教师的教学理念也从"以教师教为中心"慢慢地转向"以学生学为中心"。在"以学生学为中心"的教学模式下，教师的角色从知识的传授者转变为学习的促进者和引导者，注重激发学生的学习兴趣，关注学生的学习过程和思维的发展，以及学生如何通过主动探究和实践来构建知识体系。这种转变要求教师摒弃传统"死教书""教死书"的以教师为主体的教学理念，与学生建立平等的师生关系，通过设计开放性、探究性的跨学科实践活动，鼓励学生提问、讨论、合作和反思，从而培养学生的批判性思维能力、解决问题的能力和终身学习的能力。在这一过程中，学生的个性化需求得到重视和满足，学习变得更加有意义和有效。因此，培训后教师在课堂上越来越多地采用问题导向学习、项目学习和合作学习等策略，以支持学生的主动学习和个性化学习需求。

(2)从"以教师讲授为中心"转向"以科学探究为核心"

培训前，教师更多关注的是学习的结果，而忽略了学生是通过什么样的方式和方法来学习的，死记硬背得到的结论掩盖了学生在学习方式上存在的问题。而且，往年教师问卷调查数据表明：科学教师"科学探究"的得分率要明显低于"科学世界观"和"科学事业"的得分率。这说明教师对"科学探究"的本质认识相对来说还存在很大的不足，"科学探究"是三个维度中最需要提高的。

通过培训，科学教师开始重视科学探究的过程，开始从"以教师讲授为中心"转向"以科学探究为核心"。在这种教学模式中，教学活动通过真实的科学问题来激发学生的好奇心和探究欲，引导学生主动进行实验设计、数据收集和分析、结果呈现和讨论。这种教学模式强调学生的主动参与和实践操作，通过实际的科学探究活动，学生能够深刻理解科学原理和科学方法，培养科学思维和创新能力。同时，这也有助于学生认识到科学的开放性和不确定性，学会怀疑和质疑，培养求真务实的科学态度。因此，经过培训后，教师开始设计和实施以探究为核心的教学活动，为学生提供充分探究的机会，鼓励学生积极参与科学问题的发现和解决，积极引导学生经历完整的探究过程。

(3)从"科学本质观念"转向"科学本质教学"

在科学教育中，将"科学本质观念"转化为"科学本质教学"对教师来说是一项挑战。培训前，许多教师尚未能在其教学中有效融入对科学本质的理解。历年的教师问卷调查数据揭示了一个不一致的现象：尽管教师对科学本质有一定的认识，但这种认识并未转化为他们的教学实践。换言之，教师在将科学本质的理解渗透到具体的教学活动中时存在明显的短板，这凸显了提升教师在教学实践中渗透科学本质的迫切性。

通过培训，教师们开始逐渐深刻理解科学不仅是一套固定的知识体系，而是一个动态的、不断发展的过程。这个过程包含了探究、证据评估、假设的测试，以及理论的构建等环节。这种对科学本质的深刻理解，使教师能够更有效地向学生强调科学思维的价值和科学方法的重要性，帮助学生建立正确的科学观念，培养他们的科学素养。因此，为了在教学实践中有效渗透这一理念，教师不仅需要加深自己对科学本质的深层理解，还要在日常教学中深入融合现代科学本质观念，以此重构以科学本质为基础的教学实践。

2. 教学行为变化

通过培训，教师的教学理念发生转变，引发了他们教学行为的变化。这些变化主要体现在四个方面：一是重视科学探究教学，二是强调科学实验教学，三是注重技术与工程实践教学，四是关注跨学科主题教学。

（1）重视科学探究教学

科学探究教学作为科学教育的核心策略，已经被广泛认可并应用于各个年级和科学学科领域中。这种教学模式强调以学生的探究活动为中心，通过提问、实验、探究和反思的过程，鼓励学生主动构建知识。它的设计和实施要求课程和项目的开发者确保教学方法、策略和评估方式能够促进学生通过探究来深入理解科学。探究式教学的有效性主要体现在两个方面：首先是学生知识的自主建构。这种自主建构性有助于学生养成"主动学习"和"自主学习"的习惯，同时让学生体验到自我探索时内在求知的快乐。其次，科学探究教学是一种生成性的教学方法，它创造了一个全新的教学进程，使学生在获得科学知识的同时，能够提升科学探究能力，并在认知与情感上与教师形成互动共鸣的状态，使学习过程与结果融为一体。[①]

经过培训的教师会逐渐地从传统的讲授式教学模式转变为探究式教学模式，这种转变会促使教师在课堂上注重培养学生的科学探究能力，用启发式的教学一步步引导学生主动参与课堂中的科学探究，让学生去思考问题，尝试动手探究，亲身经历科学探究的全过程，形成在科学探究中获取知识的教学氛围。这种氛围不仅让学生感受到科学探究的乐趣，而且有效调动了学生的学习积极性，发挥了

---

① 王较过，何传杰，张梦琴．探究式教学的有效性及其评价[J]．教育理论与实践，2010，30(8)：47-48＋54.

学生的主动性和创造性，从而达到良好的教学效果。可见，探究式教学的实施，对于提高学生的学习兴趣、参与度、自主学习能力和科学探究能力具有至关重要的作用。它不仅挑战了传统的、以讲授为主的教学方式，更重要的是，它促使教学行为向着更加积极、互动和以学生为中心的方向发展。

(2)强调科学实验教学

科学实验教学作为科学教学中的一种重要手段，扮演着至关重要的角色。它可以让学生通过实验直观地观察实验现象、操作实验设备、收集和分析数据，从而深刻理解科学原理和科学方法。然而，在传统的科学教学中，科学实验教学往往被忽视，许多教师未能给予足够的重视，导致教学过程中讲解多于动手操作。教师往往先进行演示实验，然后讲解原理和结论，这种教师主导、学生被动的模式，使得科学实验教学成为了教学中的薄弱环节。

经过培训，教师开始重新认识到科学实验在培养学生核心素养中的重要性。他们开始重视科学实验教学的设计和实施，努力创造条件让每名学生都有机会参与科学实验活动。教师开始精心设计演示实验和学生参与的科学探究实验，通过科学实验的过程激发学生的求知欲。在科学实验教学的过程中，教师逐步引导学生发展科学思维，包括基于事实和证据的归纳与概括、演绎与推理、模型建构、批判性思维和创造性思维等。此外，部分教师还会利用实验室的器材进行教材外的科学实验，以拓宽学生的视野，并鼓励学生动手实践，善于从自然界和日常生活中发现问题。

(3)注重技术与工程实践教学

技术与工程实践教学正在成为科学教育领域的一个重要分支，它弥补了科学理论与实际应用之间的鸿沟。这种教学模式强调将科学知识与技术创新相结合，通过解决实际工程问题来培养学生的问题解决能力、创新能力和工程思维。在传统的教育体系中，技术和工程实践教学往往未能得到足够的重视，导致学生在理解复杂系统和解决实际技术与工程问题方面的能力不足。然而，随着STEM教育的推广，越来越多的科学教育工作者开始认识到，通过引入工程设计项目和技术创新活动，学生不仅能够深化对科学原理的理解，还能学会如何将这些原理应用于解决现实世界中的问题。

经过培训，教师开始注重技术与工程实践教学，并尝试设计和实施以技术和工程实践为中心的教学项目，这些项目通常要求学生识别问题、提出创新解决方案、构建模型并进行测试，通过这些过程学生不仅能够学习科学原理，还能够学会如何应用科学原理来设计和改进项目作品。教师通过这种教学方式培养学生的创新思维和工程技能，同时也强化了学生的团队合作和项目管理能力。此外，教师还会引导学生探索与技术和工程相关的社会、经济、环境问题，进一步拓宽学生的研究视野。

(4)关注跨学科主题教学

跨学科主题教学是指在教学过程中整合多个学科的知识和方法，以全面探索某一主题或解决实际的问题。这种教学模式打破了学科之间传统的界限，通过综合不同学科的视角和方法，提供了一种更为丰富和全面的学习体验。尽管跨学科主题教学未得到充分实施，但它对于培养学生的综合思维能力和创新能力极为关键。

通过培训，教师开始关注跨学科主题教学，并尝试设计和实施跨学科主题教学项目，如将科学与数学、技术、社会科学、语言、艺术等学科知识结合起来，探索气候变化、可持续发展、健康与营养等现实世界问题。这种教学方式不仅能够促进学生从不同角度和维度理解现实问题，还能激发学生的学习热情，培养他们的批判性思维和解决问题的能力。教师在这一过程中发挥着至关重要的作用，他们不仅是知识的传授者，更是学生探索未知、进行跨学科学习的引导者和支持者。

综上所述，这些教学行为的变化促使教师不断更新自己的教学观念，改变自己的教学方法，把培训所学的内容和方法运用到自己的教学实践中，将先进的教学观念和教学方法落实在平时的科学教育教学工作中。同时，这些变化对于促进学生深入理解科学概念、培养科学探究能力和批判性思维具有至关重要的作用。

3. 教研能力变化

在当今教育改革和教学实践不断深化的背景下，教育科研能力的提升已成为教师专业素养发展的关键要素。新时代对教师的专业素养和能力提出了更高的要求，其中，开展教育科研不仅是提高教师个人专业水平的有效途径，还是推动教学质量持续提升的重要手段。通过培训，教师们深刻认识到教育科研的必要性和重要性，同时科研能力也得到了显著提升。这些变化主要体现在三个方面：一是认识的转变，二是实践的转变，三是成果的转变。

（1）认识的转变

培训不仅提供了科学知识的最新进展，还涉及教育理论和实践方法的更新，帮助教师构建一个整合的科学教育观念，更好地理解科学探究的本质和重要性。参加培训后，教师们逐渐理解到，教育科研不仅仅是学术研究活动，更是一种提升科学教学实践、优化教学策略、提高学生学习效果的重要途径。教育科研能够帮助教师以更科学的视角观察和分析教育现象，理解科学教育的目标和意义，提炼宝贵的教育经验，并在此基础上探索教育规律，形成理论与实践相结合的教学方法。这种认识的转变促使教师将教育科研视为一种专业发展的必要路径。

（2）实践的转变

认识的转变带动了实践的转变。通过培训，教师们开始积极投身于科学教育科研工作，将科研活动与日常教学紧密结合起来。他们主动将科研视角融入教学设计与实施中，如利用数据分析来评估学生的学习进度和理解深度。他们还利用科学研究方法，如个案研究、行动研究等，针对教学中遇到的问题进行深入探索，尝试新的教学方法和技术，评估教学策略的有效性，并据此进行教学调整和优化，实现有针对性的教学改进。通过这样的过程，教师不仅能够解决实际教学中的问题，还能够在实践中生成新的教育理论，促进教学创新和教育改革。

（3）成果的转变

随着教育科研能力的提升，教师们开始取得了丰富的研究成果。这些成果不仅体现在学术论文和项目报告上，更重要的是在教学实践中得到了有效应用，实现了从实践到理论再到实践的良性循环。教师通过培训积累的经验和知识，不仅提升了自身的教学水平，也为同事和学校的教育教学工作提供了宝贵的参考和借鉴，从而推动了整个教学团队的专业成长和学校教育质量的整体提升。

总之，通过培训，教师们的教育科研能力得到了显著提升，这不仅促进了教师个人职业发展，也为科学教育教学工作带来了深远的影响。教师们通过将教育科研活动与日常教学实践紧密结合，有效地促进了教学方法的创新和教学质量的提升。这种基于研究的教学实践不仅增强了教师的专业自信和满足感，也激发了更多教师参与科研活动的热情，形成了积极向上的教育科研氛围。

(二)学生科学学习兴趣和科技活动参与度大幅提升

在现代教育中，科学教育的改革和创新对于激发学生的学习兴趣和参与度至关重要。教师经过培训后，会采取一系列有效的科学教学策略并组织相关的科学探究活动，这样的教学能提升学生对科学学习的热情及其在科技活动中的参与度。这些积极变化对学生的发展产生了深远的影响，主要体现在以下四个方面：一是增强科学学习兴趣，二是强化课堂探究体验，三是提升综合能力，四是激发科技创新潜能。

1. 增强科学学习兴趣

教师采用的创新教学方法和丰富多样的科学活动，使学生对科学学习的内容产生了更浓厚的兴趣。这种兴趣的增强促使学生学习过程变得更加积极和主动。学生开始主动探索科学问题，积极寻找解决方案，而不是被动地接受知识。这种学习态度的转变，不仅提高了学生的学习效率，还使学生在学习过程中获得了更多的乐趣和满足感。从郑州市 2019 年和 2023 年关于科学学习兴趣的学生问卷调查数据中(图 6-2-1)可看出：经过科学教学改进，郑州市 10 个区县学生的科学学习兴趣均有不同程度的提升。

2. 强化课堂探究体验

教师改进后的教学方式能让学生在课堂上体验到前所未有的探究乐趣。他们经常感觉到科学课堂时间太短，希望继续科学探究活动。在这样的科学课堂上，学生通过亲身参与和实践，不知不觉中掌握了科学知识。这种"寓教于乐"的学习方式，使学生对科学探究活动充满了期待，也极大地提升了他们对科学学习的热情。

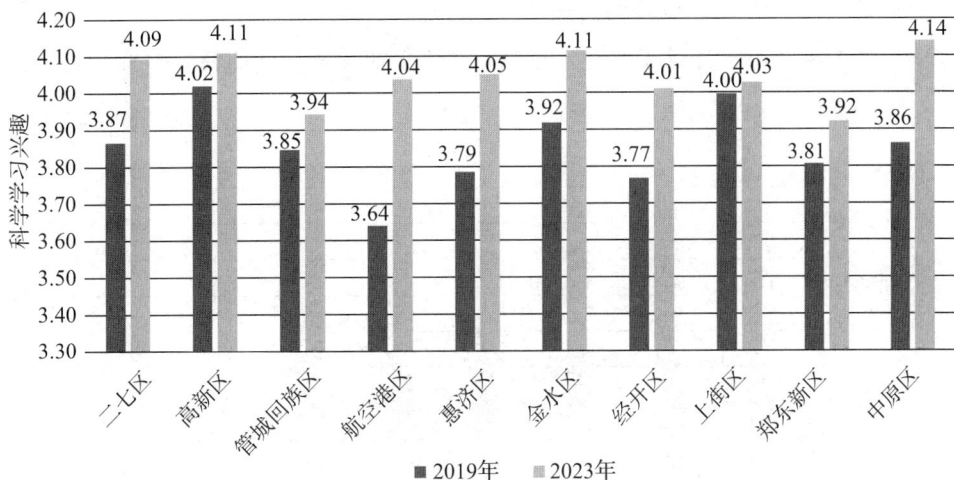

图 6-2-1　郑州市不同区县学生科学学习兴趣

3. 提升综合能力

改进后的科学课堂注重培养学生的各项实践能力，包括动手能力、小组合作能力和交流能力。这种以学生为中心的教学模式，不仅给予学生更多的操作和实践机会，还提升了他们分析问题和解决问题的能力。同时，通过小组合作和交流，学生学会了如何在团队中进行合作学习，如何表达和分享自己的想法，这些能力的提升对于学生未来的学习和职业发展都具有重要意义。

4. 激发科技创新潜能

激发学生的科技创新潜能是当代科技教育的重要目标。教师将培训中学到的新型科技体育比赛引入课堂，极大地激发了学生的科学探究欲望和科学学习兴趣。这种"在做中学、在玩中学"的教学模式，不仅丰富了学生的学习体验，还提升了他们的探究实践能力。通过参与科技创新活动，学生能够将理论知识应用于实践，探索未知的领域，培养创新思维和解决问题的能力。

具体来看，郑东新区青少年科技运动会的预报名统计情况（图 6-2-2）进一步反映了学生对科技活动的热情和兴趣。学生们对八大科技运动会项目的喜爱程度不一，其中抛石机攻城、水火箭、鸡蛋撞地球、气弓箭、纸桥承重五项比赛项目得到较多学生的喜爱，项目参赛人数均超过 100 人，其他三个项目（铁丝陀螺、落体缓降、反冲小车)参赛学生也均超过 60 人。学生对这些具有挑战性、创新性和实践性的科技活动充满了兴趣,这些活动不仅能激发学生的科技探究和创新精神,还能加深他们对科学知识的理解和应用。

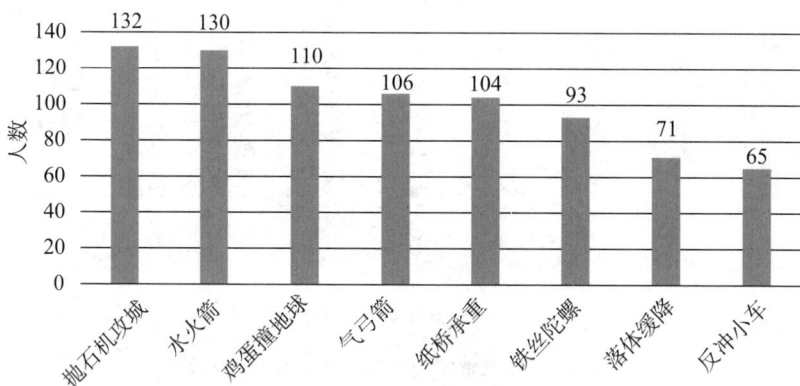

图 6-2-2   科技运动会八大项目报名情况

总之,通过教师培训和教学改进,不仅大大提升了学生的科学学习兴趣和科技活动参与度,而且在培养学生的主动学习态度、提高综合能力和激发科技创新潜能方面发挥了重要作用。

(三)学校科技教育氛围变得浓厚

经过培训,教师能够更有效地组织和引导学生参与各种科技活动,使学生对科技活动的参与热情有较大幅度提升,学校科技教育氛围也因此变得更加浓厚,这主要体现在各校科技运动会报名情况热火朝天,并积极筹备科技运动会的参赛项目。

1. 科技运动会报名情况

各校对科技运动会的参与都十分积极,几乎每个年级的学生都展现出了浓厚的参与兴趣。不仅是因为这些科技活动能够提供一个展现自我、锻炼能力的平台,更因为这样的活动能够激发学生对科学和技术的好奇心和探索欲。这种报名热潮反映了学校科技教育氛围的浓厚,也显示了学生对科技素养教育的积极态度和热情。

郑东新区青少年科技运动会报名参赛学校共有 32 所，其中，中学组参赛学校有 11 所，占郑东新区中学学校总数的 42%，参赛学生共有 369 名。在中学组中，郑州市第五十四中学参赛选手最多，有 90 名(图 6-2-3)。

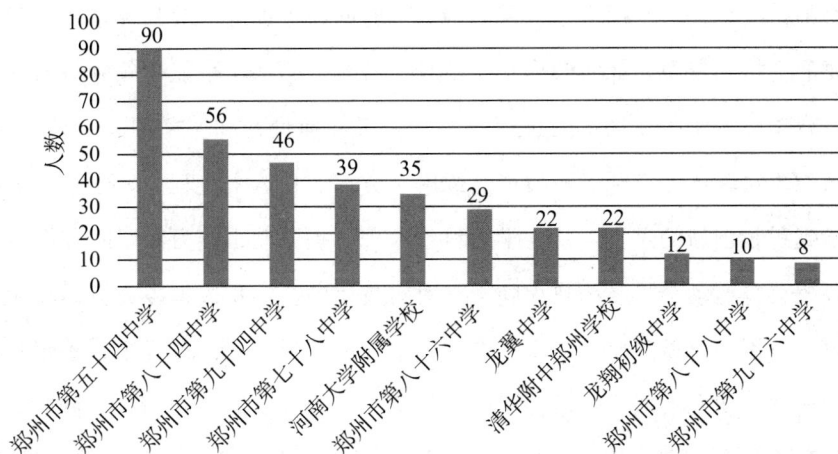

图 6-2-3 中学组科技运动会报名情况

小学组参赛学校有 21 所，占郑东新区小学学校总数的 50%，参赛学生共有 442 名。在小学组中，白沙小学参赛选手最多，有 58 名(图 6-2-4)。

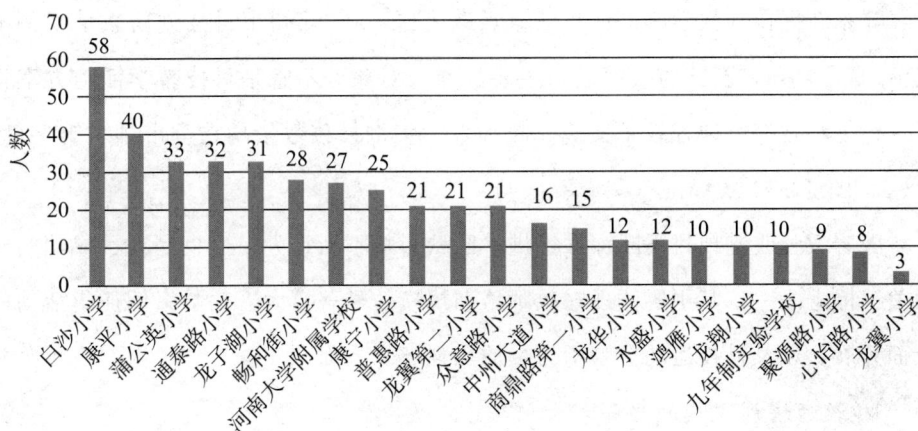

图 6-2-4 小学组科技运动会报名情况

2. 各校筹备科技运动会情况

自各校开始准备科技运动会的参赛项目以来，各校领导高度重视，绝大多数参赛学校都购买了测试设备，并安排了固定的训练时间。在学校的大力支持下，辅导教师认真负责，利用中午、课后延时等时间积极训练。教师和学校为学生提供必要的支持和资源，如实验材料、工具设备等，确保学生能够顺利进行科技运动会比赛项目。学生在训练的过程中积极思考如何设计和实施项目，动手实践，将自己的想法转化为实际的科技产品或解决方案。在这个过程中，学生们能够深刻体验到科技创新的过程，从中学习科学原理，提升动手能力和团队合作能力。

各校科技运动会报名的热火朝天和对科技运动会的积极筹备充分体现了学校科技教育氛围的日益浓厚。学生们在积极参与科技运动会的过程中，不仅提升了自己的科学知识和技能，也培养了解决问题的能力和团队合作精神。同时，这种浓厚的科技教育氛围也为学校带来了正面的影响，提高了学校的教育教学质量，提升了学校的知名度和竞争力。最重要的是，它为培养未来的科技创新人才奠定了坚实的基础。

(四)区域影响不断扩大

郑东新区作为教学改进项目的重点改进区，在"郑州市科技创新教学案例征集活动"中，郑东新区的教师成为主要的参与对象。不管是科技教学活动方案设计，还是科技探究课程教学案例，教师教学案例投稿数量均在全市排名第一(图6-2-5、图 6-2-6)。

随着教学改进项目不断深入推进，区域影响不断扩大，这也是项目成功实施的关键标志之一，其主要体现在教师培训规模的显著扩大、教学案例征集活动的全面开展，以及科技运动会骨干力量的加强三个方面。

1. 教师培训规模的显著扩大

随着项目的深入推进，参与培训教师的数量不断增多。从最初的 35 名核心教师增加到超过 120 名教师的大规模培训，参与学校的数量也从 16 所增加到了87 所。这种培训规模的扩大不仅增强了改进项目的覆盖面和影响力，而且通过

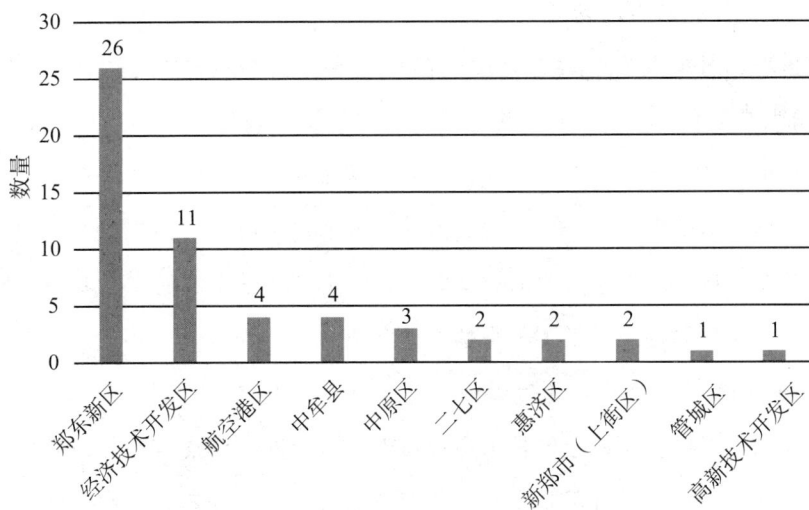

图 6-2-5 郑州市各区科技教学活动方案设计统计情况

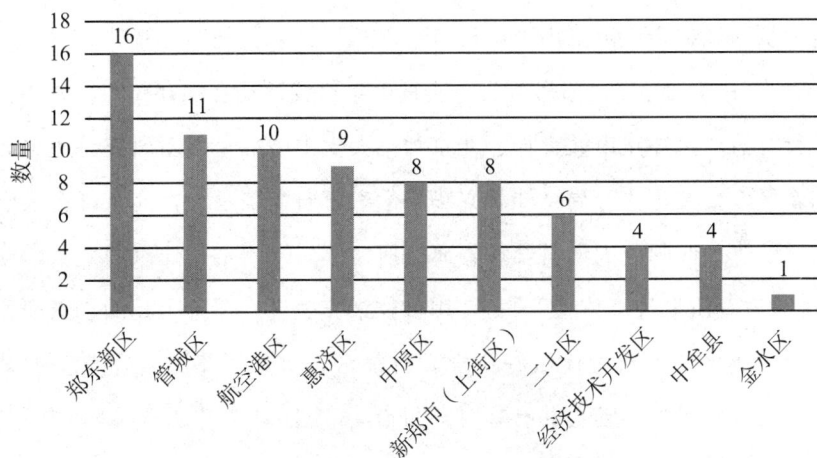

图 6-2-6 郑州市各区科技探究课程教学案例统计情况

汇聚更多教师的力量，形成了强大的科学教育改进网络，促进了教师之间的知识共享和经验交流，为科学教育质量的持续提升奠定了坚实的基础。

2. 教学案例征集活动的广泛开展

项目组与郑州市当地教育行政部门联合举办的"科技创新教学案例征集活动"，成功扩大了教学案例的收集范围，不仅局限在改进的郑东新区，而是面向整个郑州市。这一活动旨在深入贯彻课程标准精神和科技创新教学理念，为郑州市的初中理科教师提供一个广阔的交流和展示平台。通过这种方式，教师们得以展示自己在科技创新教学方面的教学案例，促进了教学研究的广泛开展，同时也为科学教育质量的提升提供了丰富的教学资源。

3. 科技运动会骨干力量的加强

加强青少年科技运动会的骨干力量培养，对于推进科技运动会的成功举办和科技素养教育的普及具有重要意义。郑东新区的教师通过参加专业培训，初步掌握了科技运动会项目的制作方法和比赛流程，成为了郑州市第一届青少年科技运动会的核心力量。不仅为郑州市举办市级青少年科技运动会积累了宝贵的组织经验，也为从区域到全市范围内推广科技素养教育打下了坚实的基础。

2023年10月15日，郑州市第一届青少年科技运动会在郑州市第八十四中学成功举行。活动由郑州市教育局、北京师范大学中国教育创新研究院主办，郑州市郑东新区教育文化体育局、桂林兴华科学教育研究院承办，北京师范大学科学教育研究院、广西师范大学科学教育研究所协办。郑州市与北京师范大学合作多年的"区域教育质量健康体检"项目，用科技素养表现性评价工具的创新研发和大规模实施的成果，为新时代做好科学教育加法，贡献了多方合作攻坚的郑州方案。本次青少年科技运动会共有来自郑州市16个区县238所学校（其中小学158所，中学80所）448支参赛队伍1068名中小学生参赛（图6-2-7、图6-2-8）。

综上所述，中学科学教育质量改进提升项目通过教师培训规模的扩大、全面开展的教学案例征集活动以及科技运动会骨干力量的培养，展现出了巨大的区域影响力。不仅促进了科技教学活动的创新和科技课程的探索，还在全市范围内形成了积极推动科学教育发展的良好氛围。

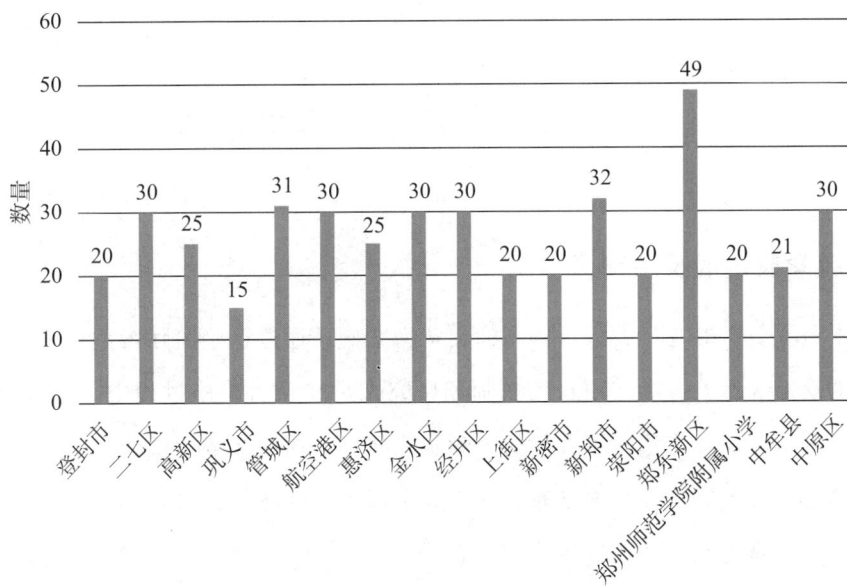

图 6-2-7　郑州市首届青少年科技运动会参赛队伍

图 6-2-8　郑州市首届青少年科技运动会比赛现场

第七章　教学改进的成果转化

一、教学改进的反馈和评价

本节主要以参与项目人员撰写的文章为案例，通过这些实际案例展示了教学改进的反馈和评价。参与项目的教师和研究人员在项目实施过程中，通过观察、记录、分析和反思，撰写了大量的教学实践文章。这些文章不仅记录了教学改进的具体过程和方法，还反映了教师在实践中遇到的问题和解决方案。

这些文章的意义主要体现为以下四个方面。第一，真实记录教学改进过程。文章详细记录了项目实施的各个环节，从设计、实施到评估，真实反映了教学改进的实际情况，提供了宝贵的实践经验。第二，分享成功经验和教训。通过文章，参与项目的教师和研究人员分享了他们在教学改进中的成功经验和教训，为其他教育工作者提供了有益的参考。第三，促进教学改进的持续优化。文章中的反馈和评价为教学改进项目的持续优化提供了重要的依据，有助于不断完善和提升教学质量。第四，推动教育理论与实践的结合。这些文章不仅有助于丰富教育理论，还为实践提供了具体的指导，推动了教育理论与实践的深度结合。

通过展示这些文章，本节呈现了教学改进项目的实际效果，分析了其提升学生科学素养和教师教学能力的作用，并为今后的科学教育改进提供参考和启示。

(一)参与者反馈与评价案例

《做好科学教育加法》一文，由郑东新区基础教育教学研究室生物学科教研员崔芳撰写，文章强调中学科学教育质量改进提升项目通过培训、创新实践和科技运动会等方式，增强了学生的科学素养和教师的教学能力，形成了有效的教学改进模型。

做好科学教育加法

——郑州市中学科学教育质量改进提升项目

为提高郑州市中学科学教师科技素养，2020 年郑东新区承办了郑州市与北京师范大学合作开展的中学科学教育质量改进提升项目。同年 9 月 28 日，启动仪式在郑州市第五十四中学举行，郑东新区从此开启了科技探究课程之旅。

这三年来，在广西师范大学罗星凯教授专家团队及郑州市教研室的引领下，围绕项目目标、关键问题，项目组对郑东新区各学校进行了全方位的调研，依据数据分析，制定了三条项目实施路径："抓培训、建团队，抓项目、促学习"，实现科学学科的理念先行；"抓实践、增能力，助推躬身实践"，为形成优质成果做好奠基；借助"成果展示、科技运动会"抓创新、促进阶，初步形成了中学科学学科质量提升教学改进模型。

1. 强化培训，促进理念转变

（1）转变教育理念

通过第一阶段的学习，科学教师意识到新时代对科学教育的新挑战与新机遇；让教师寻找到了在"双新"背景下科学教育评价方式的创新方向；新型科技体育比赛活动，促进了学生深度探究和学习，真正培养了学生的创新精神和实践能力。另一个收获是，基于第一阶段科学教师线上课程参与学习的频率、观看数据，遴选出 16 所学校共 35 名教师组成了核心团队，让他们承担起了科技探究校本课程实施者和科技运动会骨干力量的角色。

（2）会做科技产品

第二阶段的学习从 2021 年 3 月开始，以提高教师科技探究校本课程开发能力、提高教师科技运动会的策划与组织能力为学习目标。培训学习内容包括：科学教育研究与文献选读、教师科技素养教育能力提升。通过第二阶段的学习，教师们对项目学习有了新认识，掌握了设计、组织科技体育活动的策略，并分别对新型科技体育活动进行了实践中的再创造。在这样有创造力的实践学习中，吸引了更多自愿加入团队的科学教师，核心成员从 35 名增加到 120 余名，所涉及的学校从 16 所中学增加到 87 所中小学校。逐步实现从 4 所学校、35 位核心成员到大范围的区域辐射。

2. 辛勤耕耘，助推实践成果

2021 年 6 月，在郑州市第八十六中学成功举办"郑州市中学科学教育质量改进提升项目年度成果观摩暨总结会"。通过课例展示、经验分享、现场演示、专家点评指导进行成果总结汇报。尤其是第八十六中学翟永阳老师所做的课例展示——《生活中的科学——铁丝陀螺》，学生在老师的引导下通过设计与制作陀螺，探究影响陀螺旋转的因素并尝试改进陀螺。孩子们经历动手、动脑、合作、实践的过程，从生活中感受科学，在科学探究中体会乐趣。看到孩子们优秀的表现，现场不时爆发出阵阵掌声。

3. 成果转化，落实科技素养

科技运动会，实际上就是一个个"自带评价的"科技课程学习项目。针对第一届科技运动会，项目组量身制订了"六步"推进计划。

(1)发布文件，积极参与

为顺利举办科技运动会，郑东新区下发了《郑东新区教育文化体育局关于举办郑东新区第一届青少年科技运动会的通知》(以下简称《通知》)。《通知》发布之后，全区中小学积极参与，中学共计 11 个代表队 369 名学生参赛，占郑东新区中学学校总数的 42%；小学共计 21 个代表队 442 名学生参赛，占郑东新区小学学校总数的 50%。

(2)线上学习，掌握标准

为加强对比赛细则的学习，项目组组建了"郑东新区科技素养教育能力提升培训群"和"科技运动会裁判群"，平时在群里大家进行交流，有不明白的地方及时请教项目组专家。除此之外，还组织辅导教师和裁判员线上观摩学习广西等地的青少年科技运动会比赛现场，对科技运动会比赛项目的规则及解读有了更深刻的理解。

(3)线下培训，同伴互助

项目组多次召开裁判员培训会和各校参赛项目汇报会，通过多元互动，进一步落实细则、打磨细节。

（4）调研指导，不断跟进

为积极有序推进科技运动会的开展，项目组跟踪调研，摸排学校准备情况及存在的困难。了解到各校领导高度重视，绝大多数参赛学校都购买了测试设备，安排了固定的训练时间。

（5）师生协力，助梦前行

学校高度重视，教师认真负责，学生积极参与，全力备战科技运动会。部分学校开展了校级科技运动会，激发学生科学创新的潜能。比如，康平小学于2021年12月27日下午开展了以"悦享科技运动、点燃冬奥梦想"为主题的"校长杯"第一届科技运动会。一个个看似取材简单，但却凝结了无穷智慧的科技小制作陆续登场，铁丝陀螺、螺旋桨反冲小车等一个又一个有意思的科技项目吸引着康平学子。2022年3月30日，第五十四中学举行了第一届科技运动会。周维华校长做赛后发言，指出此次科技运动会，旨在推进"人人想玩、人人能玩、人人爱玩"的科技教育理念，让孩子们在玩中学，在学中玩。通过开展科技运动会，营造科技氛围，弘扬科学精神，激发学生对科学的兴趣。2022年5月4日，"学习强国"平台发布了河南大学附属学校《科学的梦想》视频。河南大学附属学校以科学课程教学活动为载体，通过广泛开展各类科学活动，培养学生严谨细致的科学态度、持之以恒的科学品质，帮助学生全面提升科学素养。中州大道小学于2023年3月29日至30日举办了第一届校园科技节，力求将"科技的种子"植入校园，点亮孩子们的科技梦。

（6）凝心聚力，认真筹备

郑州市拟订方案，比赛项目设水火箭比高、铁丝陀螺比久、气弓箭打靶、抛石机攻城、纸桥承重、螺旋桨反冲小车竞速、落体缓降比慢、鸡蛋撞地球比轻八个比赛项目。竞技项目分为小学组（三年级以上）和初中组。奖项设置学生奖项、优秀辅导教师奖、优秀组织奖。参赛各校以"学生综合实践探究学习成果展评"为主题，印制宣传手册、制作展板进行展示交流。各校制订学校活动方案，组织校级选拔，确定参加比赛人选。

4. 支点撬动，提升科学教育质量

(1)丰富科技素养教育资源，激发科学探究兴趣

通过项目的实施，各校分别从科技探究校本课程的研发实施、科学兴趣小组的建立、科学创新工作室项目培训、科技运动会等多种形式丰富本校的科技素养教育资源，激发学生的科学探究兴趣。一路走来，科学课堂发生了转型，科学教师的教与学生的学都发生了明显变化。

(2)引领教育教学改进新风尚，推动义务教育阶段教育的创新与变革

2022年4月23日，"第六届教博会卫星会——多主体协同改进教学大数据助力质量提升活动"依托网络平台面向全国进行线上直播。《用科技素养教育创新实践撬动学校教育质量改进提升方式转型升级》的主题分享介绍了中学科学教育质量改进提升项目的整体设计思路、实施路径、具体教学改进做法等，为全国各地区开展科学教学改进提供了丰富的理论与实践经验。

(3)开展案例征集活动，贯彻科技创新教学理念

为贯彻课程标准精神和科技创新教学理念，郑州市教研室下发了《郑东新区科技创新教学案例征集活动》方案。郑东新区共有"科技教学活动方案设计"56篇，"科技探究课程教学案例"77篇。日前，郑州市科技创新教学案例评比成绩已揭晓，郑东新区在此次评比中，科技探究课程教学案例获得一等奖2项、二等奖4项、三等奖6项，科技教学活动方案设计获得一等奖1项、二等奖5项、三等奖8项。

(4)观摩交流拓思路，学习借鉴促提升

2023年2月25日至26日，在市教研室连珂副主任的带领下，共13人到广西师范大学观摩"兴华科技素养教育创新实践育人活动"。通过实地观摩、研讨交流，教师们学习了先进的经验，提高了组织科技运动会的能力。

5. 展望未来，科学教育谱新篇

新时代科技教育振兴已上升到国家战略高度，科学教育必须做好加法！郑东新区将会继续不断探索前行，给出科技素养教育创新实践的郑东答卷，展现郑州教育魅力。

《播撒科技火种，培育创新栋梁》一文由郑州市第五十四中学校长周维华撰写，总结了郑州市中学科学教育质量改进提升项目在郑州市第五十四中学实施的过程与成果。该项目通过激发学生对科学的兴趣、教授科学方法，并结合丰富的科技教育活动，显著提高了学生的科学素养和创新能力。同时，郑州市第五十四中学将科技教育融入学校文化，推动教育创新，培养了学生的创新精神，为学生的全面发展奠定了坚实的基础。

播撒科技火种，　培育创新栋梁

2020年9月28日，郑州市中学科学教育质量改进提升项目启动仪式在我校成功举行，该项目推动了我校教育的高质量发展。经过实践，我校更加清醒地认识到教育创新是一件值得花时间去做的事情。将知识与动手能力相融合，让学生动起来，动手做起来，才能发挥教育创新的作用。

郑州市中学科学教育质量改进提升项目的开展，恰逢其时、应运而生，有利于培养学生的创新精神。为了激发学生们的创新热情和创造活力，培养学生们的科技素养，我校教师积极参加了青少年科技运动会的观摩和学习，并用于科技课程中。科技运动会以探究科学、创新实践、运动竞技为理念，将科技探究学习与竞技巧妙融合，集趣味性、普及性、探究性为一体，学生参与其中，大胆实践，勇于创新。在科技创新活动中，学生们将课本中所学的知识与生活实际相结合，师生共同组队，共同攻克一个又一个的难题，不仅锻炼同学们独立思考、协同配合的能力，而且培养了他们遇到问题不退缩，勇敢向前，攻关克难的意识。通过这些活动，每个同学都可以来体验其中乐趣，学习更为专业的科学内容，激发在科学领域的探索热情。

让教育创新落地生根的过程，就是不断与传统教育磨合的过程。学生学习方式的转变，促使教师的教学方式也发生改变。学校在各个学科教学中，充分发挥学科特点，让科创课成为一种常态课，将学生的科创灵感变为现实。地理学科具有较强的实践性，培养学生的实践能力和科学素养是该学科核心教学目标。在教学中，引导学生动手操作，进行实验探究，如立杆测影、水土流失、雨水花园模拟、海陆热力性质差异等地理实验活动。通过实践，让学生走近地理现象，促进学生对地理知识的认知和理解，落实地理核心素养的同时，也提高学生学习的积极性，培养了学生的科学精神。化学以实验来探究多彩的物质世界，实验帮助学生探究并验证一些反应的发生，更容易明白现象背后的化学原理。常态课外活动的趣味小实验，也会让同学们不亦乐乎。比如寻找指示剂这个实验，成为了同学们的爱好，学生会相约在化学实验室一同探讨生活中可作指示剂的物品。学生利用自己选择的紫甘蓝或紫薯，在研钵中捣碎，加入酒精溶液浸泡，用纱布将汁液过滤，得到指示剂。通过这些探究性实验，促进了学生对学科知识的探究性学习。生物学在日常教学中，注重培养学生的主动探究能力，在课堂内外，进行形式多样的探究实验，例如：利用植物的无性生殖，进行扦插和嫁接；探究鱼类适应水中生活的原因；探究动物心脏的结构与功能；检测不同环境中的细菌和真菌；等等。不仅使学生感受到了生命世界的神奇和奥妙，更在探究和实践的过程中，激发求知欲，使生物学学科核心素养真正落地生根。

我们立志打造科技创新的办学特色，注重对教师科学素养的培养，鼓励教师创新意识的提升。在日常教学活动中，教师们都注意对学生不断进行科学引导、关爱激励。当学生出现问题、遇到麻烦时，教师们都能够第一时间和学生讨论怎么解决，引发学生思考，查阅相关资料，鼓励学生不怕失败，大胆尝试；当学生做出了比较好的创意作品时，教师们都会第一时间给予肯定、鼓励和表扬，激发学生的好奇心、求知欲和创造力。同时在这个过程中，我们尽可能多地给学生体验成功的机会，增强学生的学习兴趣，因为兴趣能激活学生的思维，唤起学生学习的积极性、主动性和创造性。另外，体验到成功的喜悦，学生对课堂学习也会产生更大的兴趣，他们期望学习更多的知识，期待去探索更多新奇的实验，这样就会形成我们所期待的教育创新的良性循环。

罗星凯教授的项目团队所开展的科技运动会给广大青少年、科技爱好者和科技教育工作者提供了一个展示交流的舞台，可以让广大青少年在比赛中充分展示能力、广交朋友、相互学习、共同进步，不断弘扬创新精神、锻炼创新思维、提升创新能力，不断追求科学梦想、探寻科学的奥秘。郑州市第五十四中学作为一所科技特色学校，为了提高学生的科学能力，提升学生的科学素养，下了很大的功夫，从课程体系构建到各项活动的开展，科技教育特色在办学中不断形成。例如：学校每周五下午的校本课，科技创新是社团活动的重头戏；学校每月开展一次的科技创新作品展评活动，展示学生的科技创新最新成果；每学期开展小制作、小发明评选和科技比赛活动，评选小发明家、小科学家；等等。经过多年的坚持，我校在科技创新教育方面，取得丰硕成果。学校绝大多数学生都能够熟练使用各种工具进行自己的科技创作；学生积极参加各类科技比赛活动，并取得优异成绩。例如：我校同学自行设计制作的具有矫正坐姿和预防近视功能的"坐姿矫正仪"，前后历经两代，由"身体穿戴型"改为"身体非接触型"，使用更加方便，效果也更好，具有很大的推广价值，该作品在2021年第七届全国青年科普创新实验暨作品大赛中获得河南省第五名的好成绩。很多教师也参与其中并受益匪浅，有些教师还申请了国家发明专利。

"随风潜入夜，润物细无声"，我们正是以这种潜移默化的力量，孕育了校园科技创新的满园春色，同时也留给我们很多的思考。我相信这些活动开展的意义还远不止如此。让我们一起走向未来，让创新在同学、教师们的心中生根、发芽，结出硕果。

《开启我们的科学之旅》一文由郑州市第九十六中学的教师杨记所写，文章分享了参与郑州市中学科学教育质量改进提升项目的经历和收获。项目通过专家授课和实践体验，加深了教师对科学教育的理解，强调了科技素养的重要性，并探讨了如何在中小学中实施科学教学。她还强调了科学方法的发展、科学态度的培养、社会责任的增强和美育的渗透在提升学生科学素养中的作用，未来计划通过更多科技活动和项目进一步丰富学校的科学教育内容。

开启我们的科学之旅

非常荣幸地参加了郑州市中学科学教育质量改进提升项目的学习。自2021年1月开始，在半年的时间里，郑州市教育局、郑东新区教体局、广西师范大学科学教育研究所和桂林兴华科学教育研究院精心组织了数十位专家，通过持续不断的授课引领，让数百位教师在日常教学之余，求知若渴地学习了科学教育的新概念、新理念和新方法。在这段时间里，河南省和广西壮族自治区的科学教育工作者对于科学教学的思考、用心和持之以恒的努力，打破了地域、空间、时间的限制，进行了线上培训学习和线下专题研修（对8个新型科技体育活动项目体验学习）。何其幸运能够得到如此优秀的专家的悉心指导。

教师们在此次学习中收获颇丰，在"科技素养表现性评价"课程中，罗星凯教授提到科技素养是文化层面的，是每个合格的公民不可或缺的营养元素，在学校这个教育主阵地，教育工作者要有一种情怀，要把学生当成自己的孩子，面向全体学生，为国家培养未来公民。在"学科教学与学生科技创新素养"课程中，黄恕伯教授重点细化讲解了学科教学中要重视学生质疑意识的培养。在"科学与学科的教育思考与战略选择"课程中播放的一个片段里，赵凯华教授提到物理学的教学要在活动中让学生自己感受到物理概念提出的必要性，并潜移默化地得到科学方法，这才是最高水平的物理教学。在"国际物理教育研究的主要研究领域"课程中，朱光天教授介绍了很多种物理教育的量化研究方法。在"科学课堂研究"课程中，唐小为教授介绍了她的课堂研究案例，启发我们思考科学课堂研究的思路类型。在"课堂科学辩论"课程中，唐小为教授指出科学课堂缺少辩论环节是现代科学课堂的重大缺陷，并且以科学史上的著名辩论——"光到底是什么？"为案例，启发教师开展课堂科学辩论。在"新型科技体育比赛活动组织"课程中，兴华科技教育研究院开展的"水火箭""鸡蛋撞地球""气弓箭"等项目更是让我们大饱眼福。在本次项目的学习过程中，我既是老师又是学生，在一个个课程中感受到了科学教学的魅力、看到了自己的成长，更为重要的是我深刻体会到了科学教学应该关注学生成长，应该落实立德树人这项长期而根本的任务。

　　面对今后的教学，我也有了更多的思考和更明确的方向。第一，要在科学方法中发展学生科学思维、培养学生质疑精神。在课堂上营造自由、和谐的学习氛围，让教学从"知识的重复"转变为"知识的重演"，以问题驱动的方式引领学生经历、体验和感悟科学家曾经发生的思维活动。第二，要利用科学史和科学实验培养学生科学态度。利用学生喜欢实验的特点，让学生认识到实事求是、严谨认真的科学态度的重要性；适时介绍科学家的事迹，让学生感悟他们为真理而奋斗的艰苦历程，促使学生形成科学态度。第三，要在联系科学技术与社会中增强社会责任。在教学活动中培养学生的社会责任、爱国情怀、环保意识，例如：鼓励学生利用废旧材料做实验，开展能源消耗比较等实践活动，培养学生可持续发展的理念。第四，要注重在科学教学中渗透美育。在教学中要引导学生关注科学的简单之美、对称之美、和谐之美、奇妙之美，从而提升学生的科学素养。

　　在本次项目中学习的时间是有限的，但是今后在科学教学中的努力却是无限的。2021年5月我们组织学生参加了新优质初中发展共同体举办的水火箭50米定点赛。学生们赛前利用课余时间练习制作箭体和降落伞、反复精准调试发射角度，在比赛现场分工合作制作箭体，然后沉着"应战"最终取得优异成绩。但是我深知，我们所做的、所开展的科学项目还远远不够。在今后的科学教学中，我们计划在我校成立科学创新工作室，组建科学兴趣小组，组织校级科技活动，积极参加区级、市级、省级乃至国家级的科技运动会。我们将努力实现以下目标：开发一门创新课程、打造一支共同成长的教师队伍、设立一个广泛参与的科技节日、建设一个体验回归的科技长廊、转化一批科学自强的创新成果。

　　科学之旅就是人类永无止境的探究历程，相信我们郑州市对科学教育的探索也永远在路上！

　　《享科教盛宴，启智慧人生》一文来自郑州市第七十八中学教师杜傲林，她分享了参加中学科学教育质量改进提升项目的感受和收获，总结为"爱、知识和技巧"。她强调了对科学教育的热爱，专家的指导对科学教育方向的启示，以及优秀教师的实践经验分享对新教师成长的重要性。她还提到了通过科学实验学习和创新实践项目激发学生科学学习兴趣的重要性，并展望未来将培训中学到的知识和项目应用于教学和社团活动，以提高学生科学素养和创新能力的发展。

享科教盛宴， 启智慧人生

1. 感想与收获

参加本次培训的教师们都收获颇丰，用三个词概括就是"热爱、知识和技巧"。这里的"热爱"指的是：在接受培训过程中，从各位研究者身上所感受到的对科学教育的热爱，也是诸多一线教师不予言表却隐含心中的执念。正是这份热爱，为罗星凯教授及其他科学教育研究者，不断推进科学教育事业提供源动力；更是这份热爱，让我们一想到明天的科学教育总是眼中有光，心中有望。回顾一年的培训课程，有罗星凯教授对 PBL 教学方式的解读；有刘炳昇教授基于核心素养理念的物理实验功能的深层开发；有王永德教授对 STEM 教学论的剖析；有廖伯琴教授对科学课程育人功能的探索；有王磊教授关于促进核心素养融合发展的项目式教学的案例分享；还有魏冰教授对国际科学教育研究领域的形成与发展的介绍；等等。这里展示的只是全部课程的冰山一角，诸位教育大家，站位国际科学教育视角，给我们带来了先进的教育教学知识盛宴，为我们指引了明天科学教育发展的方向。

在培训队伍中，还有一批优秀的一线科学教师，例如：已经成为"学生崇拜的教师"的刘长铭校长，帮助学生感受"物理之美"的李永乐老师，将学科教学与学生科技创新素养融合的黄恕伯老师，探讨理科教学中信息技术应用的宓奇校长，等等。这些优秀的教师学者从自身的教学实践出发，向我们分享了他们在日常教学中的经验与感悟，给我们提供了"成为一名优秀科学教师"的方法和技巧，这些榜样的力量能帮助像我一样的新教师在教学生涯中正向成长。

2. 启发与实践

经过近一学年的培训，我深刻地认识到要在教学的道路上走长走远，首先不能违背学科特点。物理是一门严谨的科学，宓奇校长在用计算机软件对过山车模型的运动数据分析中，由图像偏差得出：在摩擦力的作用下，从轨道上方静止释放的物体会发生旋转，那我们在平时教学工作中遇到类似情境时，就要注意滑下与滚下的区别描述。黄恕伯老师所列举的辅导资料中，违背科学的题干，以及学生通过日常观察进行的质疑创新案例，提醒我要具备质疑能力的同时，也要培养学生的质疑精神与创新思维品质。物理是一门实验的科学，罗星凯教授在"探究杠杆平衡条件"课例中，通过让老师们站在学生立场体验学习过程，启发我们在实验教学设计与课程实施过程中，应从学生角度出发，遵循学习者的认知发展规律。

除了理论课程，兴华科学教育研究团队给我们带来的"水火箭比高""气弓箭打靶""落体缓降""抛石机攻城"等创新实践项目，让老师们也体验了参加科技竞赛的乐趣。当我们把这些作品带给学生时，从他们新奇的表情和积极的探讨中，我们看到了学生对这些项目的浓厚兴趣，也让我们对这些项目在中学科学教育中的开展充满信心和动力。"看"比"听"更有效，"做"比"看"更有效。在科学教育实践中，我们七十八中学的教师和学生积极参与郑东新区创客活动，也取得了许多优秀的成绩。在日常教学中，我们尽量为学生创造动手机会，将能力培养融于学习过程。

3. 计划与展望

科学是发展的，科学不代表"真理"而是接近真理的探索过程。正如曹则贤教授所说的：科学教育的意义在于"让后人有所创造从而超越前人"，如果映射到我们日常的教学中，那我想科学教育的意义也是"让每位学生在思考和探索中不断提升解决问题的方法和能力，从而实现自我超越"，因为我们相信，个人的进步终究会汇聚成一代人的进步。

兴华科学教育团队的成果为我们的科学教育实践提供了优秀的范例，我们计划在下阶段的教学活动中，将培训中的实践项目逐步引入社团活动课程，积极参加郑州市青少年科技运动会。

《科技探究助力提升中学生科学素养》由郑州市郑东新区外国语学校教师于福丹撰写，文章介绍自身通过参与郑州市中学科学教育质量改进提升项目，体会到科技探究在提升学生科学素养中的重要性，并深化了对科学教育的理解。项目通过系列培训和创新实践活动，如"气弓箭打靶""铁丝陀螺比久"等，不仅丰富了教师的教学理论和方法，还激发了学生的探究兴趣和创新能力。通过实施科技探究校本课程，学生在动手实践中学习科学，提升了动手能力、团队合作能力及科学思维。同时，她计划扩大团队，增加课程内容，争取更多比赛机会，让科技教育惠及更多学生，为培养具有科学家潜质的青少年群体做出贡献。

科技探究助力提升中学生科学素养

我们一直在摸索怎样开展科学课程才能更好地提升青少年科学素养，就在我们困惑迷茫的时候，有幸参加了郑州市中学科学教育质量改进提升项目的学习，并有幸成为核心组成员。

1. 课程缘起，"众里寻他千百度"

一年多来，通过郑州市中学科学教育质量改进提升项目的开展，我们有机会学习了由罗星凯教授领导的广西师范大学和桂林兴华科学教育研究院团队开发的科技素养教育系列教师培训课程。在培训课程上，我们聆听了罗星凯教授、张殷教授等数十位专家的讲座和他们对科学教学的新思考；观摩学习了广西、柳州、桂林的青少年科技运动会。在这些课程的学习和交流中，我们的教学理论得以丰富，教学观念又一次更新。

罗星凯教授带领的团队开展的"教师科技素养教育能力提升"专题研修班最具特色，专题研修内容有："气弓箭打靶""铁丝陀螺比久""水火箭比高""抛石机攻城"等 8 个探究科技项目活动。在这里教师变身学生，切身体会，融入其中。在"铁丝陀螺比久"课堂上，罗星凯教授用启发式的教学引导我们思考如何将一根普通的铁丝做成一件能够旋转很久的陀螺。在罗教授的引导下，我们制作了小陀螺，看到陀螺成功转动，我们真的像学生一样惊喜不已。"气弓箭打靶"和"抛石机攻城"课堂上，我们在陈春禧老师带领下用纸张做成了小号的气弓箭，并进行了打靶比赛。在陈老师的精心指导下，简单普通的一次性筷子经过大家的团队合作，变成具有攻城能力的"抛石机"。"水火箭比高"的课堂上，许辉老师用幽默风趣、通俗易懂的语言向我们介绍制作的要点和改进的方法，项目成果的测试更是给我们带来了一次心灵的震撼。通过学习，我收获了科技探究活动课的开展方式和教学方式，了解了如何激发学生开展实验，如何培养学生团队合作能力、动手能力、探究能力和创新能力。

为了更好地把科技探究运用于教学，我利用课余时间查阅资料、翻阅书籍，钻研课程标准，以提升中学生科学素养为契机，组织我校部分有兴趣有潜力的学生，开展实施我们自己的科技探究校本课程。

2.“纸上得来终觉浅”，课程实施

结合我校学生课外活动时间，一个学期内进行了以下 7 次活动。

科技探究校本课程		
地点	时间	内容
科学教室	第 1 周	铁丝陀螺比久（项目概述、研读比赛规则、制作、比赛）
科学教室	第 2 周	纸桥承重一（项目概述、研读比赛规则、设计纸桥）
科学教室	第 3 周	纸桥承重二（制作纸桥、进行比赛）
科学教室	第 4 周	抛石机攻城一（项目概述、研读比赛规则、设计抛石机）
科学教室	第 5 周	抛石机攻城二（制作抛石机、进行比赛）
科学教室	第 6 周	鸡蛋撞地球比轻（项目概述、研读比赛规则、制作、比赛）
科学教室	第 7 周	气弓箭比赛（项目概述、研读比赛规则、制作、比赛）
科学教室	第 8 周	落体缓降装置一（项目概述、研读比赛规则、设计装置）
科学教室	第 9 周	落体缓降装置二（制作缓降装置、进行比赛）
科学教室	第 10 周	水火箭比赛一（项目概述、研读比赛规则、思考设计）
操场	第 11 周	水火箭比赛二（制作水火箭、进行比赛）

这里展示的是科技探究校本课程部分案例。下面以“抛石机攻城”这节课为例谈谈我们的实践过程。为了上好“抛石机攻城”这节活动课，我们翻阅古代冷兵器知识；和团队中的老师交流杠杆原理及其在日常生活中的应用；研讨如何突破本节活动课难点；研究课标，查找资料；站在学生角度思考对原理的理解、射程和精准度影响因素，预想这节课学生可能遇到的问题；力求提升学生科学素养，运用课堂互动组织策略，采用了讨论法、启发法、归纳分析法教学方法，做足了课前准备。

课堂上：①创设情境，"穿越古战场的抛石机"激发学生探究兴趣。②问题驱动，层层深入，突破这节课的难点，引导学生小组讨论，设计出属于他们自己的抛石机。③动手制作，进入实操，把知识转化为能力，经过小组合作，收获实验能力。④进行比赛，学生经过讨论设计—小组合作制作—测试—修正—进行比赛。看到自己的成果，学生欣喜激动的心情溢于言表，尤其是子弹击中的那一刻，学生欢呼起来。⑤最后让学生总结本次活动课的收获与不足，语言表达能力进一步提升。我在课后都会进行反思，为了科技探究课程更顺利地开展，每次课的开展方式和上课时间的把控都做好记录，思考课堂上的生成性问题，收获颇丰！

3."吹到黄沙始见金"，浅谈收获

通过开展"铁丝陀螺比久""抛石机攻城"等系列科技探究校本课程，教师逐渐摸索出一套适合中学生学习的"提问—讨论—验证—总结—探索—创造"自主探究学习模式。不仅适用于科技探究课程实验课的学习，对于数学、物理、化学等常规文化课的教学也很有启发。

对于学生，通过这一系列活动，学生体验到了科技探究课堂的乐趣，在玩中学，在学中悟，快乐与学习并进，增加了活动体验，加深和拓宽了对学习内容的理解。既锻炼了学生的动手能力、探究能力和语言表达能力，而且培养了学生的抽象思维、逻辑思维和创造思维等科学思维，促进了科学素养的发展。

面对今后的教学，我也有了更多的思考和更明确的方向：第一，普及科学知识，让学生感受科学魅力。第二，注重活动探究，培养科学思维。第三，在探究中提升科学素养，在创新中培养人文情怀。

展望未来，任重道远。在今后的教学中，第一，扩大团队力量，争取得到学校更多的支持，获得更多投入，包括资金投入和时间投入。第二，吸引更多的学生加入到我们团队中来。在未来的日子里，我们计划增加更多科技探究校本课程内容，争取有更多学生加入进来，让科技探究惠及更多学生。第三，争取更多的比赛机会，让学生品尝到成功的乐趣。今后，我们将继续以锲而不舍的精神投入科技探究校本课程的开发和实施，使科学素养之花绽放得更加绚丽多彩！

教学行政部门、校长、教师们对本次中学科学教育教学改进提升项目工作的反馈和评价，无不体现了他们对本项目的高度认可与肯定。从行政部门的积极支持与策略指导，到校长的全面推动与实施，再到每一位教师在教学一线的创新实践与努力，整个过程展现了科学教育界为提升科学教育质量所付出的共同努力。此次教学改进不仅仅是课堂教学方法的变革，更是一次对教育观念、教育目标和教育方法全面提升的实践。教师们反映，通过此次改进，他们跟上了教学内容与方法现代化的步伐，学生的学习兴趣和科学素养有了明显的提升，教师自身的教育教学能力也得到了极大的提升。校长们强调，这次改进提升活动为学校科学教育的长远发展奠定了坚实的基础，是学校教育教学质量提升的里程碑。而教学行政部门更是将此次活动视为推动科学教育创新发展的重要手段，对未来的科学教育教学工作充满了期待与信心。整体而言，所有参与者的反馈和评价汇聚成对本次科学教育教学改进提升活动全面肯定的强大声音，展示了教育界共同致力于提升科学教育质量，培养学生科学素养的决心与行动，也为未来的科学教学实践提供了宝贵的经验和启示。

(二)小结

参与者的反馈与评价案例展示了科技探究项目学习在实际教学中的应用效果，通过项目实施，对教师、学生和区域教学产生了显著影响。通过对这些案例进行总结和分析，可以更全面地认识到科技探究项目学习在提升科学教育质量、促进科学教师专业素养发展和学生科学素养发展方面的重要作用。

1. 项目对教师的影响

(1)提升教学理念

教师通过参与科技探究项目，不断更新和改进传统的教学理念，开始注重学生的科学探究过程和问题解决能力的培养。这种转变不仅丰富了教师的教学方法和策略，还增强了他们在课堂上应对各种教学情境的灵活性和适应性。教师们逐渐认识到，教学的重点不仅在于科学知识的传授，更在于激发学生的科学探究兴趣和培养他们的科学素养。

(2)增强课程设计和课堂管理能力

通过项目的培训和实践，教师掌握了科技探究项目学习的设计和实施方法，能够更加科学、有效地设计科学课程和进行课堂管理。具体来说，教师在科学课程设计中更加注重科学探究活动的合理安排和多样化，确保每个学生都有机会参与并从中受益。在科学课堂管理方面，教师能够更好地激发学生的科学学习兴趣，促进课堂互动，提升科学教学效果。

(3)注重学生探究过程和能力培养

教师在教学中更加注重引导学生进行自主探究，培养学生的问题解决能力和创新精神。通过项目培训，教师学会了如何在课堂上为学生提供开放的问题情境，引导学生自主发现和解决问题。不仅有助于提升学生的科学探究能力，还培养了他们的批判性思维和创新能力。

2. 项目对学生的影响

(1)提升科学探究能力和动手操作能力

学生通过参与各种科学探究活动，提升了动手操作能力和探究实践能力。在科技探究项目的引导下，学生们学会了如何设计和进行科学实验，如何观察和记录实验现象，如何分析和解释实验结果。这些科学实践活动不仅增强了他们的动手能力，还培养了他们的科学思维方式和解决问题的能力。

(2)增强科学思维能力和创新精神

学生在探究过程中，学会了如何思考和解决实际问题，增强了科学思维能力和创新精神。在项目中，学生被鼓励提出自己的假设，设计实验验证假设，并根据实验结果进行反思和改进。这种探究式学习方式不仅培养了他们的科学思维能力，还激发了他们的创新精神和探索欲望。

(3)提高科学学习兴趣和科技活动参与度

通过有趣的科学探究活动，学生的科学学习兴趣和科技活动参与度显著提高，自主学习能力得到增强。科技探究项目通过设计有趣的科学实验和科学探究活动，激发了学生的科学学习兴趣，使他们更加主动地参与到学习过程中来。学生在科学探究活动中体验到了成功的喜悦，增强了学习的自信心和积极性。

3. 项目对区域科学教学的影响

(1)科学课堂教学模式的转型

传统的以教师为中心的教学模式逐渐向以学生为中心的探究式教学模式转

变，提高了科学课堂教学的有效性。科技探究项目的实施，使科学教师更加注重学生在课堂上的主动性和参与度，逐渐形成了以学生探究为核心的教学模式。这种教学模式的转型，不仅提升了学生的学习效果，还促进了教师教学方法的创新和改进。

(2)科学教学质量的整体提升

科技探究项目的实施提升了区域内整体科学教学质量，促进了科学教师专业素养发展和学生全面发展。通过项目的培训和实践，科学教师的教学水平得到了显著提升，学生们的科学素养和科学探究能力也得到了有效提高。区域内的整体科学教学质量得到了明显提高，教育效果得到了社会各界的广泛认可和好评。

(3)促进科学教育资源的优化配置和共享

科学教师之间通过合作与交流，分享科学教学资源和经验，有效优化了科学教育资源配置，实现了科学教育资源共享。青少年科技运动会项目的实施，促进了区域内学校之间的合作与交流，科学教师通过共同设计和实施项目，分享教学资源和经验，形成了科学教育资源的有效配置和共享机制。不仅提高了科学教育资源的利用率，还促进了教育公平的实现。

通过对这些案例的总结和分析，可以更加清晰地认识到科技探究项目学习在提升科学教育质量、促进科学教师专业素养发展和学生全面发展方面的重要作用。这些案例不仅展示了项目的实际实施效果，也为其他地区和学校实施类似的科学教学改进项目提供了有益的启示和借鉴。未来的科学教学改进可以借鉴这些成功经验，不断创新和优化科学教学方法，全面提升科学教育质量。

二、科技项目课程化一瞥

将科技项目融入课堂教学，学生通过亲自动手参与制作和实践活动，将理论知识与实际操作相结合，在寓教于乐中深化对科学原理的理解。这样不仅可以提高科学素养，而且能促进创新思维和团队合作能力的发展。

本节将展示学生在八个科技运动会项目(水火箭比高、气弓箭打靶、铁丝陀螺比久、抛石机攻城、纸桥承重、落体缓降、鸡蛋撞地球比轻、自制小车竞速)中的项目作品及其在制作过程中的现场剪影。

1. 水火箭比高

安装水火箭尾翼

测量尾翼间距离

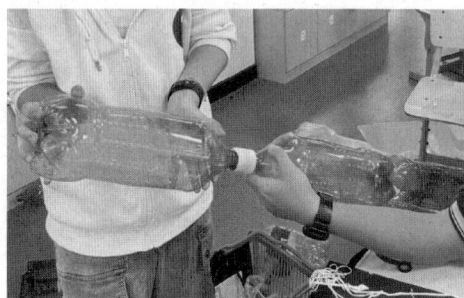

连接水火箭的箭体

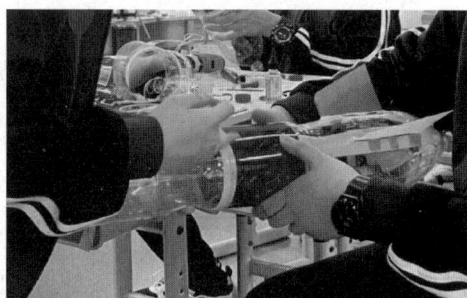

在箭体连接处安装整流罩

水火箭成品展示

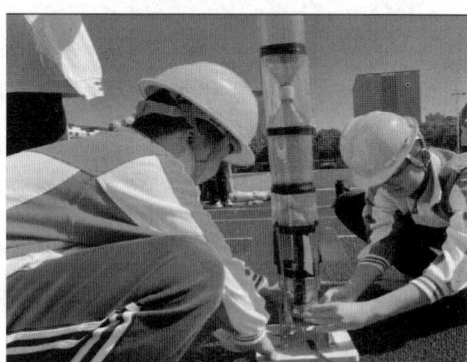

将箭体安装在发射架上

向箭体内部加入水

发射水火箭

2. 气弓箭打靶

制作气弓箭的箭身

制作气弓箭的箭头

连接箭身与箭头

密封箭体、粘接尾翼

发射气弓箭

3. 铁丝陀螺比久

将铁丝弯折成陀螺的大致形状

用模具给铁丝定型

调整铁丝边缘

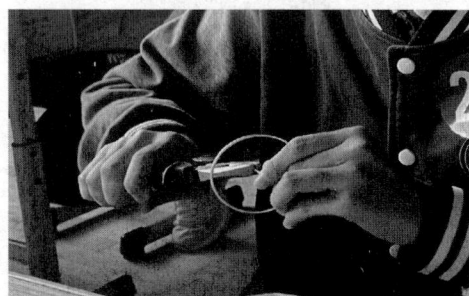

调整铁丝旋转轴

打磨旋转轴与桌面的接触面

铁丝陀螺作品测试

四方形铁丝陀螺

S形铁丝陀螺

4. 抛石机攻城

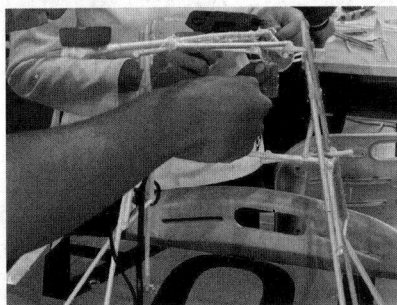

用筷子搭建抛石机主体

安装抛石机转动杆

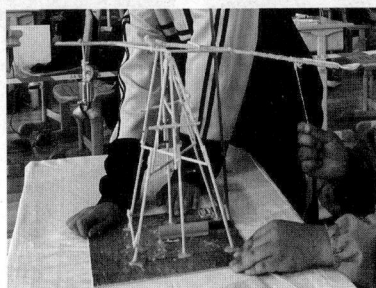

抛石机作品测试

5. 纸桥承重

将纸张卷成圆柱

粘接纸制圆柱

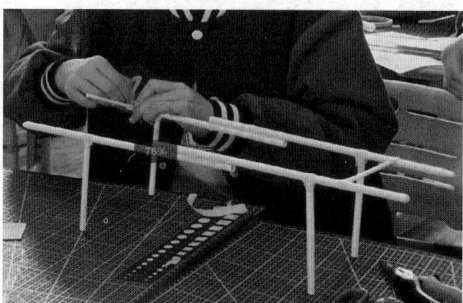

连接纸制圆柱

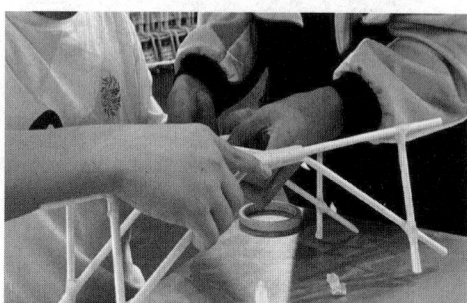

加固纸桥的桥身

纸桥结构连接完成

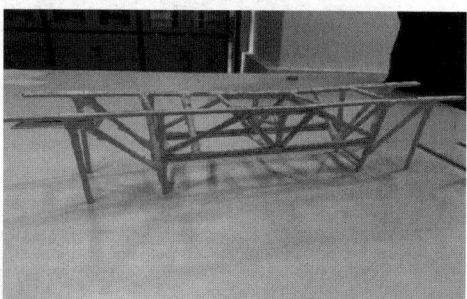

纸桥承重作品 1 展示

纸桥承重作品 2 展示

纸桥承重作品测试

6. 落体缓降

测量纸张材料

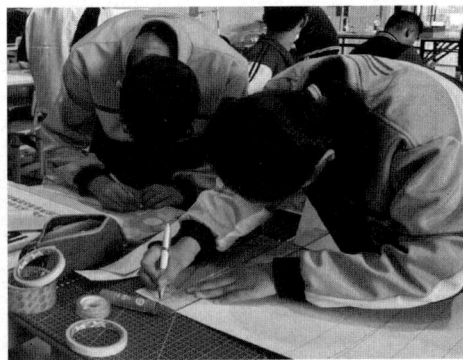

裁切纸张材料

粘接纸张材料

圆锥形落体缓降作品

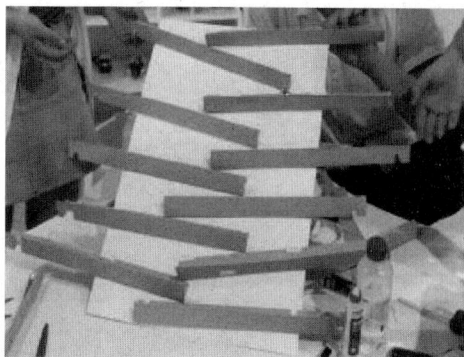

左右交叉型落体缓降作品

落体缓降作品测试

7. 鸡蛋撞地球比轻

主体设计

主体制作

底座制作

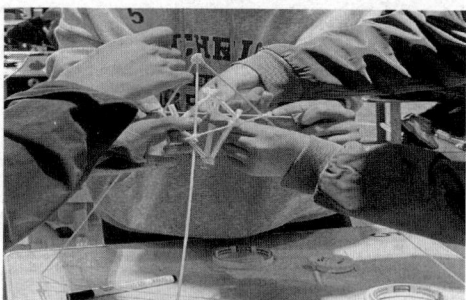

鸡蛋存放仓制作

平板形缓降结构

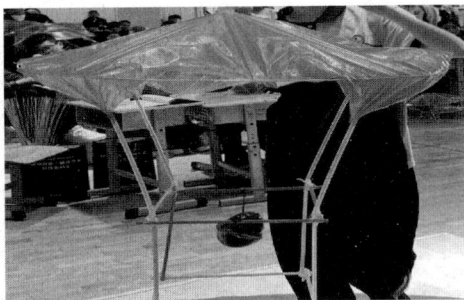

伞形缓降结构

鸡蛋撞地球作品测试

8. 自制小车竞速

制作车身

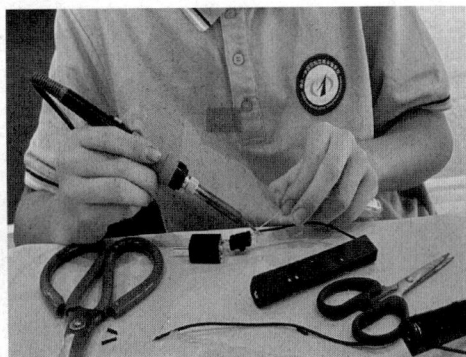

连接电路

粘接车身与车轮

安装电机与扇叶

自制小车作品展示

自制小车测试

未来展望

展望未来，期待更多的地区、学校和教师能积极投入科技素养教育的实践中。科技素养教育不仅是提升学生科学探究能力和实践能力的重要途径，更是培养未来创新型人才的基石。

1. 深化区域教育质量提升

未来区域教育管理部门可以借鉴郑州市的成功经验，结合本地实际，以数据驱动教学改进，制订符合区域特色的科技素养教育推进计划，形成更加科学有效的教育质量提升机制。

(1)扩大试点范围

在郑州市的成功经验基础上，扩大试点范围，涵盖更多的地区和学校。各地区基于监测数据和自身特点，制订个性化的科技素养教育推进计划，确保项目的可持续性和推广性。

(2)建立区域合作机制

加强不同地区间的合作交流，分享成功经验和有效策略，通过区域教育联盟、交流研讨会等形式，推动区域间的共同发展与进步。

2. 加强教师培训与发展

科技教育师资是科技素养教育的关键。加强对科技教师的专业培训，提升教师的科技素养、创新能力和教学能力。

(1)持续专业培训

建立常态化的教师培训机制，提供持续的专业培训支持。通过线上线下结合的培训方式，帮助教师不断更新知识，掌握最新的教育技术和教学方法。

(2)教师激励机制

建立完善的教师激励机制，激发教师的积极性和创造力，鼓励他们积极参与科技素养教育的实践和研究。

3. 推广探究式学习模式

探究式学习是培养学生科学素养的重要方式。推广探究式学习模式，开发更多基于真实问题的项目课程，鼓励学生动手实践，是培养学生的科学探究能力和创新思维的重要方式。

4. 开展多样化的科技活动

丰富多样的科技活动有助于激发学生的科学兴趣。未来可以通过开展科技运动会、科学实验展、科技创新大赛等活动，营造浓厚的科技教育氛围，增强学生对科学的兴趣。

5. 建立可持续的教育质量提升模型

完善和推广可持续、可复制的科学教育质量提升模型，确保科技素养教育在不同地区、不同学校得到有效实施。通过总结经验、推广典型案例，推动全国科技教育水平的整体提升。

通过持续的努力和创新实践，相信科技素养教育将在全国范围内得到广泛普及，为中国科技教育的振兴贡献重要力量，培养更多具备创新能力和实践能力的未来人才。